Martin Warnke
Warburgs Schnecke
Kulturwissenschaftliche Skizzen

Martin Warnke

Warburgs Schnecke

Kulturwissenschaftliche Skizzen

Mit einem Essay
von Horst Bredekamp

Herausgegeben
von Matthias Bormuth

WALLSTEIN VERLAG

Für Freya Warnke

Inhalt

Matthias Bormuth
Kunstgeschichte im Geist der Skepsis

> Gewiß hat der wahre Skeptizismus seine Stellung in einer Welt, wo Anfänge und Ende unbekannt sind und die Mitte in beständiger Bewegung ist; denn die Aufbesserung von seiten der Religion bleibt hier auf sich beruhen.
> *Jacob Burckhardt*

I.

Im Jahr 2012 begann Martin Warnke Erinnerungen aus seiner Kindheit aufzuschreiben. Diese betrafen vor allem seine Herkunft aus dem protestantischen Pfarrhaus und die sechzehn Jahre, die er nach seiner Geburt am 12. Oktober 1937 in einer kleinen Urwaldsiedlung im südlichen Brasilien mit der Familie verbracht hatte. Lakonisch heißt es zu Beginn der Aufzeichnungen: »Kulturgeschichtlich interessant: Die ersten deutschen Siedler nannten den von ihnen begründeten Ort ›Baumschneis‹, d. h. der Baum war ihr nächster Sozialpartner. (Vater schrieb es immer.) Als die Bäume gefällt und verbrannt waren, lichtete und weitete sich ihr Blick – auf die Berge, und sie nannten ihren Ort Dios Irmaos (zwei Brüder).« Zum Ende des Notizbüchleins finden sich Worte, mit denen Warnke zum Lutherjahr 1984 seine Vorlesung autobiographisch eröffnet hatte. Ihr Anfang lautet: »Ich heisse Martin – das spricht in dem Pfarrhaus, in dem ich aufwuchs, für sich selbst. Mein nächster Bruder hiess Christoph, er war also ein ›Christus-Träger‹. Die übrigen Brüder haben allesamt Apostelnamen: Thomas, die Zwillinge Peter und Andreas, und Matthias. Auf die Schwestern Bettina und Susanne kam es nicht so an. Martin war aus lutherischer Sicht auch ein Apostelname: Luther wird im 16. Jahrhundert gerne in eine Reihe mit den Aposteln gestellt.«

Tatsächlich blieb Martin Warnke das kleine Büchlein *Cranachs Luther. Entwürfe für ein Image*, das er 1984 für Klaus Herdings Reihe »kunststück« schrieb, bis in die letzte Lebenszeit teuer. Er freute sich über die Aufmerksamkeit, die seine Überlegungen zur politischen Ikonographie der Reformation noch in der jüngsten Kirchengeschichtsschreibung erregten. So nahm im Herbst 2019 der Gedanke konkrete Gestalt an, diese und einige andere Studien zu zentralen Gestalten der Kunst- und Kulturgeschichte in einem Band gesammelt neu zugänglich zu machen. Das lutherische Erbe kam auch in der Rede zur Ehrenpromotion zur Sprache, die Martin Warnke im Jahr 2010 an der Universität Dortmund gehalten hatte. Der Zufall, dass die Feier in der Kirche stattfand, in der sein Großvater 1906 aufgrund seiner liberalen Theologie nicht hatte sein Amt ausüben dürfen, war der Anlass für diesen autobiographischen Rückblick, dessen abschließende Pointe das Publikum vollkommen überraschen sollte.

Wenige Wochen nach unserer Absprache, welche Texte für diesen Band geeignet wären, starb Martin Warnke überraschend schnell an einer Krankheit, die sein Leben lange beschwert und sich plötzlich verschlimmert hatte. Horst Bredekamp schrieb mir am Abend des 11. Dezember 2019: »Mit Martin Warnke ist heute eine Epoche zu Ende gegangen.« Sein persönlich vertrautester Schüler und Freund sprach für viele. Als ich wenige Tage später zur Trauerfeier von Berlin nach Halle fuhr, war der Speisewagen des ICE unversehens zum provisorischen Ort des Gedächtnisses geworden. Eine schwarz gewandete Schar Männer und Frauen mittleren und höheren Alters, die sich alle vom verstorbenen

Doyen der deutschen Kunstgeschichte verabschieden wollten, waren in den Austausch ihrer Erinnerungen vertieft.

Ein Grund für die immense Verehrung, die Martin Warnke im Fach und in der weiteren Öffentlichkeit zukam, war neben der klassischen Brillanz und sprachlichen Schönheit seiner Erkenntnisse und Einsichten sein bescheidenes Auftreten. Er ließ Raum für die freie Äußerung, ohne in dieser Selbstzurücknahme an menschlicher und fachlicher Autorität zu verlieren. Seine Skepsis gegenüber einem allzu gewissen Auftreten, sei es im akademischen Habitus oder im fachlichen Gebaren, wirkte auf die Umwelt ansteckend. In der Nähe Martin Warnkes zeigten sich fast alle Akademiker und Bürger von der besten und bescheidenen Seite. Er war ein Meister des Understatements, der Verhüllung seiner stillen Größe, die gerade deshalb imponierte. Diese Haltung war keine rhetorische Manier, sondern entsprang seinem skeptischen Sinn, der bis zum Kern der eigenen Persönlichkeit reichte. Er maßte sich nicht an, alle und alles gänzlich zu verstehen, am wenigsten sich selbst. Als sein Bruder Christoph in seiner Totenrede an die Worte erinnerte, die Warnke über ein halbes Jahrhundert zuvor beim Tode des Vaters gesprochen hatte, leuchtete auf, woher dieser Zug seines Wesens stammte. Er spiegelte sich in einem Zitat Wilhelm Raabes, das dem Vater wichtig gewesen sei: »Es hat noch niemals auf der Erde ein Mensch vom andern ›was gewußt‹.«

Gerade in dieser Vorsicht drang Warnke in seiner Nachdenklichkeit oft weit tiefer in das Selbstverständnis des anderen, als man erwarten würde. Die Trauerrede auf den Vater gibt auch das Geheimnis dieses Erkenntniswillens preis, mit Ludwig Wittgenstein gesprochen die »Familienähnlichkeit«, die zwischen Subjekt und Objekt des Verstehens bestehen kann. Diese Korrespondenz erlaubt es, Züge im Gegenüber zu entdecken, die einem selbst nicht fremd sind.

In diesem Sinne sagte Martin Warnke 1968 bei dem Begräbnis des Vaters, verhüllt in eine literarische Anspielung: »Nach einem Goethe-Diktum streicht man in Büchern nur an, was man selbst schon einmal gedacht hat.« Und so kann man den Zug der »zweifelnden Skepsis«, den er genau beschrieb, gleichsam als Spiegel der Selbsterkenntnis bezeichnen, unterstrichen von den verschiedenen Zitaten, die Warnke aus den Notizheften des Vaters erwähnt. Sie führen so unterschiedliche Autoren wie Montaigne und Stifter in der tieferen Verwandtschaft ihrer Ungewissheiten zusammen. Von daher steht die Trauerrede, die vielleicht wie kein anderer Text Martin Warnkes den familiären Grund seiner menschlichen und fachlichen Bescheidenheit offenbart, am Anfang der noch mit ihm besprochenen Auswahl kulturwissenschaftlicher Skizzen, die autobiographische Darstellung aus dem Jahr 2010 ergänzend.

II.

Als Martin Warnke Ende 1953 erstmals nach Jena kam, waren seine Verwandten beeindruckt, mit welcher Begeisterung der Sechzehnjährige den »Prometheus« deklamierte. Allerdings wusste der Sohn eines protestantischen Pfarrers nicht, was Disteln waren. Mit der tropischen Vegetation Brasiliens aufgewachsen, fehlte ihm die Anschauung für Goethes Bild der kindlichen Willkür, »dem Knaben gleich, / Der Disteln köpft«. Kurz zuvor hatte er als Vorhut der Familie auf einem Frachtschiff die große Überfahrt nach Europa angetreten: »Es ging in rund vierzig Tagen zuerst über Buenos Aires entlang der Küste und später über den Atlantik nach Rotterdam. Von dort kam ich nach Gütersloh und Dortmund auf gute Gymnasien, bevor sich die gesamte Familie in der Nähe von Darmstadt niederließ und ich dort mein Abitur machte.«

Liest man in den Briefen, die er aus Deutschland an die Familie schrieb, fällt auf, wie stark das Bewusstsein für das Individuelle bei dem jungen Warnke schon war. Von allem Schulischen ist ihm allein das Thema eines Deutschaufsatzes erwähnenswert, das auch als Leitmotiv seines späteren Lebens als Kunsthistoriker gelten kann: »Das ›wir‹ zu erfüllen, ist eine Forderung, aber das ›ich‹ zu bewahren, ist eine Notwendigkeit.« Entsprechend erinnerte er später aus der Darmstädter Gymnasialzeit besonders die tragische Figur der Antigone, die man während einer Italienfahrt zur Aufführung gebracht hatte. Damals dürfte ihm die Einsicht des Chores, den Sophokles die letzte Grenze der Machbarkeit besingen ließ, noch fern geklungen haben: »Ratlos tritt er / Vor nichts, was kommt, / Nur dem Tod entrinnt er nicht.«

Diese Wahrheit erfuhr Martin Warnke in aller Härte am Ende seines Lebens, als die Krankheit alle Pläne durchkreuzte, nach den glücklichen Hamburger Jahren noch in Halle und Berlin der kunstgeschichtlichen Leidenschaft weiter nachzugehen. Aber der Todkranke blieb ein vital Suchender, der in seinen Gesprächen mit Familie, Freunden und Schülern mehr Fragen als Gewissheiten äußerte. Als alle Mittel versagten, die Krankheit aufzuhalten, trug Martin Warnke das Sterben im Dezember 2019 mit sokratischer Würde, seinen Schmerz vornehm mit Heiterkeit umhüllend. Christoph Warnke erinnerte bei der Trauerfeier an sein inneres Leben, das letztlich ein Geheimnis bleibe. Der Theologe nutzte Worte, die Martin Warnke nach dem Tod des Vaters gesprochen hatte, dessen skeptisches Erbe er besonders im Kreis der Familie vertrat: »Er hatte Ehrfurcht vor unserm Innersten, so wie er sein Innerstes in Ehrfurcht verwahrte.«

III.

Schon als Schüler war Martin Warnke zur Kunstgeschichte gekommen. Die »Darmstädter Gespräche« hatten ihm mit der Kontroverse zwischen Theodor W. Adorno und Hans Sedlmayr die Augen dafür geöffnet, dass man das Fach philosophisch verstehen kann. Als Sedlmayrs vieldiskutiertes Buch *Verlust der Mitte* zu Weihnachten 1954 unter dem Christbaum lag, entfachte es bei dem ältesten Sohn, der als »Martin« eigentlich hätte Theologe werden sollen, die Leidenschaft für die Kunstgeschichte. Der Vater hatte es aus religiösen Gründen in jener Zeit begeistert gelesen, als er den Sohn mit dem Segen Gottes nach Deutschland verabschiedet hatte.

Jahrzehnte später, als Warnke nach einer lebensverändernden Lektüre gefragt wurde, antwortete er mit dem sprechenden Titel »*Verlust der Mitte* – Ein Gewinn«. In der paradoxen Wendung zeigte sich seine tiefe Skepsis gegenüber jeder Inthronisation und ihren fatalen Folgen: »In dem Buch, das ich nie habe schreiben können, hätte das zentrale Argument lauten sollen, daß in unserem Zeitalter dann und deshalb gelitten, gequält und gemordet wurde, wenn der leere Thron besetzt war; wenn die Mitte gefunden war.«

Nach den kunsthistorischen Anfängen bei Sedlmayr zog es Martin Warnke von München nach Berlin, wo die Idee zur Doktorarbeit *Kommentare zu Rubens* entstand. Die Haltung der sublimen Subversion, in der großen Kunst oft verwandt, entdeckte er in der diplomatisch versierten Hofkunst des Flamen. Warnke sprach vom »dissimulatio«-Konzept bei Rubens, das er in der Folge auf die Formel bringen wird: »Enthüllung durch Verhüllung.«

Der frisch Promovierte widmete sich im Frühjahr 1964 dem Abgrund der Zeitgeschichte. Lakonisch berichtete er als ungenannter Mitarbeiter für die *Stuttgarter Zeitung* vom Frankfurter Auschwitz-Prozess, von den Versuchen der Selbstexkulpierung der Täter sowie den traumatischen Erfahrungen der Opfer. Sechs Jahre später hielt der junge Gelehrte in eigenem Namen Gericht über den korrumpierten Geist der Kunstgeschichte. Die polemische Rede »Wissenschaft als Knechtungsakt«, ursprünglich gehalten auf dem Kölner Kunsthistorikertag, bilanzierte die in populären Schriften spürbare »durchgängige Unterwerfung des Einzelnen unter den Zwang des Ganzen, die Liquidierung des Besonderen zugunsten einer uneingeschränkten Herrschaft des Allgemeinen«. Nur der Marburger Kunsthistoriker Hermann Usener, ein Mitglied des kommunistischen Widerstands gegen Hitler, bot dem daraufhin in der Zunft verfemten Aufrührer noch eine berufliche Zukunft.

Sein Temperament beschrieb Warnke später mit den treffenden Worten: »Ich habe von Natur aus keinen revolutionären Impuls, aber kritisch würde ich mich schon nennen.« Diese Haltung kommt auch im Essay »Burckhardt und Marx« zur Geltung, in dem der schon im Kölner Vortrag angeführte Gedanke Burckhardts prominent ist: »Kunst sei gegenüber den herrschenden und bedingenden Ordnungen ›vollends eine Verräterin‹.«

IV.

Die Idee von Kunst als verhüllter Kritik an der Zeit sieht Warnke später ebenso bei Francisco de Goya, der als erfolgreicher Hofkünstler um 1800 zwischen den Fronten steht. Der »Konflikt zwischen rationaler Einsicht und biographischer Bindung«, der in den wechselnden politischen Verhältnissen Goya bedrängt habe, ist Warnke als Sohn eines protestantischen Pfarrers nicht fremd. Er sieht nach der revolutionären Zerstörung der religiösen und höfischen Welten, dass dies auch der Epoche der Aufklärung bevorsteht, wie ein »Capricho« im Titel verdichtet: »Alle müssen fallen.« Prägnant schließt Warnke: »[Goya] hat das Schicksal der alten Werte den neuen Ewigkeitswerten, gleichsam als deren Fallgesetze, mit auf den Weg gegeben. Keine Norm wird durch Goyas Form geweiht oder abgesichert. [...] Nur daß die zeichnende Hand es vermag, den Fall der Dinge festzuhalten und anschaubar zu machen, ist ein Mittel, ihm zu entrinnen.«

Warnke spricht vom »Habitus suchender Reflexion«, den Goyas Porträtkunst exemplarisch in der melancholischen Gestik eines verunsicherten Adeligen entfalte. In tiefgreifender Dialektik, die stilistisch an Kunstessays Adornos erinnert, heißt es: »Das Pathos der Wahrheit ist aus dem Zustand der Unwahrheit entfaltet. Nicht eine neue strahlende Macht verkündet den Tag, sondern die alten finsteren Mächte verabschieden sich. Deshalb ist Goyas Gestik nicht eine solche von Siegern, nicht eine Verkündigungsgestik, sondern die gebrochene Gestik von Gefallenen, Gefährdeten und Bedrohten, die eher eine Passionsgestik ergibt.«

V.

Als Warnke dem Ruf an die Universität Hamburg folgte, nutzte er 1979 den 50. Todestag Aby Warburgs, um in der Kunsthalle dessen Denken wieder neu ins Gedächtnis zu rufen. Aufklärung, wie Warburgs Bildatlas »Mnemosyne« sie anstrebe, sei nicht als erfolgreiche Fortschrittsgeschichte zu lesen, von der man sagen könnte: »Die Ängste scheinen erledigt, Reflexe sind zu Reflexion befreit. [...] Die Leid-Erfahrungen der Vergangenheit sind abgebucht. Der Leidschatz der Menschheit *ist* humaner Besitz geworden.« Vielmehr sprach Warnke von der »Pathologie dieses Erwachens«, das Warburg schon in der Frührenaissance gesehen habe und in der eigenen Krankengeschichte auf unheimliche

Weise nochmals habe erleben müssen: »Das Individuum *ist* nicht schon frei, sondern versucht es unter Leiden zu werden.« Das Bemühen um den »Denkraum der Besonnenheit« bleibt demnach problematisch.

In dem wachen Geist Aby Warburgs, der sich gegen die Bedrängnisse der Zeit innerlich nicht ausreichend schützen konnte, erkannte Martin Warnke das eindrückliche Beispiel eines sensiblen Seismographen unserer Modernität und Zerrissenheit, der sich die Freiheit bewahrte, das Unglück wahrzunehmen. Dabei imponierten ihm auch die utopischen Energien des jüdischen Kunst- und Kulturwissenschaftlers, der die Religion seiner Väter innerlich verlassen hatte und den christlichen Glauben allein als Aufklärer betrachtet hatte. Aber die Spannung zwischen Unheils- und Heilsgeschichte blieb in dem säkularen Blick präsent. So schätzte Warnke den Satz, mit dem Warburg im Spiegel von Dantes *Göttlicher Komödie* das Nachleben des mittelalterlichen Christentums beschworen hatte: »Ich mag mich nur von jemandem durch ein Inferno schleifen lassen, dem ich auch die Fähigkeit als Führer durchs Purgatorio zum Paradiso zutraue.«

Zugleich besaß Warnke aber auch den pragmatischen Sinn, den Aby Warburg bewiesen hatte, als er aus Mitteln des väterlichen Bankhauses die Kulturwissenschaftliche Bibliothek Warburg begründete, die 1933, vier Jahre nach seinem Tod, nach London gerettet wurde. Warnke schaffte es in den 1990er Jahren, unterstützt durch finanzielle Mittel des Leibniz-Preises und in Verbindung mit Stadt, Universität sowie engagierten Mäzenen, das Warburg-Haus in Hamburg zu neuem Leben zu erwecken.

Als man Warnke im Jahr 2016 nach London einlud, um zum 150. Geburtstag Warburgs zu sprechen, brachte er ein kleines Geschenk ins dortige Warburg Institute mit: eine bronzene Schnecke, ein sogenannter »Handschmeichler«.

Dieser hatte Warburg als Briefbeschwerer gedient. Mit der kuriosen Fundgeschichte verband seine letzte große Rede »The Long Road of Warburg's Snail« ein Vermächtnis über den humanen Sinn des kulturwissenschaftlichen Arbeitens. Mit wenigen Strichen entwarf der Gast im Namen der Schwesterinstitution in Erinnerung an Aby Warburg ein Bild des Forschers, der in aller Vorsicht sein Gehäuse verlässt, um die Fühler wissbegierig und besorgt in die Welt hinauszustrecken. Denn ihm können die Wirklichkeiten, Härten und Nöte der Menschen in Geschichte und Gegenwart nicht gleichgültig sein.

VI.

Der Kunsthistoriker Martin Warnke ist nicht ohne seine protestantische Herkunft zu denken. Das Lutherjahr 1984 bot die Gelegenheit, seine Leidenschaft für die politische Ikonographie mit der Aufmerksamkeit für das religiöse Erbe zu verknüpfen. Die Frage, warum der bildkritische Luther die Propaganda des Hofkünstlers Cranach zuließ, beantwortet sein Essay mit einem fiktiven Monolog des Reformators: »Mit meinem Gesicht, mit meiner Physiognomie könnt ihr machen, was ihr wollt; sie steht zur Disposition und kann nach Maßgabe der weltlichen Handlungszwänge gestaltet werden – wenn nur meine geistige Person, mein inneres Ich, mein privates, persönliches Gewissen davon unberührt bleibt.« Warnke kann sich auf die Zeilen berufen, die lateinisch am Fuß seines frühen Cranach-Druckes stehen und übersetzt lauten: »Die unvergänglichen Abbilder seines Geistes bringt Luther selbst hervor, seine sterblichen Züge jedoch das Wachs des Lucas.«

Seine Darstellung der protestantischen Bildpolitik bietet eine sublime Rechtfertigung des Wortes, das im Pfarrhaus mit der Aufklärung auch zur weltlichen Passion vieler Dichter und Denker wurde. Wort und Bild gehören zusammen und stehen zugleich in einem produktiven Konkurrenzverhältnis, das Warnke als Kunsthistoriker auch im Schreiben beflügelte. So war er stolz, dass sein Opus magnum *Hofkünstler*, das bei Giotto und Andrea Mantegna ansetzt und mit der Avantgarde der Moderne schließt, allein auf das Wort setzt und ohne den Abdruck von Bildern auskommt.

VII.

Entstanden waren *Cranachs Luther* und der *Hofkünstler* zu einer Zeit, in welcher die Einladung an das Wissenschaftskolleg zu Berlin ihn von universitären Pflichten befreite. Das Privileg wurde ihm nochmals drei Jahre später zuteil, als er 1987 Fellow am Getty Center for the History of Art and the Humanities wurde. Die Renaissance des Hamburger Warburg-Hauses beruht zweifelsohne auf den Erfahrungen der gewährten Freiräume, die inmitten des wissenschaftlichen Betriebes einzelnen Forschern erlauben, die sie umtreibenden Fragen und Probleme zum Nutzen aller für eine Zeit – unbelastet von sonstigen Pflichten – für sich und im Austausch mit anderen zu verfolgen. Rückblickend sagte Warnke: »Akademische Orte wie das Warburg-Haus haben manches möglich gemacht, das die Universität sonst kaum bieten kann.«

Aber der vielfach privilegierte Wissenschaftler war sich lebenslang bewusst, dass der mögliche Rückzug in den Elfenbeinturm kein Selbstzweck ist. Vielmehr sah Warnke in der Bildung gerade als Protestant ein Medium sozialer Öffnung und Durchlässigkeit. Den autobiographischen Zug dieser sozialen Sensibilität bekannte er vielleicht nie deutlicher als 2010, da ihm die Universität Dortmund in der Stadtkirche St. Reinoldi, einem der wenigen repräsentativen Orte, die Würde eines Ehrendoktors verlieh. Die

Dankesrede »Der Fall ›César‹ zu Dortmund« entfaltete dem gespannten wie erstaunten Publikum den Fall des liberalen Theologen August César, den die orthodoxen Kirchenoberen dort nicht hatten wirken lassen wollen. So konnte der liberale Pfarrer erst im fernen Thüringen sein sozialethisches Programm zur Blüte bringen.

Bis zum Ende der Dankesworte musste die akademische Gemeinde vermuten, die Rede erinnere aus sozialkritischer Pietät an einen vertriebenen Heroen des undogmatischen Protestantismus. Erst ihr letzter Absatz enthüllt die biographische Pointe, von Warnke im lakonischen Hinweis gesetzt, der kinderlose Pfarrer habe im Zuge seiner Bildungsarbeit einen talentierten Schneiderjungen an Sohnes statt aufgenommen: »Dieser Junge war mein Vater.«

Des Theologen Unglück, aus Dortmund verbannt worden zu sein, erweist sich für den nachgeborenen Kunsthistoriker als Glück, dem er in jeder Hinsicht seine Existenz verdankt: »Ohne den schlimmen Ausgang des Falles César, ohne die damals als anstößig empfundene soziale Einstellung, stünde ich nicht hier und könnte ich die große Ehrung dieser Stadt nicht entgegengenommen haben.« Sein eigenes Glück verdankt sich jenem, das sein Vater in aller Brisanz der gesellschaftlichen Kluft erfahren hatte, welche die Aufnahme des Schneidersohnes ins evangelische Pfarrhaus bedeutet hatte. Warnke hatte diese Spannung 1968 nach dem Tod des Vaters vor der Trauergemeinde angedeutet: »Aus einem Haus, in dem das Soziale Not diktierte, kam Vater in ein Haus, in dem das Soziale Hilfe evozierte, ein Haus, in dem ja Friedrich Naumann ein- und ausgegangen ist.«

Die väterliche Familiengeschichte speist auch Warnkes passionierten Blick für Ungerechtigkeit und Leiden. Während der wirkliche Großvater als Schneider auch ein »gerader Sozialist« gewesen sei, wirkte der andere, der seinen Vater aufgenommen hatte, als sozial engagierter Pfarrer.

Hinzu kam von mütterlicher Seite das bürgerlich-liberale Engagement in Volkswohl und -bildung, für das der Großvater Friedrich Schomerus als Personalchef bei Zeiss bis 1933 eindrücklich stand. Vor diesem Hintergrund verwundert es kaum, dass er in der 1968er Zeit auf die provokative Einsicht des Baseler Bürgers Jacob Burckhardt verwies, dass in dem radikal sozialen Zug des frühen Christentums eine strukturelle Parallele zur sozialistischen Bewegung zu sehen sei. Zudem hatte Warnke in dem vornehmen Gelehrten einen großartigen Lehrmeister, durch die akademische Maske als Kunst- und Kulturhistoriker stilvoll und elegant zu tönen, ohne die tiefere Ironie gegenüber dem gelehrten Geschäft und dem sozialen Habitus zu verlieren. Die letzte Verborgenheit des Menschen, der im äußeren Leben nicht aufgeht und im Inneren nicht ganz erkannt werden kann, ist Ausdruck der religiösen Skepsis, die schon seinem Vater zu eigen war und die Warnke 1968 bei dessen Trauerrede sagen ließ: »Wir haben ihn verloren, wir müßten ihn gewinnen.«

VIII.

Die vorliegenden kulturwissenschaftlichen Skizzen bieten in diesem Sinne die Möglichkeit, Innenansichten Martin Warnkes zu gewinnen, der als Kunsthistoriker wie wenige andere die implizite Darstellung in den Bildnissen schätzte und im eigenen Schreiben übte. Seine Art, den eigenen Standpunkt dezent zu verhüllen, war keineswegs als ein sophistisches Versteckspiel gedacht. Es entsprach dem vorsichtigen und zweifelnden Denken, dessen besondere Konturen Warnke schon 1968 im Spiegel des Vaters umrissen hatte. Damals beschrieb er nüchtern, dass der charismatische Theologe, der auf der Kanzel aufblühte, nie heroische Ambitionen gehegt hätte, sondern noch auf dem späten Krankenbett bekannte: »Ich bin kein Held.« Was als Selbstaussage resignativ anmuten mag, war gleichwohl die Signatur des aufgeklärten Geistes, der zu nachdenklich war, um eindeutige Wahrheiten verkünden und einseitige Positionen vertreten zu können. Die damalige Rede lässt hierin kaum Zweifel: »Vater muß sich von früh auf darüber im Klaren gewesen sein, daß seine Bewußtseinskraft und sein Einfühlungsvermögen ihn daran hinderten, ihn davor bewahrten, je ein Held und Glaubenskämpfer zu sein.«

Warnke selbst entwickelte seine kritische Kunstgeschichte nach dem Kunsthistorikertag in Köln als ein implizites Instrument gesellschaftlicher Polemik, das seine Apologien des Individuellen aus einer stilleren Form der Subversion entfaltet, fern einer heldischen Ambition.

Die religiöse Wurzel solch säkularer Ungewissheit hatte schon der protestantische Pfarrerssohn Friedrich Nietzsche skizziert: »Wir modernen Menschen, wir sind die Erben der Gewissens-Vivisektion und Selbst-Tierquälerei von Jahrtausenden«. Er wendet seine verhaltene Ansicht des Selbstzweifels auch gegen seine eigene Zeit ins Zornige: »Die Sicherheit bietet man jetzt als die oberste Gottheit an.« Martin Warnke erinnert in seiner Trauerrede genau an jenen Satz, den sein Vater sich als Student notiert habe, um die Ungesichertheit der eigenen Position als Schutz vor dem »Selbstbetrug« zu betonen. So kann man sagen: Die kritische Kunstgeschichte ist geboren aus dem väterlichen Geist des Zweifels. Sie ist im Kern eine skeptische Kunstgeschichte.

Von daher liest sich Warnkes vielleicht bekanntester Essay »Zur Situation der Couchecke« heute nochmals anders als seit der Veröffentlichung 1978 im selbstgewissen Duktus von Jürgen Habermas' Anthologie *Stichworte zur ›Geistigen Situation der Zeit‹*. Die Kritik am spießbürgerlichen Rückzug ins Private, das sich in der ironischen Erfolgs- oder Verfallsgeschichte der Couchecke verbirgt, ist ohne

Zweifel eine bis heute zeitgemäße Wahrheit. Sein genauer Blick legt den kulturhistorischen Wandel frei, die im Phänomen der Couchecke ersichtlich werden kann: »Jedes Wohnzimmer enthält – darin dem Museum vergleichbar – Restbestände von erledigten Funktionen, die anschaubar geworden sind.« Vor allem sind es der religiöse »Herrgottswinkel« und ebenso das »Sofa« als Merkmale des aufgeklärten Salons, die Warnke in dem bürgerlichen Parademöbel ungenügend ersetzt sieht. Weder der »weihevolle Schirm der Stehlampe« noch die »Sofaecke« können im bürgerlichen Leben der Moderne ersetzen, was ehemals intensiver lebte. In beiden Elementen scheint auch die Vergangenheit des Pfarrhauses auf, das Frömmigkeit und Aufklärung oftmals zu verbinden suchte und im sozialen Leben bereichernd wirkte.

Im säkularen Absturz des Wohnzimmers, das – vom Fernseher dominiert – kaum mehr religiöser Inbrunst oder geistiger Begeisterung Raum bietet, liegt gleichwohl das nicht gänzlich erschöpfte Versprechen des Individuellen. Darauf folgt eine skeptische Volte, wie nicht selten bei Martin Warnke am Ende eines Essays platziert. Seine Darstellung des säkularisierten Verfallsprodukt der Couchecke geht nicht in der kritischen Sicht auf. Warnke gleicht – im Bild gesprochen – einem Hofkünstler, der eine bestellte Wahrheit liefert und doch die Erwartung im Detail so unterläuft, dass sich ihre Gewissheit verliert. So gibt der skeptische Kunsthistoriker seiner perplexen Leserschaft auf, die Situation der Couchecke abgründiger zu betrachten, als es allein aus der Ansicht des aufgeklärten Fortschritts möglich wäre. Denn selbst die philiströse Harmlosigkeit des Wohnzimmers, wie sie das kleine und große Bürgertum bietet, stellt als privater Widerstand gegen den öffentlichen Zugriff ein kostbares Moment kulturellen Lebens dar: »Die Couchecke, die sich in diesem Jahrhundert als Symbol einer abgeschirmten, intimisierten Privatexistenz ausgebildet und durchgesetzt hat, ist im Begriff, sich in der Außenwelt aufzulösen. Es ist den Dingen nicht mehr abzulesen, ob dadurch die Welt wohnlich werden kann oder eine der letzten Gegenwelten aufgezehrt wird.«

Horst Bredekamp
»Wie es sein sollte«
Kunst als Vorbild

Als wir über seine Studienerfahrungen sprachen, erzählte mir Martin Warnke während einer gemeinsamen Exkursion nach Spanien Ende der 1970er Jahre, dass er, während er in den frühen 1960er Jahren an der Westberliner Freien Universität eingeschrieben war, eigens nach Ost-Berlin gefahren sei, um das Grab Georg Wilhelm Friedrich Hegels auf dem Dorotheenstädtischen Friedhof an der Chausseestraße zu besuchen. Fast ein halbes Jahrhundert danach bat er mich im Laufe eines Aufenthaltes in Berlin, mit ihm auf diesen Friedhof zu gehen, damit er dort »noch einmal« seine Aufwartung machen könne. Warnke war kein dogmatischer Hegelianer. Das Denken in Gegensätzen und die Spannung von Widersprüchen, das ihn mit Hegel verband, war ihm aber gleichsam naturhaft vertraut. Aus diesem Grund war es unmöglich, in seiner Gegenwart nicht unablässig die eigenen Überlegungen zu überprüfen und von ihrem Gegenteil her zu durchdenken. Jede Gewissheit war ihm ein Rätsel: Dies war sein persönlicher Auszug aus Hegel.

Die im vorliegenden Sammelband gefassten *Kulturwissenschaftlichen Skizzen* durchziehen persönliche Reflexionen seiner Familiengeschichte, wissenschaftshistorische Beiträge, geschichtsphilosophische Ideen und Überlegungen zum Zusammenhang von Geste, Bild und Gewalt. Sie alle beleuchten jene Autonomie der Kunst, die nicht als sekundäre Begleiterscheinung, sondern als eigenwilliger Gestaltungskern historischer Abläufe begriffen wird. Diesen Grundzug versuchen die folgenden Gedanken über das

Corpus der hier versammelten Schriften hinaus zu rekonstruieren.

Die Kunstgeschichte hat einen beträchtlichen Anteil an der historischen Epochenbildung der nachantiken Zeit. Mit der Romanik, der Gotik, der Renaissance, dem Manierismus, dem Barock, dem Rokoko, dem Klassizismus und dem Historismus sowie der Moderne sind Formprinzipien der bildenden Kunst zu Begriffen der geschichtlichen Entwicklung geworden. Hegel hatte mit der Selbstoffenbarung des Weltgeistes durch die Stufen der Kunst, der Religion und der Philosophie ein triadisches Modell entwickelt, das trotz all seiner inneren Dialektik nicht weniger linear angelegt war.[1] Die neomarxistische Wende erkannte eine ähnliche Zwangsläufigkeit durch den Übergang vom Feudalismus zum Kapitalismus in mannigfachen Spielarten bis schließlich hin zum Sozialismus.

Schon früh hat sich jedoch gegen Mechaniken dieser Art eine Kritik geäußert, die sich dem sogenannten »Gänsemarsch der Stile« in den Weg stellte. Obwohl Wilhelm Pinder später zum bekanntesten Kunsthistoriker des Nationalsozialismus wurde, ist daran zu erinnern, dass er dieser Kritik noch in der Zeit der Weimarer Republik eine höchst einflussreiche Zuspitzung verlieh.[2] Er fasste sie in jene Formel von der »Ungleichzeitigkeit des Gleichzeitigen«, die unter Ausblendung ihrer Herkunft eine beträchtliche Karriere in der Soziologie machte.[3] Nach dem Krieg war es Josef A. Schmoll gen. Eisenwerth, der den Modellen der stilistischen Abfolge den Abschied gab.[4]

Die wohl bedeutendste, von der Kunstgeschichte in die Philosophie und Sozialgeschichte hineinwirkende Durchkreuzung eines in Stufen denkenden Geschichtsbildes wurde jedoch durch Martin Warnke in seiner Untersuchung zur mittelalterlichen Baukunst angelegt und in seinem großen Werk zur Hofkunst vollendet.[5] Seine Sicht, dass, wenn die

Kategorie der Freiheit in Anschlag gebracht wird, der Hof eine weiter gefasste Sphäre bereithielt, als sie die bürgerlichen Zünfte erlaubt hätten, widersetzt sich der Idee einer linearen Abfolge.

In seinem Jahr am Wissenschaftskolleg, an das er 1983 als erster Kunsthistoriker berufen wurde, erschloss er die Adelung von zunächst handwerklich gebundenen, sozial tief stehenden Künstlern. Als Konsequenz zeigte Martin Warnke, wie mit diesem Aufstieg in die Sphäre der stilistischen Ungebundenheit auch eine theoretische Aufrüstung des modernen Künstlers einherging, die zum Modell von Hegels Phänomenologie wurde. Hegel, so beschreibt er es, »hatte das Kapitel der ›Phänomenologie‹, in dem er den Geist als ›Werkmeister‹ beschreibt, der die äußere Wirklichkeit zur ›beseelten Form‹ auszuarbeiten hat, mit dem Satz beschlossen: ›Der Geist ist Künstler‹.«[6] Am Schluss seiner Untersuchung billigt Warnke dasselbe Karl Marx zu, der ebenfalls bei seiner »Neubestimmung von Hand- und Kopfarbeit an jenen erfolgreichen Versuch der Künstler zurückgedacht haben« könnte, »ihrer körperlichen Arbeit den Charakter einer freien, geistigen, also adelsfähigen Tätigkeit zu geben.«[7]

Der in diesen Sammelband aufgenommene Artikel »Jacob Burckhardt und Karl Marx« von 1970 hatte jenen Freiraum geschaffen, in dem sich diese Revision der historischen Abfolgen entfalten konnte. Nie war zuvor thematisiert worden, dass beide nicht nur im Mai 1818 geboren wurden, sondern dass sie in den 1840er Jahren zur selben Zeit in Bonn und Berlin studiert und sich danach gleichzeitig auch in Paris aufgehalten hatten. Im Zuge der 1848er Revolution bewegten sie sich jedoch in unterschiedliche Richtungen. Burckhardt vollzog den Weg nach innen in seine kunsthistorischen und historischen Forschungen, während Marx seine umstürzlerischen Texte bis in die letzten Winkel der Welt zu expandieren hoffte. Es dürfte wenige Beiträge geben, die dem jungen Karl Marx eine genauere Beschreibung seiner Ziele und Leistungen gewidmet hätten als Warnkes Abhandlung. Zwischen den Zeilen wird allerdings deutlich, dass sich seine Sympathie zu Jacob Burckhardt neigt, dessen *Weltgeschichtliche Betrachtungen* einen Maßstab für Warnkes eigene Forschungen abgaben. Mit dem berühmten Passus über die Verfestigung von Lebensformen durch Verfassungen, Religionen, Besitzstände, Sitten und Rechtsanschauungen, die sich »mit der Zeit für Stützen dieser Macht, ja für allein mögliche Träger der sittlichen Kräfte der Zeit« halten, zitiert Warnke den entscheidenden Satz: »Allein der Geist ist ein Wühler und arbeitet weiter«.[8] Im Anschluss folgt Burckhardts elementare Aussage über die kritische Möglichkeit einer Kunst, die sich über ihre Zuschreibung als ein bloßes Dokument der Zeit hinwegsetzt und damit erst wirklich autonome Züge gewinnt. Darin wird die Kunst »vollends eine Verräterin«, weil sie »unaufhörlich modifizierend und zersetzend auf die stabilen Lebenseinrichtungen einwirkt«.[9] Umso stärker stand dem Martin Warnke entgegen, was er im selben Jahr 1970 auf dem Kölner Kunsthistorikerkongress in der denkwürdigen von ihm organisierten Sektion »Das Kunstwerk zwischen Wissenschaft und Weltanschauung« vorgetragen hat. Sein hier aufgenommener Vortrag »Wissenschaft als Knechtungsakt« war fraglos auch davon geprägt, die Denk- und Sprachformen der Subordination und der Dominanz des Allgemeinen über das Besondere, die er als junger Beobachter der Auschwitz-Prozesse erfahren hatte,[10] als einen Subtext der kunsthistorischen Populärliteratur zu analysieren, aber bereits die Eindimensionalität des hier erfassten Sprachstils hätte jenseits aller politischen Implikationen genügt, um von ihm distanziert zu werden.[11]

Wiederum zwei Jahre zuvor, 1968, hatte Martin Warnke eine Erkenntnis formuliert, welche die theoretische Lehre aus dem Burckhardt'schen Ansatz vorweggenommen hatte: Kunst, wenn sie den Namen verdiene, illustriere nicht, sondern sie formuliere Ansprüche, die sich der Gegebenheit der Zeit entgegensetzten. Die Wirklichkeit sei keineswegs eine Illustration, ein Dokument oder gar ein Spiegel der an anderer Stelle vorhandenen Gegebenheiten, wie es Platons vielleicht entschiedenste Kritik an der bildenden Kunst formuliert hat, vielmehr entwerfe sie Möglichkeiten für die noch nicht besiedelten Räume der Zukunft.[12] οἷα εἶναι δεῖ [Wie es sein sollte] – unter diesem Titel begründete Warnkes Aufsatz den Vorscheincharakter der Kunst, dem sich ihre kritische Funktion, wie sie Burckhardt formuliert hatte, verdankte.[13] Später hat Martin Warnke seine Kritik an dem scheinbar nur dokumentarischen und illustrativen Charakter der Kunst in die Formel von der »Kunst als Vorbild« gebracht.[14] In oftmals kleinen Miszellen, wie sie sein unvergänglicher, im vorliegenden Band aufgenommener Text »Zur Situation der Couchecke« verkörpert, hat er es verstanden, die Gültigkeit dieser Annahme plausibel zu machen. Hierzu gehören auch seine Überlegungen zum Erdbeben von Lissabon 1755. In das allgemeine Bewusstsein hat sich das Ereignis als ein Ende der Aufklärung eingeschrieben, weil es als ein erhabenes Unglück alle menschlichen Anstrengungen und Schutzvorkehrungen überstieg und damit das Vertrauen in eine vernünftige Ordnung der Welt erschütterte. Martin Warnke vermag jedoch zu zeigen, dass nicht nur in dem rektangulären neuen Grundriss von Lissabon, sondern in zahlreichen Bildzeugnissen, unter denen Medaillen herausragen, neben der Hilfsbereitschaft vor allem die Logistik gepriesen wurde, mit welcher der Naturkatastrophe hatte begegnet werden können. Den Bildzeugnissen zufolge bedeutete das Ereignis von Lissabon keinesfalls eine Krise oder gar das Ende der Aufklärung, sondern vielmehr deren Beglaubigung im Moment ihrer scheinbaren Hilflosigkeit.[15]

Dies führt unmittelbar zu Martin Warnkes Betrachtungen zur Herrschaftskunst und hier insbesondere zum Bildnis und zum Denkmal, wie es die Abhandlung »Cranachs Luther. Entwürfe für ein Image« ausweist. In all seinen Analysen geht es Warnke nicht um die Deckung zwischen Person und Bild oder zwischen dem historischen Ereignis und dem Denkmal, sondern vielmehr um jene über das historische *Punctum* hinausgehende Anspruchsseite der bildenden Kunst, die in ihrer Distanz zur hypostasierten Wirklichkeit deren Charakter mitdefiniert. In seiner im November 1993 gehaltenen Gerson-Vorlesung in Groningen hat er am Beispiel des *Medicizyklus'* von Peter Paul Rubens eindringlich entwickelt, dass die Idealisierung der Dargestellten keinesfalls bedeute, die Augen von derartigen Inszenierungen abzuwenden. Vielmehr gelte es, und dies hat Warnke als »Lebensthema« bezeichnet,[16] herauszuarbeiten, wie Künstler, die zum Herrscherlob verpflichtet waren, eine Ebene einzogen, die sich von der Individualität der Dargestellten löste und soweit allgemeingültige Prinzipien zu formulieren verstand, dass die im Bild Gerühmten nicht etwa als Ausweis der mit ihnen verbundenen Tugenden erschienen, sondern vielmehr als Adressaten, die sich diesen Prinzipien als angemessen erweisen mussten: »Alle Bemühungen, die Rubens in die Ausarbeitung der Komposition verwendet hat, laufen darauf hinaus, eine lebendige und glaubwürdige politische Struktur vorzustellen, die gegenüber allen zeitgeschichtlichen Zufälligkeiten als ein selbständiges, vernünftiges staatliches Handeln hervortritt. Es kann keine Rede davon sein, daß ein absolutistischer Herrscher- und Persönlichkeitskult gefordert wird. Vielmehr hat Rubens bis in jeden Gewandzipfel hinein ein Konzept künstlerisch umgesetzt, das der gegebenen Wirklichkeit, den lebenden Persönlichkeiten allgemeinere, doch lebendig verkörperte, also nachvollziehbare Grundsätze und Maximen gegenüberstellt.«[17]

Vor diesem Hintergrund sind auch die Bemühungen um den Bildersturm, die bis auf das Jahr 1973 zurückgehen, gegen die unmittelbare Beziehung zwischen dargestelltem Inhalt und Kunstform gerichtet.[18] Als im Juni 2020 in Bristol die Statue des Sklavenhändlers und Philanthropen Edward Colston gestürzt wurde, spielte in keinem der Kommentare die Form des Werkes oder auch nur der Name des Künstlers, John Cassidy, eine Rolle. Mit dem Instrumentarium einer Kritik des Repräsentationsbegriffs, die dem Werk eine eigene Aussagekraft zugesteht, könnte jedoch gefragt werden, ob das Denkmal mit seiner melancholischen Gestaltung des Dargestellten seine verwerflichen Geschäftspraktiken kompensierte oder kritisierte. Wird diese Frage ausgeblendet, dürften nur wenige Denkmäler den repräsentativen Kurzschluss der Gegenwart überstehen.

Die Arbeiten zu Goya und der Aufsatz über den »Leidschatz der Menschheit« verdanken sich einer Konstellation, die in Hamburg als ein Zusammenspiel zwischen der Kunsthalle und dem kunsthistorischen Institut der Universität in den Jahrzehnten von Martin Warnkes Hamburger Professur gegeben war. Wie sich zwischen Gustav Pauli, dem Direktor der Hamburger Kunsthalle, und Erwin Panofsky in den 1920er Jahren eine besondere Beziehung herausgebildet hatte, so entstand ähnliches zwischen Werner Hofmann und Martin Warnke.[19] Werner Hofmann gehörte zu jenen unruhigen Geistern, welche die Institution Museum zu einem Medium der Inspiration des allgemeinen Geschichts- und Selbstbewusstseins entwickelten. Seinen Ausstellungszyklus zur *Kunst um 1800* epochal zu nennen, wäre keine Übertreibung, und die Ausstellung von 1980/81 zu Goya steht hinter den Arbeiten Martin Warnkes zu diesem Thema. In seiner Verletzlichkeit und seinem Unbedingtheitsanspruch war Werner Hofmann ein schwieriger Zeitgenosse, und Martin Warnke gehörte zu den wenigen Personen, zu denen Hofmann schon aus Respekt seine bisweilen aufbrechenden Züge von Ungeduld und Missbilligung zu zügeln verstand.

Aus dieser wechselseitigen Wertschätzung sind nicht nur die Arbeiten zu Goya, sondern auch Überlegungen zu Aby Warburg entstanden, die in dem bedeutenden Sammelband von Werner Hofmann, Martin Warnke und dem damaligen Kurator in der Hamburger Kunsthalle, Georg Syamken, entstanden sind: *Die Menschenrechte des Auges. Über Aby Warburg*.[20] Das Prinzip der Inversion, des Entschlüsselns von Geheimnissen und Ängsten aus der Gegenposition des eigenen Standpunktes, das Warnke zur höchsten Form entfaltet hat, ist in dem Aufsatz zum »Leidschatz« profund am Beispiel des Bilderatlasses von Aby Warburg entwickelt. Hier zeigt sich jenes Element, das alle Bildanalysen auf den Kern der Gewaltbändigung, wie Warburg dies bei den Pueblo-Indianern exemplarisch erfahren hatte, zurückführt. Der anhand der Originalaufnahmen im Haus der Kulturen der Welt zu Berlin im Herbst 2020 ausgestellte *Bilderatlas* ist in diesem Aufsatz nicht nur beispielhaft nach Clustern von Motiven analysiert, sondern vor allem als Denktechnik in einer bis heute maßgeblichen Weise durchdrungen. »Der lange Weg von Warburgs Schnecke«, die im Juni 2016 in London gehaltene Rede, war eine Besiegelung der lebenslangen Beschäftigung mit dem Hamburger Kunst- und Bildforscher Warburg.

Die Anspruchsform, Befindlichkeiten und Festlegungen umzukehren, um Distanz zu gewinnen, hat Martin Warnke bis in seine letzten Tage bewahrt. Bei unserem vorletzten Treffen im Dezember 2019, nachdem wir über die Kunstgeschichte Spaniens, die uns vielleicht am stärksten fachlich verbindet, gesprochen hatten, gab er mir zwei Bände von Carl Justi mit, worauf ich ihm antwortete, dass ich nicht mehr nach Halle käme, wenn ich jedes Mal seine Bibliothek verkleinern würde. Bei unserem letzten Treffen, eine Woche vor seinem Tod, haben wir uns wieder über unsere Spanien-Erlebnisse ausgetauscht, und er übergab mir das Buch von Andrée Clot: *Das maurische Spanien. 800 Jahre islamische Hochkultur in Al Andalus.* Das Buch verteidigt das Zusammenspiel von Islam und Christentum im Cordoba der Omayaden. Ich sagte ihm, dass ich das Buch sehr gern, aber nur mitsamt Unterschrift und Datum annehmen würde. Er überlegte und schrieb mit zittriger aber klarer Schrift eine kurze Widmung hinein: »In herzlicher Erinnerung«, gefolgt von dem Satz: »in bester Laune für seinen Besuch am 5.12. in Halle«. »In bester Laune« bleibt als Produkt seiner Fähigkeit zur Umkehr jedweder Erwartung, und sei es selbst des eigenen Endes.

I.

»Wir haben ihn verloren,
wir müßten ihn gewinnen.«
Rede zum Tod des Vaters

Es ist schwer, über Vater etwas zu sagen, denn wir wissen
wenig von ihm. Wir haben ihn auch nie gefragt, so wenig
wie er uns je eigentlich gefragt hat. Er hatte Ehrfurcht vor
unserm Innersten, so wie er sein Innerstes in Ehrfurcht verwahrte. Er hielt es in dieser Bescheidung wohl mit Wilhelm
Raabe, bei dem er sich rot den Satz angestrichen hat: »Es
hat noch niemals auf der Erde ein Mensch vom andern
›was gewußt‹«. Wir könnten uns deshalb an Erinnerungen
halten, könnten Szenen wieder aufleben lassen, – wie wir
ihm entgegenliefen, wenn er auf seiner »Mule« (Esel) aus
Filialen heimkehrte und uns die letzte Strecke reiten ließ;
wie er den Unterricht seiner Kinder gestaltete; wie er bei
Tisch erzählte aus der Kaisergeschichte, von Odysseus, von
Vasco da Gama oder von seinen Reisen; was und wie er uns
allabendlich vorlas. Oder wir könnten, um seiner habhaft
zu werden, uns unter uns selbst umsehen nach ererbten
Zügen, – bei Susanne die große Ähnlichkeit feststellen, bei
Peter die künstlerische Ader, die er von ihm hat, der in den
letzten Jahren auch abstrakte Versuche machte, und der in
Frankfurt kaum eine Ausstellung versäumt hat; bei Matthias vielleicht Ansätze zu einer ähnlich lebendigen, phan-
tasievollen Erzählgabe – Vater hatte die »Art, die Dinge
zu rufen«, wie es Stifter in einer von Vater angestrichenen
Stelle gesagt hat. Doch dies alles wären Reflexe von ihm,
kaum schon er selbst. Und es gilt für solche Kindheitserinnerungen, was Vater sich aus Raabe, – dessen Gesamtwerk
er sich 1936 gekauft und mit nach Brasilien genommen hat,

und der nach Shakespeare sein bevorzugter Schriftsteller gewesen ist, bis ihn in den letzten Jahren Stifter, Fontane und schließlich auch Goethe etwas zurückdrängten –, es gilt für solche Kindheitserinnerungen, was Vater sich aus Raabe notiert hat: »Wer denkt, wenn er in die Freude seiner Kinderjahre zurückblickt, daran, daß seine Eltern auf dem Kampfplatz waren?« – Ich möchte zwei Feldabschnitte dieses Kampfplatzes, in dem Vater gestanden hat, abzustecken versuchen. Der erste ergibt sich aus dem Zufällig-Biographischen, daraus, daß Vater an seine Kindschaft nie denken konnte, ohne den Kampfplatz seiner Eltern mitzudenken. Vater war der Sohn eines Schneidermeisters, ältester von vier Kindern, und ist aufgewachsen während Kriegs- und Nachkriegsjahren in einer Sphäre geordneter Redlichkeit, karger Strenge, in einer Atmosphäre, deren Not und Bedrücktheit in damaliger Zeit uns keine Rede vom Adel des Handwerks beschönigen durfte. Vater hat von dieser eher beklemmenden Kindheit nie erzählt, höchstens mal von Unterbrechungen am Bauernhof eines Onkels. Wohl aber erinnere ich mich an seine Schilderung von Luthers Kinderstube, und darin mag er, der die Gabe historischer Aneignung besaß, sein Kindheitserlebnis objektiviert haben. Unser Großvater Warnke, selbst ein kluger, sensibler Mann und gerader Sozialist, hat seinen ältesten, von früh auf die Volksbüchereien aufsuchenden Sohn auf die Realschule geschickt, ein Opfer schon dies, das für seine jüngeren Söhne schon nicht mehr aufgebracht werden konnte. Auch für Vater reichte es in den schwierigen Jahren nur bis zur mittleren Reife; danach mußte Vater als Schreiberlehrling in das Jenenser Rathaus. – Was in diesen wenigen Daten, die wir von Vaters Kindheit wissen, an versagter Hoffnung sich verbirgt, kann uns auch die Vorstellung vom sonnigen, temperamentvollen Wesen unserer Großmutter nicht vergessen lassen. Diese Schatten von Vaters Kindheit werden meist überstrahlt von den fast legendären Glücksfällen, die Vaters weiteren Lebenslauf bestimmen sollten. Die erste Legende. Dem Pfarrer des Sprengels (sc. der Schillerkirche in Jena-Ost), unserm Pflegegroßvater César, fiel der begabte Junge auf, und gemeinsam mit seiner Frau entschied er, den Jungen zu sich zu nehmen. Aus einem Haus, in dem das Soziale Not diktierte, kam Vater in ein Haus, in dem das Soziale Hilfe evozierte, ein Haus, in dem ja ein Friedrich Naumann ein- und ausgegangen ist. Vater hat während der letzten Jahre seiner Schulzeit und während seines ganzen Studiums bei Césars gewohnt. Daß sich dem Schüchternen und so Bescheidenen in das Gefühl der Dankbarkeit auch Gefühle der Hilflosigkeit und Verzagtheit gemischt haben müssen, können wir wiederum nur erahnen. Aber er hat spielend die Oberschule absolviert, dann erst Anglistik studiert, um schließlich zur Theologie überzuwechseln. Dann aber kam der zweite legendäre Einbruch in sein Leben: Bei einem Krippenspiel spielte Vater die Rolle des Joseph und Hilka Schomerus diejenige der Maria. Vater hat die richtige Frau gefunden. Die richtige Familie hat ihn vorurteilsfrei aufgenommen, auch wenn Vater zu deren Geschichten und Traditionen sich eher neutral verhielt. In dem Einverständnis zwischen Vater und Mutter waren die sozialen Klüfte ausgelöscht, und in ihm war Vater zeitlebens aufgehoben. So vollzog sich an Vaters Lebensweg in mehrfacher Hinsicht eine der vornehmsten kulturellen Funktionen des protestantischen Pfarrhauses: Begabung und Kräfte, die sonst in Rathausstuben geschlummert hätten, hervorzuholen; gleichsam einen Schichtwechsel zu vermitteln, durch den potentielle Energien einer angemessenen Entfaltung zugeführt werden. Vater hat diesen sozialen Übertritt nie im Sinne eines Avancements aufgefaßt, sondern ihn von vornherein als eine geistige Möglichkeit erlebt und genutzt: Bis zuletzt hat er unersättlich das bürgerliche Bildungsgut in sich aufgenommen, dabei frei, ohne verzerrenden Ehrgeiz, nicht wie einen zu verwaltenden Besitz, sondern wie ein Geschenk. Er hat es uns Kindern ebenso frei weitergeschenkt, und weil er die kulturelle Aneignung sich nicht aufzwang, sondern sie dankbar ergriff, war die geistige Basis, aus der wir leben und weben so reich und lebendig. Den Kampfplatz der sozialen Gegensätze, den Vater ohne Ressentiments, ohne Aggressionen und ohne einen Anflug von Überheblichkeit bestanden hat, verwandelte sich in ihm zu einer geistigen Figur. Und damit bin ich bei dem zweiten Feldabschnitt des Kampfplatzes, den ich umschreiben wollte, und dessen wesentlicher Inhalt der ist, daß Vater kein Kämpfer war.

Wenn Vater noch auf seinem Krankenbett sagte »Ich bin kein Held«, dann bekannte er sich am Ende seines Lebens noch ein Mal zu einem Lebenszug seiner geistigen Persönlichkeit. Zum Helden gehört, daß er bereit ist, an einer bestimmten Stelle seines idealen Einsatzes bewußtseinsmäßig blind zu werden, Reflexionen auszuschalten, an die Stelle des Denkens Prinzipien treten zu lassen und nur noch dem Mut zu gehorchen. Vater muß sich von früh auf darüber im Klaren gewesen sein, daß seine Bewußtseinskraft und sein Einfühlungsvermögen ihn daran hinderten, ihn davor bewahrten, je ein Held und Glaubenskämpfer zu sein. 1930 hat er sich Nietzsches kritische Feststellung notiert: »Die Sicherheit betet man jetzt als die oberste Gottheit an«. Das Bewußtsein davon, daß jede Art von »Sicherheit« ihn zum Selbstbetrug führen würde, das Bewußtsein letztlich, daß alle menschliche Sicherheit vom Tode her in Einbildung auflöst, hat Vater mit einer merkwürdigen Folgerichtigkeit bis in alle Verästelungen seines Denkens hinein registriert. Seine Zitatsammlung und seine Anstreichungen bezeugen es, und nach einem Goethe-Diktum streicht man in Büchern nur an, was man selbst irgendwie schon einmal gedacht hat.

Einige Zitate sollen uns das deutlich machen. Bei Alexis streicht sich Vater den einzigen Satz an: »Durchrieselt uns nicht alle das Gefühl eines inneren Zerfalls aller Dinge?« Vater, der so oft »abwesend« sein konnte, fand bei Raabe die Frage: »Was haben wir vom wachen Leben mehr als unsere Träume?«. Oder ins Lebensphilosophische gewendet, bei Montaigne: »Dem dient kein Wind, der keinen Hafen hat, nach dem er segelt.« Einen solchen sicheren Hafen hat Vater nicht gehabt, und daraus ergibt sich die zweifelnde Skepsis jenes Stifter-Satzes, den Vater mehrmals notiert hat: »Dieser junge Ritter spricht auch wieder von Taten«, sagte Agnes, – und weiß man denn, was Taten sind?« Der gleiche Zweifel im Witiko: »Ich habe gar keine Meinung, ich erwarte nur die Dinge«. – Zu dem Zitat aus Othello: »Es ist eine Albernheit zu leben, wenn das Leben eine Qual ist«, schreibt sich Vater einen Gedanken auf, der von diesem Satz nicht unmittelbar nahegelegt wird, der aber Vaters Grundüberzeugung umso deutlicher werden läßt: »Gegensatz: Wenn ich schwach bin, so bin ich stark – durch viel Leiden in das Reich Gottes eingehen«. Der Gedanke reicht ins Theologische, und es gibt viele Hinweise darauf, daß Vater auch hier das Gebrochene näher war als die gefestigte Position. Aus Luther hat Vater nicht die kraftstrotzenden Anfeuerungen herausgestrichen, vielmehr hat er schon seiner Ordinationsbibel von 1934 das Motto gegeben: »Es ist dein gar zart Ding um den Glauben an Gott ...« Und noch in den letzten Jahren hat er Luther den Satz entnommen: »Wer ist ohn anfechtung ein Stund lang?« Mit heimlichen Grauen muß er die Sicherheit der Gegenposition aufgenommen haben: »Ich bin niemals in meinem Unglauben schwankend geworden« (Simone de Beauvoir). Vater pflegte Leute, die ihm unerschütterliche Überzeugungen vortrugen, mit verschränkten Armen und großen Augen schräg anzublicken, worin sich Mitleid mit Achtung zu vermengen schien. Als gelegentlich ein Flugblatt, das gegen die moderne Theologie polemisierte, ins Haus flog, bemerkte ich zu Vater, daß es ja doch die konservativen Theologen jetzt schwer hätten, worauf Vater erwiderte, daß sie es gerade leicht hätten, schwer hätten es diejenigen, die nicht so eindeutig Stellung zu beziehen wüßten, also die Zweifelnden. Christof hat während seines Studiums festgestellt, in welch erstaunlichem Maße Vater noch die neuesten theologischen Publikationen verfolgte. Er hielt sich auf dem Laufenden für immer neue Anläufe, und seine Bewußtseinskraft holte jede Position stets wieder ein. Auch seine Predigten waren immer so aktuell und so leicht verständlich, weil er selbst es sich so schwer machte. Es war sein schwerster Kampf, darauf zu verzichten, ein Kämpfer zu sein, sich stets frei und offen zu halten, die Spannungen durchzustehen, die Anlage und Herkunft ihm auferlegten. Es war zugleich die Spannung, deren Pole die Werte aus Shakespeare fixieren, die Vater zusammengesehen hat: »Sei dir selbst treu«, (Hamlet) und »Ich bin nicht, der ich bin« (Othello). Seine Mitte aber, die er denkend und fühlend umkreiste, blieb der, von dem es heißt »Ich bin der ich bin«. Eine Stelle aus Raabe, die Vater lieb gewesen ist, beschreibt diesen Gedankenkreis in einer anschaulichen Parabel, wie sie auch Vater gelegentlich verfügbar sein konnte: »Über den Feldern und Wiesen lag jenes Flimmern und Zittern, welches auch über den großen Werken der Dichter liegt und überall die Sonne zur Mutter hat«.

Diese beiden Kampfplätze – die soziale Vermittlerstellung und der Verzicht auf das Heldische – formten ihn zu dem, was er uns alltäglich war. Sein Vorbildhaftes lag darin, daß er sich uns nie als Vorbild empfahl; sein Väterliches, daß er sich uns nie als Vaterfigur darstellte, sondern uns in seine Bewußtseinsarbeit mit einbezog, so wie er durch seine Erzählweise und durch sein Vorlesen uns an seiner Empfindungskraft teilnehmen ließ. Seine Gebrochenheit war das

Menschliche an ihm. So steht er uns vor Augen nicht als einer, von dem wir »was wüßten«, sondern als einer, der uns etwas tief Humanes zu wissen gibt und aufgibt.

Wir haben ihn verloren, wir müßten ihn gewinnen.

Der »Fall César« zu Dortmund
Rede zur Ehrenpromotion

Der Pastor August César wurde am 19. April 1906 von der Reinoldigemeinde in Dortmund für eine ihrer Pfarrstellen, für die neuerbaute Lutherkirche im Höschviertel, gewählt. Da er aus einer anderen Landeskirche – aus Thüringen – kam, musste er nach dem Preußischen Kirchengesetz auf seine »Anstellungsfähigkeit und Vorbildung« hin von dem Königlichen Konsistorium in Münster-Westfalen in einem dreieinhalbstündigen Kolloquium befragt werden. In dem auch von César unterschriebenen Protokoll heißt es unter anderem: »[Christus ist geboren wie jeder andere Mensch, die jungfräuliche Geburt wird ausdrücklich abgelehnt]. Jesus ist Gottessohn nicht in einem physischen oder metaphysischen Sinn, sondern weil er religiös-sittlich mit Gott eins ist.« – »Wunder im ›eigentlichen‹ Sinn habe ich abgelehnt. Sie sind für unsern Glauben wertlos [...] [Die Heilwunder Jesu sind durch seelische Beeinflussung des Herrn zu erklären.]«

»Die Auferweckung des Lazarus [...] lehnte ich ab. Ich sagte, dass wohl kein wissenschaftlicher Theologe unserer Tage die Wiederbelebung eines in Verwesung übergegangenen Leichnams festhalte.« »Den Osterglauben bekenne und predige ich freudig: Jesus lebt [...]. Das leere Grab habe ich allerdings abgelehnt [...]. [Der Leib Christi ist im Grabe geblieben.] Wem es ein Bedürfnis für den ganzen Glauben ist und wem es notwendig erscheint, um andere zu überzeugen, mag an der Überzeugung [...] festhalten, dass der ganze Leib verklärt und dadurch das Grab leer geworden sei; aber man vergesse nicht, dass solche Stützen des Glaubens für viele unnötig und für sehr viele geradezu Hindernisse sind.«[1]

Obwohl in der evangelischen Kirche seit Anfang des 19. Jahrhunderts ein sogenannter Apostolikumstreit tobte, in dem über Für und Wider zu einzelnen Sätzen des Glaubensbekenntnisses gestritten wurde, leuchtet ein, dass das Konsistorium einen Pfarrer, der Aussagen, die so unverblümt dem Apostolikum widersprachen, für ungeeignet hielt, die Pfarrstelle an der Reinoldi-Kirchengemeinde zu übernehmen. Seit 1905 lief das Verfahren gegen Carl Wilhelm Jatho aus Köln, und es erfolgte die Absetzung des württembergischen Pfarrers Christoph Schrempf, bei der es ebenfalls um die Jungfrauengeburt ging. Es war sozusagen die Kampfzeit der liberalen Theologie, die eine »Volkskirche« anstrebte, in der die persönliche Religiosität und moralische und soziale Einstellung maßgeblich werden sollten. So war auch diese liberale Tendenz, die César vertrat, der Grund, dass der Superintendent die Berufung Césars mit folgender Begründung ablehnte: »Pfarrer César lehnt die Auferstehung Christi ab. Die Berichte der Evangelien darüber erklärt er für Versuche der Jünger, das Unfassliche fasslich zu machen […]. Andererseits ist für Pfarrer César Christus geboren wie alle anderen Menschen, von Gott sonderlich erkoren und ausgerüstet […]. Wenn auch zum beständigen Siege über die Sünde durchgedrungen, ist Christus nach Pfarrer Césars Meinung doch behaftet mit Erbsünde […]. Hiernach konnte es nicht zweifelhaft sein, dass Pfarrer César Grundwahrheiten der Bekenntnisse leugnet, welche gemäß § 1 der Einleitung der Kirchenordnung in der evangelischen Kirche Westfalens in Geltung stehen.«

Gegen diese Verfügung des Superintendenten beschloss die größere Gemeinde-Vertretung von Reinoldi am 27. Juli

1906, eine Beschwerdeschrift an den Evangelischen Oberkirchenrat in Berlin zu richten. Man verwies darauf, dass
man drei neue Stellen zu besetzen habe und dabei absicht-
lich »verschiedene theologische Richtungen« einstimmig
zur Geltung habe kommen lassen wollen.[2] »Den Spruch des
Konsistoriums können wir nur als einen Versuch ansehen,
alle neben der Orthodoxie in der evangelischen Landeskirche bestehenden freieren Richtungen mundtot zu machen
und die enggeschlossene einheitliche Welt des Glaubens
früherer Jahrhunderte dauernd auch den Anschauungen der
Gegenwart aufzwingen zu wollen.«

Noch während die Angelegenheit in Berlin zur Entscheidung vorlag, erschienen zwei öffentliche Stellungnahmen
zu dem Fall: Am 6. August von Seiten des Vorstandes der
»Vereinigung zur Pflege biblischen Christentums«, in der es
abschließend heißt: »Wir hoffen bestimmt, dass der Oberkirchenrat dem weiteren Umsichgreifen des kirchenverwü-
stenden Radikalismus wehren und der Entscheidung des
westfälischen Konsistoriums rückhaltlos beitreten wird.«
Hiergegen richtete sich eine Stellungnahme des »Verban-
des der Freunde evangelischer Freiheit« für Rheinland und
Westfalen:[3] »Wir protestieren gegen dieses Vorgehen (des
Konsistoriums) um der Freiheit unseres protestantischen
Glaubens willen. Das westfälische Konsistorium versucht
jede freie Richtung der Theologie auszuschließen. Sein
Vorgehen bedeutet eine Vergewaltigung sämtlicher Richtungen, welche – an dem geschichtlichen Maßstab des
16. Jahrhunderts gemessen – nicht korrekt sind.«

Soweit ist die Geschichte der Stellenbesetzung an Reinoldi
dokumentiert in einer gedruckten Broschüre, in der auch
die »Gastpredigt« Césars vom 7. Januar 1906 abgedruckt
ist, die anhand der »Drei Könige aus dem Morgenland« die
missionarischen Aufgaben der Kirche in der Welt betont

hatte, ansonsten aber ganz innerweltlich den »christlichen Glauben lebendig zu machen« empfahl: »Uns selbst muß es ernst sein mit unserm Glauben [...]. Dass wir Vertrauen bewahren! Dass wir als aufrechte Menschen durchs Leben gehen! [...] Dass wir unsere Mitmenschen als Brüder betrachten, achten, behandeln, auch im wirtschaftlichen und politischen Kampfe! Dass wir selbst Kämpfer werden gegen Zustände, die unsterbliche Menschenseelen gefährden oder aufwärts strebende Menschen in der Tiefe gefesselt halten.«

Diese und die weitere Entwicklung sind dokumentiert in dem vorzüglichen Aufsatz von Ernst Brinkmann im Band 70 (1976) der »Beiträge zur Geschichte Dortmunds und der Grafschaft Mark«.

Der Oberkonsistorialrat in Berlin bestätigte weitschweifig das ablehnende Urteil des Konsistoriums, obwohl er zugestand, dass das Kolloquium eine strikte Glaubensprüfung nicht hätte vornehmen dürfen; er konnte sich bestätigt finden durch zwei Eingaben mit 40 Unterschriften aus der Reinoldigemeinde, die baten, die »Wahl des Pfarrers César nicht zu bestätigen«.[4] Trotzdem entschloss sich die Gemeindevertretung[5] zu einer Immediatseingabe beim summus episcopus, bei dem Kaiser. In ihr bittet die Gemeinde Seine Majestät »unsere protestantische Gewissensfreiheit, welche wir durch die Entscheidung des Konsistoriums und Oberkirchenrats schwer gefährdet sehen, schützen zu wollen«, nachdem jenes Konsistorium »unter der Maske des Kolloquiums Glaubensverhöre und Ketzergerichte in unserer preußischen Landeskirche zu etablieren« versuche. Der Kaiser freilich leitete den Fall zuständigkeitshalber an den Berliner Oberkirchenrat, gegen den die Eingabe gerichtet war, zur Entscheidung zurück.

Inzwischen war der Fall durch die deutsche Presse bekannt gemacht worden. Ernst Brinkmann hat in den Akten des Oberkirchenrats in Berlin etwa 250 Ausschnitte »aus mehr als 40 verschiedenen Zeitungen und Zeitschriften« ausgemacht. Fast hundertfünfzig Pfarrer hatten sich mit César in einer »gemeinschaftlichen Erklärung« solidarisiert, und es kamen weitere aus ganz Deutschland hinzu. Im Preußischen Landtag wurde dreimal über den Fall debattiert. Die Weimarische Landessynode hat ebenfalls lange über die Behandlung des Amtsbruders solidarisch diskutiert.[6]

Man kann aus dem Verlauf und den Strategien beider Seiten manches lernen. Es hat einen Pfarrer getroffen, der sein Leben lang an diesem Ketzergericht von Münster getragen und gelitten hat, obwohl er – wie auch sein Bildnis schließen lässt – eine robuste Natur war. Es fällt auf, dass die offiziellen Vertreter der Kirche nicht anders vorgehen, als alle etablierten Institutionen vor und nach ihnen: Sie treiben ihr Opfer immer stärker in eine exzentrische Position. In keinem Moment sah sich ein Vertreter der Institution gehalten zu bekennen: Ich persönlich glaube an die jungfräuliche Geburt Christi, ich glaube an die Wiederbelebung des Lazarus, sondern die Argumentation lautet immer: So steht es im Apostolikum, deshalb hat ein Pfarrer es für wahr zu halten. Das Glaubensbekenntnis ist der Schutzschild der etablierten Macht, während der inkriminierte Pfarrer nichts als seine innere, subjektive Überzeugung geltend machen kann. Doch es lässt sich auch lernen, dass in der obrigkeitlichen Kirche die individuell begründete Frömmigkeit und die aus ihr abgeleitete christliche Praxis nicht ganz wehrlos war, dass ihr eine breite personelle Vernetzung zur Verfügung stand.

Aus der Literatur zum Fall César gewinnt man den Eindruck, die Reinoldigemeinde habe sich fast naiv einen wakkeren thüringischen Dorfpfarrer auserkoren. Berücksichtigt man das Wirken Césars *vor* seiner Bewerbung, dann wird deutlich, was die Gemeindevertreter nur andeutungsweise ahnen lassen, dass es sich neben den theologischen auch um eminent politische Fragen gehandelt hat. Die theologischen Vorhaltungen der Obrigkeiten verdecken nur eine zutiefst politische Position.

César war als Sohn eines Kaufmannes 1863 in Apolda geboren. Sein Großvater war mit Napoleon nach Deutschland verschlagen, zunächst Prinzenerzieher in Oldenburg und dann Professor für französische Literatur an der Universität Göttingen gewesen. August César hat in Berlin und Jena Theologie studiert. Otto Pfleiderer, der für die Emanzipation der Frauen eintrat und »den Bildungsprotestantismus zu einer praxisorientierenden Weltanschauung formen wollte«, war sein bedeutendster theologischer Lehrer. Seit 1888 war César Pastor in dem kleinen Dorf Wiesenthal in »einer der ärmsten Gemeinden des Eisenacher Oberlandes, der Weimarischen Rhön«. Seine Tätigkeit hier erregte bald über die Grenzen Thüringens hinaus Aufsehen. Er gründete und leitete einen Raiffeisenverein, der den Bauern ganz neue finanzielle, agrarische und technische Möglichkeiten eröffnete. Auf großes Interesse stieß die Gründung des ersten Gemeindehauses auf dem Lande 1897, das César zugleich als eine soziale Stätte betrieb: Es enthielt eine Kinderbewahranstalt, eine Wohnung für eine Gemeindeschwester, Zimmer für eine Krankenversorgung, eine Bücherei und Versammlungsräume. Nicht alle fanden Verständnis dafür, dass César im Gemeindehaus Tanzabende veranstaltete und einen überregionalen Turnverein selbst betrieb. Im Jahre 1902 war er erstmals in die Landessynode gewählt worden und war in ihr 30 Jahre lang Vorsitzender der linksliberalen Fraktion; er war wirkungsvoll an Landeskirchentagen in ganz Deutschland beteiligt, war durch regelmäßige Veröffentlichungen in liberalen Presseorganen weithin bekannt als jemand, der eine »protestantische Freiheit« und eine soziale christliche Verantwortung einklagte.[7] Ganz entschieden wurde das kirchlich-soziale ein politisches

Engagement. Seit 1895 war er, wie er schreibt, »treuer Gefolgsmann und Freund Friedrich Naumanns«, der – drei Jahre älter als César – mit Frau und Kind im Juli 1901 im Wiesenthaler Pfarrhaus einen vierwöchentlichen Urlaub gemacht und der am Geburtstag Cesars eine Predigt gehalten hatte. Von Naumanns Hand stammt aus der Zeit dieses Urlaubs eine Zeichnung des Ortes Wiesenthal; man glaubt ihr die Verwunderung darüber anzusehen, dass von einem derart abgelegenen Flecken eine so große Wirkung ausgehen konnte. Romanschriftstellerinnen und Künstlerinnen, aber auch die Frau Ernst Abbes kehrten in Wiesenthal ein. Der Schwager Naumanns, der bedeutende Theologe Martin Rade, der die einflussreiche Zeitschrift »Christliche Welt« redigierte, in der er eine sozialpolitische Aktivität der Christen propagierte, und der schon im Weltkrieg die deutsche Kriegsschuld reflektierte, war oft bei Césars zu Gast. Gegen alle Vorschriften seiner Kirche war César politisch aktiv. Denn er hielt Friedrich Naumann, wie er in einer Synodalversammlung noch 1927 sagen wird, für jemanden, der »von der Hälfte aller, die innerhalb der verschiedensten politischen Parteien heutzutage von sozialen Gedanken und von sozialem Willen ergriffen sind, der Erzieher gewesen ist«. Als Pfarrer hat César 1903 eine Woche lang im Wahlkreis Marburg Wahlvorträge gehalten und auch entsprechende Wahlaufrufe in deutschen Zeitungen veröffentlicht, in denen er bekundete: »Wir können ein starkes und einiges Volk nur dann bleiben, wenn in Deutschland freiheitlich regiert und der Masse unseres Volkes die Möglichkeit unseres Emporsteigens gegeben wird. Darum erscheint uns die Einigung des entschiedenen Liberalismus und seine Durchdringung mit sozialen Gedanken um der Zukunft unseres Volkes willen als das Wichtigste, wofür wir gegenwärtig zu arbeiten und zu kämpfen haben.« Im Jahr 1906, also im Jahr seines Dortmunder Einsatzes, hatte ihn eine dringende telegraphische Bitte von Friedrich Naumann erreicht, eine Reichstagskandidatur für Jena zu übernehmen, denn er war längst Mitglied der Freisinnigen Volkspartei. Von drei Instanzen war er wegen Beleidigung des Bundes der Landwirte angeklagt und freigesprochen worden; er redete auf der Synode gegen »Klassenhass« und »Klassenjustiz«. Diese parteipolitische Agitation trug ihm Verwarnungen von der Regierung in Weimar und vom Großherzoglichen Kirchenrat ein; in Reden auf der Synode hatte er dafür plädiert, »das Politiktreiben ganz grundsätzlich auch für den Pfarrer freizugeben«. Der Sächsische Kirchenrat gab César am 7. März 1906 (also einen Monat vor der Wahl in Dortmund und zwei Monate vor dem Münsteraner Kolloquium) den Bescheid einer »ernsten Missbilligung«, in dem er schreibt: »Im übrigen ist das, was Sie in Ihrer Eingabe – teils in unangemessener, teils in wenig geschmackvoller Form – vorgebracht haben, inhaltlich so belanglos, dass es nicht geeignet erscheinen kann, Ihr Verhalten irgendwie zu rechtfertigen oder zu entschuldigen.« Später hat César in den Synodalversammlungen gegen die religiösen Sozialisten immer wieder gekämpft und doch privat mit deren Anführer D. Emil Fuchs eine lebenslängliche Freundschaft gepflegt. Regelmäßig haben sie sich ein Leben lang besucht. In Wiesenthal fand der Sozialist »ein Stücklein neuer Heimat«. Es wird übrigens in Dortmund später wiederum an der Reinoldigemeinde einen »Fall Fuchs« geben. Es ist ausgeschlossen, dass man in der Dortmunder Gemeinde und vor allem im oberen Kirchenregiment von den politischen Aktivitäten und Neigungen des Pfarrers César nichts gewusst haben sollte und dass diese bei den Entscheidungen Für und Wider keine Rolle gespielt haben sollten. Diese Vermutung lässt sich konkretisieren.

César schreibt in seinen Erinnerungen, er hätte seinerzeit »gerne an Traubs Seite der großen Arbeitergemeinde in Dortmund gedient«. Gottfried Traub aber war es, der bereits seit 1901 Pfarrer an Reinoldi in Dortmund war und der mit Vehemenz die Berufung und Verteidigung Césars betrieb. Es ist kein Zufall, dass Traub selbst Opfer des positiven Kirchenregiments wurde; er wurde 1912 als Pfarrer an Reinoldi regelrecht abgesetzt, weshalb er 1913 sich zum Reichstagsabgeordneten wählen ließ. Der »Fall Traub«, der zweite Fall an der Reinoldigemeinde, hat den Fall César in den Schatten gestellt, ergab sich aber aus ihm. Am 23. März 1914 trug sich Traub in das Gästebuch Césars ein, indem er auf das gemeinsame Erlebnis anspielt: »Der aus Preußen ausgewiesene grüßt dankbar seinen lieben Schicksalsgenossen in der Gewissheit, dass Gottes Reich und seines Sohns Grenzen ohne solche Grenzwächter bestehen. Herzlichst Traub.«

Es ergibt sich, dass bei dem Fall César unter der Decke dogmatischer Differenzen handfeste politische oder sozialpolitische Positionen eine wichtige, wenn nicht entscheidende Rolle spielten. Zweifellos hätte eine Berufung Césars nach Dortmund die Fraktion der sozial engagierten Christen wesentlich gestärkt. César starb 1959, und in Wiesenthal wurde ihm nach eigenen Angaben ein Kreuz aus der Schnitzschule von Emperthausen errichtet, das dort bis heute treu gepflegt wird.[8]

Die Folgen einer eventuellen Aktivität für die Sozialgeschichte Dortmunds und darüber hinaus zu bedenken, übersteigt meine Kompetenz. Eine Folge anderer Art dagegen kann ich genau nachzeichnen. In Jena betrieb César, neben einem großangelegten Kampf gegen den Alkoholismus unter den Arbeitern, auch eine intensive Jugendarbeit. Nach der Konfirmation versammelte er die Konfirmierten wöchentlich in seinem Haus. In diesem Zusammenhang fiel ihm eines Tages ein Junge auf, der Sohn eines Schneiders, der seinen Sohn nach der Volksschule in eine Schreibstube gegeben hatte, weil er eine Weiterbildung nicht mehr bezahlen konnte. Der Junge fiel dem kinderlosen Ehepaar César auf und sie entschlossen sich, ihn bei sich aufzunehmen, ihn die Oberschule, dann auch ein Studium der Theologie absolvieren zu lassen. Dieser Junge war mein Vater.

Ohne den schlimmen Ausgang des Falles César, ohne die damals als anstößig empfundene soziale Einstellung, stünde ich nicht hier und könnte ich die große Ehrung der Universität dieser Stadt nicht entgegengenommen haben.[9]

II.

Wissenschaft als Knechtungsakt

Kaum eine zweite geisteswissenschaftliche Disziplin investiert so viele Energien in die Herstellung von Populärliteratur wie die Kunstgeschichte. Vom Kirchen- bis zum Reiseführer, vom Museumsbegleiter bis zum Kalenderblatt, von Stilfibeln bis zu Lexikonartikeln, von »Blauen Büchern« über »Silberne Quellen« bis zu »Eisernen Hämmern« reicht die Skala der verlegerischen Gattungen, über welche die Kunstgeschichte ein Publikum erreicht, von dessen Quantität und Qualität man noch so gut wie gar nichts weiß.

In ihrem wissenschaftlichen Selbstverständnis jedoch ignoriert die Kunstgeschichte diesen wichtigen und sehr ernst zu nehmenden Sektor ihrer öffentlichen Wirksamkeit. Die Wissenschaft verharrt in der Funktion eines Apparates: Sie liefert die Ergebnisse und Daten, ohne auch den Prozeß der Weiterverarbeitung zu kontrollieren. Meine Bemerkungen stützen sich auf sämtliche »Blauen Bücher« und aller Reclam-Werkmonographien, sofern sie nach 1945 geschrieben und sofern sie von hauptamtlich an Denkmalämtern, Museen und Universitäten tätigen Kunsthistorikern verfaßt wurden. Dieses Material zeigt also beide Tätigkeitsbereiche jeweils in einer Person vereinigt so daß die Differenz zwischen Wissenschaft und Populärliteratur sich hier eher als eine Interferenz darbietet. Daß ein ökonomischer Aspekt die Doppeltätigkeit bedingt, ist nicht allein eine private Angelegenheit, sondern teilt sich den populärliterarischen Texten etwa dadurch mit, daß in ihnen dem Realwert der wissenschaftlichen Fakten zusätzliche Wertinhalte mitgegeben sind, durch die jene Fakten überhaupt erst ihren Markt finden können.

In den Bereich dieser warenmäßigen Zubereitung gehört wohl jener wuchernde Vorrat an sprachlichen Stilblüten, mit dessen Hilfe man die Kunstwerke auf die Ebene des sogenannten Kitsches zu bringen sucht. Das Haar von Botticellis Venus »rauscht wie ein rasch dahinfließender Bach herab«,[1] wohingegen »Sizzo, der einzige Bärtige in der Reihe der Naumburger Stifterfiguren, etwas ungepflegt« wirkt.[2] Durch eine anheimelnde Garnierung werden die Kunstwerke dem Sentiment eines beliebigen geistigen Haushaltes schmackhaft gemacht. Vermeers »Malkunst« erglänzt »wie ein stiller Wasserspiegel über einer Tiefe, die kein rasch geworfenes Senkblei auslotet«: zugleich aber »tanzen die Arme des Leuchters erregt auf und ab, in seinem Metall gleißt das Licht, es zuckt in den Fliesen und raschelt im Stoff«, denn »wie die Espe bei unbewegter Luft erzittert, so durchlaufen Schauer Vermeers ruhevolle Welt«.[3] Oder aber wir »verspüren jene Erhöhung und Loslösung aus den Schlacken des Schicksals, die sich in der Verwicklung der überragenden Schöpfungen vollzogen hat. Auch ein ungnädiger Sternenstand kann Glück zeitigen«.[4]

Während ein unversiegbarer Strom einfühlsamer Sprachfiguren mit einer marktkundigen Werbesprache konkurriert, flüchtet in sie subjektiv offensichtlich das Bedürfnis einer Phantasie, das im wissenschaftlichen Alltag asketisch zurückgedrängt wurde. Was dort tabuisiert ist, darf sich hier einen freien Lauf gönnen. Insofern weist die Populärliteratur auf die Wissenschaft zurück.

Eine innere Kohärenz zwischen Wissenschaft und Populärliteratur ließe sich auch an einer Reihe von Denkfiguren aufzeigen, die in der Wissenschaft so selbstverständlich unterlaufen, daß sie kaum noch ins Bewußtsein dringen, die aber in der Populärliteratur so aufdringlich herauszukehren sind, daß sie sich dort auch am ehesten zu erkennen geben. Eines dieser Denkschemata sei herausgegriffen, weil es sich um einen allgemeingültigen Rest philosophischer Ästhetik in der Kunstwissenschaft zu handeln scheint, der so ausschließlich die Wertungs- und Beschreibungsmuster der kunstgeschichtlichen Populärliteratur bestimmt, daß an ihm die wichtigsten weltanschaulichen Implikationen der Populärliteratur sichtbar werden können: Es ist das Verhältnis, in welchem das Einzelne zum Ganzen, das Besondere zum Allgemeinen, die Sache zum Begriff oder das »Detail« zur »Komposition« gesetzt wird.

Die klassische bürgerliche Ästhetik – zumal die Schillersche – hat jenes Wertverhältnis von Anfang an als ein politisches begriffen: Blieb die objektive gesellschaftliche Wirklichkeit befangen in einem Zwang, in welchem das Einzelne vom Ganzen unterdrückt war, so sollte wenigstens im Bereich der Kunst das Einzelne die Rechtsquelle für das Ganze sein, sollte das Besondere das Allgemeine frei und souverän herstellen dürfen. Im Begriff der Harmonie, die aus Konsonanz der dissonanten Teile vermittelt war, blieb eine gegen die Wirklichkeit verkehrte Versöhnung aufbewahrt. Diese Antinomie zwischen Kunst und Realität ist im Verlauf einer nach rechts abgesunkenen Hegel-Rezeption in eine Identität verwandelt worden: Danach reproduziert der Künstler nur jene Harmonie, die er in der Wirklichkeit schon vorfindet; wenn in der Kunst Versöhnung möglich ist, dann verdankt sie es einer widerspruchsfreien, versöhnten Gesellschaft; künstlerische Freiheit stellt sich nicht im Gegensatz zum Bestehenden her, sondern formt sich als dessen verklärendes Spiegelbild. Zwar hat noch Jacob Burckhardt daran festgehalten, die Kunst sei gegenüber den herrschenden und bedingenden Ordnungen »vollends eine Verräterin«, doch hat gerade die sich etablierende Kunstwissenschaft die Kunst aus der Verrats- in eine Affirmationsrolle gedrängt, in der sie im Bestehenden einen um so rigorosen Ordnungsdienst zu versehen hatte, je mehr das etablierte Bürgertum um eine Fortwirkung seiner Freiheitsparolen besorgt sein mußte.

Diese Funktion kommt der Kunst noch heute vor allem in der Populärliteratur zu, da diese, mit Hilfe eines oft militanten Vokabulars, das Verhältnis zwischen dem Partikularen und Totalen als ein Zwangsverhältnis darstellt. Ohne Rücksicht auf Gattungen oder Entstehungszeiten werden die Kunstwerke von dem gleichen Gedankennetz eingefangen, das immer wieder die unbeschränkte Autorität des Ganzen gegenüber dem Einzelnen vollstreckt. Die zeitliche und örtliche Beliebigkeit der Objekte, auf die jenes Schema Anwendung findet, zeigt, wie wenig es an den Gegenständen selbst entwickelt sein kann und wie sehr es sich um eine Projektion handelt, die alles und jedes ergreift.

Das Königsportal von Chartres offenbart »die Durchsichtigkeit der Frühe«, die man »nur dann sinnvoll begreift, wenn man Sachsinn und Tiefsinn in eins sieht«. Dieser sachliche Tiefsinn registriert an der Chartreser Portalgruppe »ein vielstimmig *geschlossenes System*«, in dem »drei Hauptportale um ein *beherrschendes Zentrum* in eins gesetzt« sind. Wenn in der Gesamtanordnung eine zentrale Herrschaft wahrgenommen wird, dann muß auch in den Einzelfiguren allenthalben »das Gewand von *regierenden* Faltenlinien durchzogen« sein und muß das »ornamentale Faltenspiel streng gebändigt sein Eigenleben nicht für sich führen, sondern als *Dienst* am organischen Leben von Stoff und Leib«.[5] – Die politisierte Optik evoziert dann auch in Naumburg »den *bezwingenden* Eindruck von Lebensnähe«, und Gerburg befreit nicht, sondern sie »*bezwingt* durch eine unglaublich feine Erzogenheit«.[6] Da die »Einheit von Wand und Statuen eine *völlige*« ist,[7] sieht man »reiche Erzählformen, die sich in den großen Linien des Ganzen unterordnen«.[8] In Bamberg sitzen die »von praller Vitalität geballten« Köpfe an der Adamspforte auf »von urwüchsigen Kräften beherrschten Gestalten« und bleiben die Propheten an der Chorschranke »in der *Haft* der ornamental *gesteuerten* Linie«.[9] Erst nach solch vorsorglicher Haftnahme darf sich der Beschauer daran erbauen, daß etwa die Naumburger Figuren »ein dunkles schweres Gefühl bedrückt«, daß ihre »hohe stolze Aufrichtung wie das Dennoch eines nicht zu brechenden Trotzes wirkt«.[10]

Im Englandfahreralter des Meisters Franke ist alles »in die Fläche des Bildes *verstrebt*«, denn dank einem »Willen zur Fläche« herrscht eine »Konzentration und neue Hoheit«, vermöge deren »eine reine, unberührbare Zuständlichkeit«, hergestellt ist, eine »*stillgestellte* Welt«, in der »alles umkreist und geborgen« ist. Es ist die »zeichenhafte *Bindekraft*« des Bildes, welche alles »in ihren *Bann* schlägt«, welche »die Dinge und Menschen anhält ihnen *verwehrt*, schon ganz sie selbst zu sein und frei zu werden«.[11]

Es scheint in der Geschichte der Kunst nur eine Gefahr gegeben zu haben: daß das Einzelne gegenüber dem Zwangsgriff des Ganzen seine Selbstständigkeit und Freiheit behaupten könnte. Die Gefahr muß virulent sein und die Widerborstigkeit des Einzelnen immerhin auch sichtbar, sonst brauchte man es nicht immer wieder in die Botmäßigkeit zurückzurufen. Das Donatello »mit beispielloser Konsequenz jedes Detail der Einheitlichkeit seines Ausdrucksstrebens *unterworfen*« hat,[12] macht die »ruhige Geschlossenheit« und die »Schönheit des Markigen« seiner Gestalten aus.

Es charakterisiert jedoch auch Michelangelos Spätstil, daß er »die Gruppe zu *strengem Umriß zusammenschließt*«, daß er »die *Gewalt* des überpersönlichen Ausdrucks« erstrebt, bis diese in der Pietà Rondanini ihren Sieg feiern darf: »Hier ist alle Bewegung getilgt. Die einzelne Gestalt gilt nichts mehr. Alle Kraft ist auf ihre Vereinigung und auf ihren Zusammenschluß verwandt.« Eine auch abgebildete

Rekonstruktion der Erstfassung der Rondanini-Pietà, die Arno Breker hergestellt hat, inspiriert zu der Feststellung: »Wie jenseits der Zeit und des Raumes sind beide Gestalten zeichenhaft einander zugeordnet [...]. Sie werden mit größter Energie nach unten geführt und zu einfachstem Umriß mit den Beinen zusammengeschlossen«.[13] Michelangelos Unterwerfungstaten bekräftigen auf der Ebene der künstlerischen Gestaltung jene zynische Erfahrung, die der Cellini-Zeit abgewonnen wird, daß nämlich »zu allen Zeiten das Volk niemand so stürmisch zu huldigen pflegte als dem, der es unterdrückte«.[14]

Unaufhaltsam stiefelt in der Populärliteratur das gleiche ästhetische Rüstzeug durch die Jahrhunderte. Wenn Rubens seine Gestalten so ordnet, daß sie »*zwingend* auf ein Ganzes bezogen, ja aus einem Ganzen hervorgegangen« scheinen, wenn er sie »überpersönlichen Ordnungsmächten« gehorchen läßt,[15] dann durfte Rembrandt nicht zurückstehen, denn auch er »geht vom Ganzen aus, nicht vom Einzelnen«. In der »Nachtwache« spielen »die Schützen ihre Rolle in einem größeren Ganzen, das nicht von ihnen, sondern von dem sie abhängen«. Daher ist Rembrandts »Regie *aus einem Guß*«, zumal es auch in der Nachtwache um die »Basis alles Militärischen«, nämlich um »Befehl und Gehorsam« geht: »Alles steht unter dem einen Befehl.« »Dies aber: bereit sein zu töten und zu sterben, darin liegt ein äußerstes Pathos«. Mit löblicher Offenheit folgert der Interpret, daß die Holländer diesem Pathos nicht gewachsen waren, welches an sie die Forderung richtete, eine »Großmacht« und ein Volk von »Helden« zu sein. Rembrandts heroische Kunst, so lautet der Schluß, mußte Schiffbruch erleiden, weil er, der das »Denkmal eines *großen Aufbruchs seines Volkes* weit jenseits der bürgerlichen Oberfläche jener Welt« gesetzt hatte, es mit einem Volk von Demokraten zu tun hatte.[16] Mesquine Demokraten halten eben nicht viel von jener

»Wuchskraft des Lebens«, wie Rubens es postulierte, von jenem blutigen Vitalismus, dem des Lebens »Hilflosigkeit auch seine Schönheit ist, (denn) gerade im Leiden entblößt sich seine *triumphale Kraft*«.[17]

Solche Tiefschläge bannen die Gefahr die an der Oberfläche der Bilder lauern muß: die Renitenz des Einzelnen muß beträchtlich sein, sonst brauchte man nicht die Befürchtung zu haben, daß »wir dem Maler Tiepolo unrecht tun, wollten wir sein ganzes Können auf die zarte Nuancierung zurückführen«, vermochte er doch »eine hohe Monumentalität zu erlangen, die sich in einer strengen und maßvollen Gliederung der Komposition äußert«:[18] sonst brauchte man ein Bild wie Vermeers »Malkunst« nicht zu beschreiben, als handle es sich um eine Phantasiegeburt eines Militäroberstens: »Alles rückt an *seinen Platz* [...]. Reglos sind die Gestalten in das *strenge Gitter* des Bildmusters *eingespannt* [...]. Die Bilddinge sind mit so *fugenloser Dichte* und *Treffsicherheit* eingesetzt, daß ein jedes im Zusammenhang des Ganzen höchste Aussagekraft gewinnt.« Während auf diese Weise Vermeer »alles unter seinen Willen zwingt,[19] hat Ignaz Günther in Weyarn eine Formensprache entwickelt, die ihm vor dreißig Jahren Ehre gebracht hätte: »Die Macht des Blockes, aus dem das Bild herausgelöst wurde, bestimmt die Struktur der Erscheinung. Eine *unerbittliche Tektonik* wurde zum innersten Gesetz. Wir spüren in der Gestaltung *bittere Härte*, die sich auch im psychischen Ausdruck ausspricht.[20]

Solche künstlerischen Zuchtexerzitien geraten um so beschwörender, je unruhiger in der neueren Geschichte die Zeiten werden. Als David den *Tod des Marat* zu malen hatte, »*unterwarf* er das Erinnerungsbild zugleich der *Zucht* jener strengen Form«, die »alles überflüssige Beiwerk fast gewaltsam unterdrückt«, so daß »selbst die Figur des Todes sich der Geometrie des Bildbauers einfügen muß«.[21]

Auch Delacroix hat sich der gleichen Mittel bedient, als er in seinem Freiheitsbild die Neutralisierung des Aufruhrs zu leisten hatte: »Durch ein geniales Spiel von Linien und Blickverknüpfungen ist [...] eine mehr oder minder mathematische Grundform der niederen Geometrie in diesen nur scheinbar barocken Aufruhr eingeschrieben«. Scheinbar bleibt der Aufruhr dank den »formalen Ordnungsmächten«, die Delacroix eingesetzt hat, und dem Interpreten gelingt es, mit Hilfe einer »begrifflichen Beschreibung«, in deren Verlauf »man die Einzelheiten ruhig wieder vergessen kann«, das Revolutionsbild in ein Reaktionsbild umzudeuten.

Denn dadurch, daß die Figur der Freiheit eine »beherrschende und der Senkrechten angenäherte Körperachse« bildet und daß sie sich einem imaginären Dreieck einfügt, wirkt sie als ragende Ordnungsinstanz, der das aufsässige Volk dann auch »*rattenhaft*« zukriecht. Es wird einsichtig gemacht, daß die Gestalt der Freiheit Gesetz nicht sprengen will, sondern »Maß und Gesetz setzt und ihr ganzes Handeln in die eine große Gebärde des großen Schrittes sammelt [...]. Mitten im Sturm auf die Barrikaden der Revolution ist ein Atemhalten, sind Trauer und Stille [...]. Darum ist dieses Bild der Volkserhebung voll Adel«.[22]

Auch wo es sich nicht um Barrikadenstürme handelt, etwa in Bayern, bedurfte es eines Leibl, der das dortige »einfache, so beharrende Leben durch seine Arbeitsweise noch mehr zur Ruhe zwingt«.[23] Nur mit anderen Mitteln hat dann Franz Marc die »*zusammenfassende Kraft* des Umrisses« so weit getrieben, »daß *kein unbewältigter Rest* zurückbleibt« und er hat zur Auflösung unzeitgemäßer Partikularität die Rückverwandlung des Menschen in das Tier propagiert, denn »dem Tier ist die individuelle Vereinzelung des modernen Menschen fremd, zu ihm gehört wesensmäßig das Gruppenhafte. Es wird nur folgerichtig, daß Marc diese *kreatürliche Bindung* zur Anschauung zu bringen suchte«.²⁴ Folgerichtig weiß auch die Populärliteratur bei der Deutung abstrakter Kunstwerke das Geschäft von Ordnungskräften zu fördern, denn »die ›innere Notwendigkeit‹ heiligt die Mittel«. Für Kandinsky »bleibt die ordnende Überlegung das Regulativ«, und wenn auch in seinen »Kleinen Welten« zuweilen »Vielfalt und Unruhe herrschen, so gelingt es einzelnen Formen und Farben dennoch, sich durchzusetzen und eine spannungsreiche Ordnung zu errichten«. Kandinskys »Wissen um die Schicksalsgabe, elementare Kräfte zu entfesseln und zügeln zu können«, befähigt ihn, in seinen Kompositionen gelegentlich »hochgerühmte Säbellinien [...]. das Regiment führen oder oberhalb Kreisscheibe regieren« zu lassen, also die »gebieterischen organischen Kräfte« zu mobilisieren, denn wären die widerspenstigen Einzelformen nicht immer wieder »hineingebettet in einen strengen Bezirk«, müßte das Chaos hereinbrechen, und »ohne die *zähmende Umfassung* müßte sich der kleine, erregte Kosmos an den Raum verschwenden; so aber bleibt er *Gefangener einer dunklen, wenn auch behütenden Macht*«.²⁵

Wo sich die Geschichte der Kunst als eine permanente Zwangsveranstaltung darstellt, ist es nur folgerichtig, daß auch dem Kunstkonsumenten mimetische Einübungen in die entsprechenden Verhaltensmuster nahegelegt werden. Unzählige Male ist er gehalten, »gebannt« zu sein von der »Macht« der Bilder. Dem Unempfänglichen und Empfindungslosen bleibt der Ausweg, sein schlechtes Gewissen körperlich zu kompensieren: »aufs äußerste betroffen von der Macht der Suggestionskraft der Komposition, verhält der Besucher den Schritt [...]. Dem Realismus der Darstellung will er sich einfühlsam nähern, doch die strenge Abstraktion des Bildbaues hält ihn zurück«.²⁶ Obwohl der Turm der Blauen Pferde verschollen und dem Leser unzugänglich ist, »schlägt uns die Leinwand in ihren Bann.

Wir werden mit Macht an das Bild herangetrieben, schon im selben Augenblick aber zu achtungsvoller Distanz gezwungen«.[27] Wer der Spontaneität seiner Wahrnehmung nachgeben will, wird sogleich in die Schranken verwiesen, soll die Institution des Museumswärters zur Tugend blinden Respekts verinnerlichen.

Die durchgängige Unterwerfung des Einzelnen unter den Zwang des Ganzen, die Liquidierung des besonderen zugunsten einer unumschränkten Herrschaft des Allgemeinen verkehrt ein Grundpostulat klassischer Ästhetik, mit dessen Hilfe das Bürgertum einmal seinen Widerstand gegen Herrschaftszwänge zu artikulieren wußte, zu einem Domestikationsinstrument, das jede fortschreitende Emanzipation zur Ruhe zwingen möchte; es ist dies die kunstwissenschaftliche Parallele zu einem Neoklassizismus, wie ihn Karl Arndt charakterisiert hat. Die dabei Beanspruchte Metaphorik der Macht, Gewalt, Herrschaft, Unterordnung, des Zwanges und des Bannes – wogegen Freiheit im Sinne einer freiwilligen Subordination begriffen wird –, solches Vokabular zeigt die Populärliteratur in einem Ausmaße politisiert, daß die Forderung, die Kunstwissenschaft möge zur politischen Selbstreflexion schreiten, einigermaßen naiv erscheint.

Die kunstgeschichtliche Populärliteratur verteidigt die Gegenwart in der Kunst der Vergangenheit. Dies ist ihre öffentliche Funktion. Zugleich projiziert sie in die Geschichte jene »stillgestellte Welt«, die sie objektiv heute vorfindet, und setzt diese als eine metaphysische Ordnung. Die Reflexion der weltanschaulichen Bedingtheiten findet in der Populärliteratur ein getreues Abbild dessen vor, was ist und stets auch war: Macht und Unterdrückung.

In solcher Aktualisierung des Gewesenen ist die Populärliteratur in ihrem Umgang mit der Kunst offener und ehrlicher als die zünftige Wissenschaft. Genauer als diese bringt sie zum Ausdruck, daß Kunstwerke niemals nur Objekte sind, denen man wertfrei und interessenlos begegnet, sondern daß ihnen jede Generation immer auch das antut, was sie sich selbst antut.

Jacob Burckhardt und Karl Marx

Karl Marx ist am 5. Mai, Jacob Burckhardt am 25. Mai des Jahres 1818 geboren. Obwohl zwanzig Tage jünger als Marx, erscheint uns Burckhardt heute als der weitaus ältere. Marx wurde zur Symbolfigur einer Erdhälfte, Burckhardt aber schrumpft mehr und mehr zur Symbolfigur seiner Heimatstadt Basel. Eine weltweite Wissenschaft, die Soziologie, lebt aus der Auseinandersetzung mit Marx, während jede belanglose Kulturgeschichte Burckhardt bereits wohlwollend auf die Schulter klopft. Eine Ästhetik, die marxistisch heißt, obwohl sich Marx allenfalls am Rande über Kunst geäußert hat, breitet sich in Ost und West aus; wer aber unter der Ägide Burckhardts, der sein Bestes in der Kunstgeschichte geleistet hat, heute Ästhetik betriebe, der fiele sogleich unter das Verdikt, der Anhänger einer verstaubten, normativen Klassizistik zu sein. – Welten scheinen sie zu trennen, zeitliche, persönliche und ideologische, und es wird kaum vorgekommen sein, daß einer der zahlreichen Festredner, die vor zwei Jahren den einen oder anderen zu ihrem hundertundfünfzigsten Geburtstag gefeiert haben, ihre Namen zusammen genannt hätte. Und doch bedarf es, versucht man die beiden großen Figuren aus der zweiten Hälfte des vorigen Jahrhunderts zusammen zu sehen, nicht bloß jener Willkür der Kopula ›und‹, von der Nietzsche meinte, daß man sie in Deutschland gerne dazu mißbrauchte, um Antinomien zu flachen Synthesen abzustumpfen. Es bedarf auch nicht der idealtypischen Abstraktion, welche Marx und Burckhardt zu Gesprächspartnern an einer vermeintlichen ›Zeitenwende‹ hochstilisiert. Vielmehr hat ihr Lebensweg sie nahe genug zusammengeführt und haben sich ihre geistigen Sphären oft genug tangiert, als daß eine Gegenüberstellung von Marx und Burckhardt ohne objektive Berechtigung bleiben müßte.

I.

Als der einundzwanzigjährige Burckhardt 1839 zum Studium nach Berlin ging, war Marx dort bereits ein rühriges Mitglied des linkshegelianischen ›Doktorklubs‹ um Bruno Bauer und Karl Friedrich Köppen. Burckhardt dagegen, noch einem romantischen Seelenkult ergeben und mit fast jungenhafter Beflissenheit strebend, scheint einzig nach Berlin gekommen zu sein, um Ranke zu hören. Die geistige Brisanz, die nach Hegels Tod die Gemüter bewegte, hatte den Basler noch 1838 ungerührt gelassen, obwohl ihm sein Freund Riggenbach Hegel als den »Größten, der nach Christus erschienen« sei, vorgestellt hatte. Doch in Berlin begegnete dann Burckhardt in dem Kunsthistoriker Franz Kugler, dessen Vorlesungen er bald denjenigen Rankes vorziehen wird, eine Denkweise, in der die spekulative Panoramatik von Hegels Weltübersicht sich sachlich auszufüllen und anschaulich darzustellen begann. Von Kugler, dessen nähere Freundschaft Burckhardt bald gewinnt, ist eine Zeichnung vom Hörsaal Hegels über liefert, die bezeugt, daß er die Schülerschaft, in der Hegels Saat aufging, im Auge hatte. Kugler könnte den jungen Basler über die geistige Konstellation im damaligen Berlin aufgeklärt haben. Zudem aber gab es in den Lehrveranstaltungen der Boeckh, Droysen, Stahl und Karl Ritter genug Gelegenheit, linkshegelianische Studenten zu sehen. Die Interessen von Marx und Burckhardt kreuzten sich zu vielfach, als daß man annehmen müßte, sie seien sich während der zwei Jahre, da sie gemeinsam an der Berliner Philosophischen Fakultät studierten, niemals begegnet. Über den einzigen

Philosophen, den Burckhardt mit einiger Regelmäßigkeit hörte, über Friedrich Alfred Trendelenburg, sammelte Marx damals polemisches Material.[1] Schon äußerlich nicht ganz unauffällig, war doch Marx auch kein Unbekannter mehr, der nicht Burckhardts Blick auf sich gezogen haben könnte. Die beiden Gedichte, die Marx im *Athenäum* von 1841 veröffentlicht hat, wären für Burckhardt weniger ein Anlaß gewesen, sich den Namen zu merken, als die Schrift von Köppen über die aufgeklärten Herrschertugenden Friedrichs des Großen, die eine Widmung an Karl Marx auf dem Titelblatt trug (1840). Burckhardt wird die fast panegyrisch ausgefallene Studie schon deshalb in die Hand genommen haben, weil sie ihn zum Vergleich reizen mußte mit jener offiziellen, von Menzel illustrierten Würdigung, die Kugler zum hundertsten Geburtstag des Preußenkönigs gleichzeitig mit Köppen herausgebracht hatte.

Doch auch wenn Burckhardt die unterschiedlichen historischen Denkansätze nachvollzogen hat: die Schärfung seines politischen Bewußtseins geschah kaum schon damals in Berlin, sondern erst im Sommersemester 1841 in Bonn. Dort ist nach Burckhardts eigenem Urteil in ihm »das Beste zum Blühen gebracht« worden, und dies wird ihn in eine bestimmbare Nähe auch zu Marx bringen. Im Rheinland hatte er gleichsam das Pensum nachzuholen, das Marx dort schon im Winter 1835/36 absolviert hatte. Nicht nur hört Burckhardt, wie seinerzeit Marx, den greisen August Wilhelm Schlegel, sondern er war vor allem »Welckers wegen« nach Bonn gegangen. Von Friedrich Gottlieb Welcker, dem geistvollen Altertumsforscher, der auch in politische Händel verstrickt war, haben Marx und Burckhardt zuerst die Möglichkeiten einer historisch und soziologisch fundierten Literatur- und Kunstgeschichte vorgeführt bekommen. Daß man Homer als »Abdruck einer bestehenden Wirklichkeit« lesen könne, hat sich Burckhardt bei Welcker in sein

Kollegheft geschrieben, und sehr viel später wird er diesen Ansatz in seiner *Griechischen Kulturgeschichte* breit entfalten und ihn in seinen *Weltgeschichtlichen Betrachtungen* zu der Lehre von den Bedingtheiten verdichten.

Solche theoretischen Anstöße aktualisierten sich für Burckhardt damals im Umgang mit dem geistig wie politisch gleich agilen Gottfried Kinkel, in dessen engsten Freundeskreis er in Bonn eintrat.[2] Den ›Maikäferbund‹, dessen sehr aktives Mitglied er damals wurde, würde der reife Burckhardt ebenso wie der spätere Marx als »einen Kreis unbedeutender belletristischer Studenten« bezeichnet haben, denn er hat in vorgeschrittenem Alter auf seine frühen literarischen Versuche ebenso geniert zurückgeblickt wie Marx auf die seinigen. Im Sommer 1841 aber bedeutete Kinkel für Burckhardt zugleich eine Art Inkubus, der ihn mit der Gedankenwelt der liberalen Opposition infizierte. Die romantischen Ritualien des Dichterbundes um Kinkel und Johanna Matthieux enthielten doch schon die Grundstoffe, welche Kinkel bald zu einem Hauptexponenten der politischen Gärung in den Rheinlanden machen werden. Ob Marx, der im Juli 1841 ebenfalls nach Bonn übersiedelte, damals schon mit Kinkel in Berührung kam, läßt sich nicht mehr feststellen. Noch war Marx weniger mit Politik als mit den Vorarbeiten zu einem »Traktat über christliche Kunst« beschäftigt,[3] und solche Interessen verwiesen ihn eigentlich auf Kinkel als den für christliche Archäologie in Bonn allein Zuständigen. Jedenfalls trug die Gegenwart von Marx, der von Bruno Bauer nach Bonn gerufen und von Moses Heß als »der einzige jetzt lebende eigentliche Philosoph, der der mittelalterlichen Religion und Politik den letzten Stoß versetzen wird«, avisiert worden war, mit bei zu der Atmosphäre an der Bonner Universität, welche Burckhardt in das liberale Lager hinüberzog.

War Burckhardt kurz vor seinem Eintreffen in Bonn

noch stolz darauf, daß er den »Mut hatte, konservativ zu sein«, so zeigt sich der zum Wintersemester nach Berlin Zurückgekehrte pikiert darüber, daß Bettina von Arnim, deren Salon ihm eine Empfehlung Kinkels zugänglich machte, die Befürchtung äußern konnte, er möchte seinen »liberalen Grundsätzen untreu werden. Als ob ein Geschichtsmensch seine Grundsätze von einem Tag auf den andern wechseln könnte.«[4] Erst jetzt wird Burckhardt in Berlin seinen »unphilosophischen Kopf« auch an der Geschichtsphilosophie Hegels üben. Er gesteht ein, daß ihm »die höchste Bestimmung der Geschichte der Menschheit: die Entwicklung des Geistes zur Freiheit, leitende Überzeugung geworden ist«; doch wenn er zugleich betont, es sei ihm darum zu tun, zu den Äußerungen des Geistes in jeder Epoche deren »Correlate in der Geschichte« zu suchen, so bewegt er sich im Sinne jener Tendenzen, welche die hegelsche Reflexion auf die Praxis verwiesen sehen wollten.[5] In diesen Frontwechsel Burckhardts gehört auch sein Urteil über die Antrittsvorlesung Schellings, der im November 1841 nach Berlin berufen worden war, um die hegelsche Drachensaat endgültig zu vertreiben: »Ich dachte jeden Augenblick, es müsse irgendein Ungetüm von asiatischem Gott auf zwölf Beinen dahergewatschelt kommen und sich mit 12 Armen 6 Hüte von 6 Köpfen nehmen« (am 13.6.1842). In der Vorlesung Schellings, über die Burckhardt diese Eindrücke gesammelt hat, saß auch Friedrich Engels und lieferte darüber Berichte an den *Telegraph*; der Anlaß für Burckhardts Rückblick auf Schellings Vorlesung aber war ein Aufsatz in den *Deutschen Jahrbüchern*, auf den Burckhardt Kinkel aufmerksam macht: es scheint sich um die Anzeige zu handeln, die Ruge der im April 1842 erschienenen Kampfschrift von Engels über *Schelling und die Offenbarung* gewidmet hatte.[6]

Mit Friedrich Engels, der die Herkunft aus patrizischem Elternhaus und die frühe Desillusion gegenüber pietistischen und theologischen Neigungen mit Burckhardt gemeinsam hatte, teilte dieser in Berlin damals nicht nur die Abneigung gegen Schelling, sondern auch die Zuneigung zu den Dichtern des Jungen Deutschland. Über Gutzkows Dramen, deren Aufführung Burckhardt in Berlin besuchte, urteilt er am 13. Juni 1842: »Der Fortschritt Gutzkows ist: die ernste Behandlung sozialer Fragen der Poesie vindiziert zu haben.« Den geringen Anklang, den Gutzkows *Werner* in Berlin gefunden hat, erklärt sich Burckhardt daraus, daß das »Geheimratspublikum nach jahrelanger Schamlosigkeit wieder einmal hätte rot werden müssen«. Man erinnert sich an das Diktum von Marx: »Die Scham ist schon Revolution.« Und daß es nach Burckhardt bei Gutzkow »einen Punkt gibt, wo er mit Immermanns Romanen zusammentrifft«, entspricht ganz dem Urteil, mit dem Engels seinen bewegten Nachruf auf Immermann hatte ausklingen lassen.[7] Den Triumphzug Georg Herweghs durch Deutschland, der diesen im Herbst 1842 von Marx in Köln bis zu Friedrich Wilhelm IV. nach Berlin führen wird, wird Burckhardt mit Anteilnahme verfolgt haben, denn im Mai 1842 hatte er als Motto in sein Gedichtheft das populäre Herwegh-Lied eingetragen: »Reißt die Kreuze aus der Erden! Alle sollen Schwerter werden [...].« Ein spontaner Impuls trieb ihn auch zu Theodor Mundt: »Ich war dem Mann nach Lesung seiner Schriften so gut geworden, daß ich dachte: den mußt du kennenlernen [...]. Was mich bewog, ihn aufzusuchen, war das lebhafte Gefühl, daß Mundt ein Charakter sei und daß ihm Tausende Unrecht tun und getan haben, während er einer von denen ist, welche das moderne Leben am gründlichsten kennen.«[8]

Die Wendung zur tagespolitischen Praxis ist auch für Engels das entscheidende Merkmal des Jungen Deutschland. Erschien damals dem preußischen König nach Burckhardt »durch die verzauberten Fenster des Schlosses die Gegend blühend, reich und friedlich, während doch von ferne Klagen und Stöhnen schallt, was der Minister für eine Parteistimmung einiger böswilliger Eichen und Tannen ausgibt«, so meldete sich in der Dichtung des Jungen Deutschland das ›moderne Leben‹ beredt zu Worte. Ebensowenig wie Marx und Engels dachte damals Burckhardt daran, die zeitkritische Reflexion in eine gesellschaftliche Revolution umschlagen zu lassen: »Was soll inzwischen der einzelne tun? Ist er ein freier, tüchtiger Kopf, so wird sich ihm der Strom des Geistes, der in der Luft herrscht, zum philosophischen Postulat gestalten, und dem soll er nachleben. Eines kann ihm keine Revolution rauben: seine innere Wahrheit. Man wird immer offener, immer ehrlicher werden müssen, und auf den Trümmern der alten Staaten wird die Liebe vielleicht ein neues Reich gründen. Was meine Wenigkeit betrifft, so werde ich nie Wühler und Umwälzer sein wollen; eine Revolution hat nur dann ein Recht, wenn sie unbewußt und unbeschworen aus der Erde steigt« (am 13.6.1842).

Seit dem 1. Januar 1842 erschien die *Rheinische Zeitung*, in der Marx seit April mit der Unterstützung einer Menge »freigesinnter praktischer Männer, welche die mühsame Rolle übernommen haben, Stufe vor Stufe, innerhalb der konstitutionellen Schranken die Freiheit zu erkämpfen«,[9] der praktischen Seite jenes »philosophischen Postulats« die schärfsten Umrisse gab. Da Burckhardt später sagt, »kein Wort der Rheinischen Zeitung sei verloren« gewesen, und da sein guter Bekannter, der junge Wilhelm Lübke, in »thätiger Verbindung« zu ihr stand, muß er sie damals nicht bloß gelesen haben. Daß Burckhardt »im Punkt Preßfreiheit« mit sich »eins geworden« ist und er sich über des Königs Meinung, die »Argumente gegen die Pressefreiheit machten noch Eindruck auf das Publikum«, wundert, verdankt er gewiß auch Marx' publizistischer Kampagne gegen die preußische Pressezensur, welche dann Kinkel in politische Aktion umsetzte, indem er am 18. Mai 1843 in einer Bonner Bürgerversammlung eine Petition auf Preßfreiheit durchbrachte. Seitdem ließ Kinkel »alle im strengen Sinne gelehrten Forschungen mehrere Jahre beiseite und suchte dafür im wirklichen Leben heimisch zu werden«.[10]

Bald danach, am 25. Mai, zwei Monate nach dem Verbot der *Rheinischen Zeitung*, ist Burckhardt in Bonn Mitakteur einer Szene, die das Aufsehen, das sie in Deutschland erregte, der Atmosphäre provozierender Offenheit verdankte, die auf den Trümmern des Alten die Liebe ein neues Reich gründen lassen wollte. Der Theologiedozent und Pfarrer Kinkel heiratet die geschiedene Katholikin Johanna Matthieux, ein emanzipatorischer Akt, der Kinkels Entlassung aus dem Pfarr- und Lehramt zur Folge hatte. Burckhardt aber fungierte mit Emanuel Geibel – der 1835 in Bonn mit Marx einen poetischen Zirkel frequentiert hatte – als Trauzeuge. Von der salbungsvollen und phantastischen Geschichte dieser Eheschließung wird Burckhardt später nicht viel anders gedacht haben als Marx, der sie 1852, als er sich im Londoner Exil mit Kinkel überworfen hatte, in einem geißelnden Pamphlet eine »Affenkomödie« bezeichnen wird, welche nach dem Muster romantischer »Liebeslabyrinthe« in Szene gesetzt worden sei; es war eben schon fünfzehn Jahre her, daß Marx selbst, vom »ewigen Liebkuß der Gottheit« gerührt, mit seines »Busens Flammensang« und »kühn gehüllt in weiten Glutgewanden« die Verlobte andichtete, um ihr zu sagen, »daß die Seelen liebend wir getauscht«. Der spätere Spott trifft auch Marx selbst, und sofern er damit den Politiker Kinkel charakterisieren wollte, hätte Marx sich auch auf den Burckhardt von 1849 berufen können, der feststellt, daß »Kinkel sich immer zur Schau tragen mußte«.[11]

Diese späteren Aversionen gelten aber nicht schon für die frühen vierziger Jahre, als Marx kaum »versehentlich«, wie er dann meinen wird, sondern aus konkreter Solidarität mit Kinkel in einer Partei war, und als Burckhardt sich mit unverhohlener Sympathie zu Kinkels Extravaganzen bekannte. Nach Kinkels Hochzeit begibt sich Burckhardt nach Paris, wo er bis kurz vor Marx' Ankunft daselbst, bis September 1843, verweilt. Aus Burckhardts Briefen erfahren wir nicht nur, daß er in Paris »im Louvre rumgeloffen wie ein verlorner Mops«, daß er Louis Blanc gelesen,[12] sondern auch, daß er der *Kölnischen Zeitung* ein Feuilleton zugeschickt hat zu dem Thema: »Die französische Literatur und das Geld. « Die Kulturredaktion der *Kölnischen* lag seit kurzem in den Händen Hermann Püttmanns, der nach dem Verbot der *Rheinischen Zeitung* zu der großen Konkurrentin übergewechselt war. Durch ihn nimmt deren Feuilleton einen linksliberalen Kurs, und von ihm hat Burckhardt sich leiten lassen, als er in seinen Aufsatz Spitzen gegen »unsere Polizeien« einflicht und die Sätze formuliert: »Paris ist *eine* große Kaserne geworden, und die Opposition in Kammer und Presse ist durch den heillosesten Mißbrauch der Freiheit und durch die unverschämteste Bestechlichkeit gänzlich abgenutzt. Aus den untern Schichten der Gesellschaft steigt dem König ein neuer Verbündeter empor, ich meine die Gesinnung der vernünftigem Sozialisten.«[13]

Einer der Haupttheoretiker eines deutschen vernünftigen Sozialismus, Moses Heß, saß damals ebenfalls in Paris, beschäftigte sich eingehender mit der Geldtheorie und war durch Püttmanns Vermittlung als Korrespondent der *Kölnischen Zeitung* bestallt worden.[14] Heß wird die Stelle bald wieder aufgeben und in Paris die Zusammenarbeit mit Marx fortsetzen, die mit der *Rheinischen Zeitung* begonnen hatte. Burckhardt, der in Paris täglich zehn Zeitungen liest und beobachtet, »wie infernal die Politik des frommen Guizot ist und bleiben wird«, der auch zum Grabe Börnes pilgert, um es abzuzeichnen und mit dem Panthéon zusammenzusehen, wird die in Paris aufgenommene Verbindung zur *Kölnischen Zeitung* noch einige Jahre pflegen. Er wird ihr wöchentlich anonyme Berichte aus der Schweiz liefern. Die kommunistischen Umtriebe in der Schweiz hatten damals die allgemeine Aufmerksamkeit auf sich gezogen. Obwohl sich Burckhardt gelegentlich über das kleinliche Zaudern der *Kölnischen* beklagt, erlaubten es ihm die ungezeichneten Berichte doch, den deutschen Freunden seine Ansichten über die Geschehnisse in der Schweiz deutlich zu machen. Da er im Oktober 1843 die Redaktion des Organs der Basler Patrizier übernommen hatte, dienten ihm die Berichte nach Köln als Ventil, durch das er seine eigene Meinung wirksamer in der Schweizer Politik zur Geltung bringen konnte: »Wenn ich das Geheimnis bewahren kann, so werde ich in der Kölnischen immer ungenierter werden« (am 23.12.1844).

In seinem eigenen Blatt wird Burckhardt bis Ende des Jahres 1845 die Zeitläufte unter dem Gesichtswinkel der Basler Ratsherrn zu kommentieren haben. Die gewissenhafte Lektüre aller wichtigen europäischen Zeitungen vermittelt ihm einen gründlichen Einblick in die Ausbreitung und Tendenzen des Sozialismus. Mit besonderem Interesse verfolgt er die Schicksale des aufwieglerischen Schneiders Wilhelm Weitling. Das Urteil über diesen unermüdlichen Agitator, in dessen Gefolge nach Engels' Meinung in der Schweiz allerlei »Narren und ausbeutende Schwindelpropheten« auftraten, fällt bei Burckhardt fast milder aus als bei Marx, der Weitling zwar den persönlichen Respekt nicht versagt, ihn aber theoretisch unnachsichtig bekämpft. Burckhardt schreibt in der Basler Zeitung: »Man kann sehr communistisch gesinnt sein, und wird dennoch die Methode dieser Herren mißbilligen müssen; wer aber dem System fremd ist, nennt dieselbe geradezu mit ihrem wahren Namen: eine Verruchtheit. Gibt es etwas Niedrigeres unter der Sonne, als die Aufhetzung von Hunderten armer deutscher Handwerksburschen, welche in dieser Sache das Wahre vom Falschen nicht unterscheiden können? [...] Ob Hunderte dieser Verführten darüber unglücklich werden, das kümmert die Anstifter nicht. Es war ein Unglück, daß die Zürcher Untersuchung 1843 zum Teil Unschuldige, zum Teil bloße Phantasten traf, wie zum Beispiel Weitling.« Marx drückt Weitling gegenüber den gleichen Gedanken noch drastischer aus, wenn er ihm auseinandersetzt, eine ziellose Agitation unter Arbeitern sei »gleichbedeutend mit einem leeren, gewissenlosen Spiel mit Propaganda, wobei einerseits ein begeisterter Apostel vorausgesetzt wird, andererseits nur Esel, die ihm mit aufgesperrtem Maule zuhören«.[15]

Burckhardt informiert seine Leser auch regelmäßig über die Unruhen unter den schlesischen Webern und in den Nummern vom 1. und 12. Februar 1845 auch über die Ausweisungsbefehle, die in Frankreich an »deutsche communistische Literaten« ergangen waren. Er nennt die Namen von Ruge, Marx, Börnstein, Bernays und Herwegh. Mit der Übermittlung der Nachricht versucht Burckhardt zugleich einen Vorwurf zu entkräften, den Engels noch 1888 erheben wird, daß nämlich der damalige preußische Gesandte in Paris, Alexander von Humboldt, bei dem Coup die Finger mit im Spiel gehabt habe. Burckhardt aber gibt, wohl zu Recht, seinen Lesern zu wissen: »Der berühmte Gelehrte ist der ganzen Sache durchaus fremd.« Diese Zeitungsinformation ist das einzige schriftliche Zeugnis, in dem Burckhardt den Namen von Marx erwähnt. Daß aber der Journalist Burckhardt nicht nur einer Meldepflicht gehorchte, als er jene Nachricht in die Spalten rückte, zeigt eine gleichzeitige, erstaunliche Briefstelle, in welcher Burckhardt der publizistischen Tätigkeit von Marx gleichsam die geschichtliche Sanktion erteilt: »Ich überzeuge mich mehr und mehr, daß der Liberalismus der Jahre 1844/43 nur die erste, saure Blüte war, die die Frucht umschließt und abfallen muß. Um so siegreicher wird nun nachgerade ein neuer Liberalismus, eine allgemeine öffentliche Meinung entstehen, mehr und mehr geläutert von Extravaganzen jeder Richtung, und da muß der Sieg endlich kommen. Nur einem solchen vom Volk getragenen Liberalismus wird sich auch die Gewalt fügen und einen neuen Bund knüpfen [...]. In diesem Sinne kann man sagen, daß kein Wort der Rheinischen Zeitung verloren war, denn ohne Extreme entsteht keine Wahrheit« (am 29. 1. 1844).

Die *Rheinische Zeitung*, die Burckhardt hier meint, ist diejenige, die »innerhalb der konstitutionellen Schranken die Freiheit erkämpfen« wollte, und die nach Auffassung ihres Chefredakteurs Marx »den kommunistischen Ideen in ihrer jetzigen Gestalt nicht einmal theoretische Wirklichkeit zugestehen, also noch weniger ihre praktische Verwirklichung wünschen oder auch nur für möglich halten kann«.[16] Marx und Burckhardt teilten damals noch den Optimismus, das Volk werde schließlich doch den aufgeklärten Liberalismus einsaugen und den politischen Druck ausüben, der den König zur Besinnung bringen werde.

Der journalistischen Beziehung zwischen Marx und Burckhardt gesellt sich im Jahre 1845 auch eine biographische Verbindung. In seiner Zeitung hatte Burckhardt am 12. Oktober 1844 eine Würdigung Freiligraths so geschlossen: »Der Dichter, welcher sich noch immer in Belgien befindet, deutet irgendwo an, er werde nach Westen fliehen. Wieder ein Flüchtling mehr, welcher zuglcich vielleicht der erste jetzt lebende Dichter seines Vaterlandes ist.« Diese Worte waren wohl der Anlaß, daß Freiligrath im Juni 1845 den Basler Redakteur persönlich aufsuchte. Freiligrath kam aus Brüssel, wo ein erstes persönliches Zusammentreffen mit Marx ihn davon überzeugt hatte, daß es sich um einen

»interessanten, netten, anspruchslos auftretenden Kerl«
handle. Freiligraths Gespräche mit Burckhardt drehten sich
auch um den Sozialismus: »Ich merke aus meiner Zeitungs-
lectüre und aus dem, was Freiligrath mir sagte, daß am
Rhein der Socialismus stark im Wachsen ist, und bin nun
begierig zu vernehmen, ob wirklich schon etwas davon unter die große Masse gekommen ist.«[17]

Zu der Zeit, da sich dieser letzte der denkbaren mittel-
baren oder unmittelbaren Kontakte Burckhardts zu Marx
ergab, bereitete Burckhardt schon seinen Rückzug aus
dem politischen Tagesgeschäft vor: »Immer lauter klingt
mir's in den Ohren: ich sei nicht für die Wirksamkeit ins
Weite und Große geschaffen und bene vixit qui bene la-
tuit« (am 26.1.1846). Durch die politische Tätigkeit an der
»Journaille«, welche nur »turbiert und ausleert«, möchte
er nicht das ihm subjektiv erreichbare Maß an Glück »ver-
puffen« lassen: »Ihr Wetterkerle wettet euch immer tiefer
in diese heillose Zeit hinein – ich dagegen bin ganz im
Stillen, aber komplett mit ihr überworfen und entweiche
ihr deshalb in den schönen faulen Süden, der der Geschichte
abgestorben ist und als stilles, wunderbares Grabmonument
mich Modernitätsmüden mit seinem altertümlichen Schauer erfrischen soll. Ja ich will ihnen allen entweichen, den
Radikalen, Communisten, Industriellen, Hochgebildeten,
Anspruchsvollen, Reflektierenden, Abstrakten, Absoluten,
Philosophen, Sophisten, Staatsfanatikern, Idealisten, anern
und iten aller Art [...].« (am 28.2.1846). Wo Burckhardt
seine Skrupel nicht so beredt neutralisiert, wo die Flucht
nach Italien, das sein »ganzes Wesen« mit »lauter Sehnsucht
nach dem goldenen Zeitalter, nach der Harmonie der Dinge« gefüllt hat, ihm auf das Gewissen schlägt, dort weiß er
seine Rechtfertigungen mit Tönen zu versehen, die wie ein
Schwanengesang des bürgerlichen politischen Engagements
klingen: »Ich glaube in Euern Augen einen stillen Vorwurf

zu lesen«, schreibt er am 5. März 1846 an die Gebrüder Schauenburg, die zwei Jahre später wichtige Rollen in der radikal-sozialen Agitation spielen werden, »weil ich so leichtfertig der südländischen Schwelgerei [...] nachgehe, während die Welt in Geburtswehen liegt, während es in Polen an allen Enden kracht und die Vorboten des sozialen jüngsten Tages vor der Tür sind. In Gotts Namen! Ändern kann ichs doch nicht, und ehe die allgemeine Barbarei (denn anderes sehe ich zunächst nicht vor) hereinbricht, will ich noch ein rechtes Auge voll aristokratischer Bildungsschwelgerei zu mir nehmen, um dereinst, wenn die soziale Revolution sich einen Augenblick ausgetobt hat, bei der unvermeidlichen Restauration tätig sein zu können [...]. Ihr werdet sehen, welche sauberen Geister in den nächsten zwanzig Jahren aus dem Boden steigen werden! Was jetzt vor dem Vorhang herumhüpft, die kommunistischen Dichter und Maler u. dgl., sind bloß die Bajazzi, welche das Publikum vorläufig disponieren. Ihr alle wißt noch nicht, was Volk ist und wie leicht das Volk in barbarischen Pöbel umschlägt. Ihr wißt nicht, welche Tyrannei über den Geist ausgeübt werden wird unter dem Vorwand, daß die Bildung eine geheime Verbündete des Kapitals sei, das man zernichten müsse. Ganz närrisch kommen mir diejenigen vor, welche verhoffen, durch ihre Philosopheme die Bewegung leiten und im rechten Gleise erhalten zu können. Sie sind die feuillants der bevorstehenden Bewegung; letztere aber wird sich so gut wie die Französische Revolution in Gestalt eines Naturereignisses entwickeln und alles an sich ziehen, was die menschliche Natur Höllisches an sich hat. Ich möchte diese Zeiten nicht mehr erleben, wenn ich nicht dazu verpflichtet wäre; denn ich will retten helfen, soviel meines schwachen Ortes ist [...]. Untergehen können wir alle; ich aber will mir wenigstens das Interesse aussuchen, für welches ich untergehen soll, nämlich die Bildung Alteuropas.«

Indem er dem Gespenst, das in Europa umging, ins Auge sieht, sucht Burckhardt in Gedanken schon den stillen Ort, von dem aus er die »Kontinuität der Überlieferung« nach Maßstäben des objektiven Glücks befragen kann; daran hält er fest, auch als ihm am Vorabend der Achtundvierziger Revolution in Berlin deren Impuls durch die Bekanntschaft mit Eduard Wiss, einem ihrer Hauptakteure, mitgeteilt wird: »Hier hilft nichts als eine Luftreinigung im großen Stil, und die wird kommen; was wir bis dahin schaffen, ist Zeitvertreib, sind odeurs, womit wir uns auf Augenblicke den Duft der allgemeinen Fäulnis verhehlen. Warum nun nicht in einfachere, schönere Zustände flüchten, wenn sie noch irgendwo vorhanden sind?« (am 9.12.1846). So wie es für den Poeten »kein Publikum mehr gibt« in einer Welt, die Burckhardt immer »an den Nachtstuhl der Hammonia in Heines Wintermärchen erinnert«, und der Dichter deshalb »jetzt einer spartanischen Entsagung bedarf, einer totalen Vergessenheit seiner Person«, so will Burckhardt als Historiker »im Stillen den eigentlichen Bedingungen der Größe eines Staates nachgehen« und für seine Person »der Welt und ihren Gleisen immer fremder werden und ein Privatleben leben, welches dem jetzigen Treiben (einstweilen im Stillen) schnurstracks entgegenläuft« (am 22.3.1847).

Dieser Rückzug aus dem Kampfplatz politischer Agitation läuft zeitlich parallel mit Marx' Abkehr von den »wahren Sozialisten« wie Heß und Weitling; dem liegt auch eine gemeinsame Erkenntnis zugrunde. Stellt Burckhardt fest, daß »das politische Volk, an welches gewisse Leute prahlend appellieren, noch nicht existiert«, so schließt Marx auf seiner Ebene, daß wegen der »unentwickelten Gestalt des deutschen Proletariats« von der »Verwirklichung des Kommunismus zunächst nicht die Rede sein kann«. Wie Marx und Engels sich von den »Propheten« eines »sentimentalen Kommunismus« trennen aus der Einsicht, daß die Revolution nicht beschworen werden kann, sondern an gesellschaftliche Entwicklungsstufen gebunden ist, daß »die bürgerliche Revolution als eine Bedingung der Arbeiterrevolution« zu gelten hat, so distanziert sich Burckhardt von entsprechenden voluntaristischen Bestrebungen mit ähnlichen Argumenten: »Was Du mir von der Politik unter denen Studiosen schreibst, hat mich außerordentlich überrascht [...]. Ich hätte nie geglaubt, daß die Aussaat von Berlin Anno 1842 – denn die ist es – so rasch aufgegangen wäre [...]. Für Preußen ist die Sache vollends ein Unglück, weil da der politisierende Student fast mit Notwendigkeit den Pli einer besondren bestimmten Opposition annimmt, indem die Parteien, an welche man sich angruppieren könnte, noch gar nicht vorhanden sind. Alles bläst nun mehr oder minder nach *einer* Richtung hin, die mehr oder minder philosophisch aufgestutzt im Ganzen das Richtige enthält, im Einzelnen aber ein Holzweg ist. Was soll das werden, wenn man alle Mittelstufen und Consequenzen überspringt und in Gedanken schon beim Socialismus anlangt, während man faktisch noch nicht über den erleuchteten Absolutismus hinaus ist?« (am 7.1.1845).

Marx hat, wider besseres Wissen, auf dem vor allem von Kinkel in den Rheinlanden zubereiteten politischen Terrain während der Revolutionsjahre 1848/49 in Köln ein letztes Feuerwerk publizistischer und politischer Agitation entfacht und auf den von Kinkel inszenierten ›Demokratenkongressen‹ mit Engels sein Redetalent erprobt. Burckhardt bleibt in Basel skeptisch und still, auch wenn er dem rührigen Mitagitator Kinkels und Freiligraths, Hermann Schauenburg, gesteht: »Es wird allgemach verflucht einsam um mich herum. Was wollen diese Schemen von mir, mit denen ich täglich lebe? Du hast doch wenigstens noch mitgemacht und Dich umgetan: ich verspinne mich in mir selber« (am 23.8.1848).

Der weitere Verlauf der Dinge macht es Burckhardt dann leicht, recht zu behalten. In Baden beim Willichschen Freikorps, in dem er sich nach Engels' Bericht an Marx »ganz gut gemacht hat«, wird der Musketier Kinkel verwundet und gefangengenommen. Ebenso »hart« wie Marx, der die Verteidigungsrede des von Todesstrafe bedrohten Kinkel zerpflückt und an den Pranger stellt, nennt auch Burckhardt den Freund einen »Renommierer«, der von »politischen und ökonomischen Fragen nie mehr verstanden hat als diejenige Seite, womit Aufsehen zu machen war«.[18] Marx wird nach dem Scheitern der Revolution heftiger denn je die Aktivisten seiner Partei bekämpfen, und Kinkel, der nach seiner Befreiung aus der Festung Spandau durch Karl Schurz nach London ins Exil geht, wird dort die wichtigste, weil einflußreichste Zielscheibe von Marx' wütender Konsequenz sein. In einer wissenschaftlichen Herkulesarbeit wird Marx in London die Bedingungen zu klären suchen, unter denen die proletarische Revolution mit der Macht eines Naturereignisses ins Leben treten kann. Burckhardts Fazit der Revolution lautet im September 1849: »Ich bin nämlich der Meinung, daß Demokraten und Proletariat, auch wenn sie noch die wütendsten Versuche machen, einem immer schroffer werdenden Despotismus definitiv werden wichen müssen, sintemal dieses liebenswürdige Jahrhundert zu allem eher angetan ist als zur wahren Demokratie [...]. Einen wahren gesellschaftlichen Organismus knüpft man in dieses alternde Europa nicht mehr hinein [...]. Sowenig ich in dieser jetzigen Welt zu Hause bin, so will ich doch streben, ihr harmlos und liebreich begegnen zu lernen.«

So als habe Marx von diesem archimedischen Punkt, den der Baseler Professor sich suchte, einen seltenen Anflug von Respekt empfunden, hat er Burckhardt Schonung gewährt, wo er ihn hätte treffen können: in seinem vernichtenden Pamphlet gegen Kinkel von 1852, wo er dessen Selbstbiographie Stück um Stück zerfetzt, läßt Marx sowohl bei der Aufzählung der Mitglieder des ›Maikäferbundes‹ als auch bei den Zitaten über Kinkels Hochzeit den Namen Burckhardts weg, obwohl dieser an den entsprechenden Stellen der Selbstbiographie öfters und mit Emphase genannt worden war.

II.

Wollte man von Burckhardts Briefwechsel her urteilen, dann müßte man für die Zeit nach 1850 fast von einem Rückfall in politische Unmündigkeit sprechen. Die explosiven Korrespondenzen mit den Kinkel, Schauenburg oder Fresenius brechen unvermittelt ab. An ihre Stelle treten Damen der Basler Gesellschaft, deren dichterische Ergüsse der Universitätsprofessor mit ausgedehnten poetologischen Exkursen beantwortet; Paul Heyse, der vielschreibende Münchner Hofdichter, den Burckhardt als ein »liebes Brüderlein in Apolline« anredet; der Ästhetiker Friedrich Theodor Vischer, dessen Komplimente er sich gerne gefallen läßt. Und auf den drängenden, ihn anstürmenden Nietzsche reagiert Burckhardt offenbar nur, um ihn sich vom Leibe zu halten. Sein Bekanntenkreis beschränkt sich fortan fast ausschließlich auf eifrige Lernnaturen, demütige Studiosi, beflissene Gelehrte. Während er sich seine »Konversation abends an den Bierbänken zusammenbetteln muß«, begegnet er tagsüber jenem »Volk der Oxer«, jenen »viris eruditissimis«, welche »der liebe Gott gemacht hat, weil er bisweilen auch seinen Jocus haben will«, mit aller Gentilität, überläßt ihren sammelwütigen Händen die Bearbeitung seiner Bücher und beugt sich respektvoll ihren positivistischen Kritteleien. Einzig der Umgang mit Gottfried Keller und mit dem Oberst Charras, jenem exilierten »Jakobiner und Sohn eines Jakobiners«, der zwei Häuser weiter wohnte, wird Vergangenes gegenwärtig gehalten haben. Und einzig der abgeklärte, auf Waldspaziergänge eingestimmte Briefwechsel mit dem badischen Oberamtmann Friedrich von Preen hält uns auf dem laufenden über Burckhardts spätere politische Räsonnements.

In dem Bewußtsein, daß »Freiheit und Staat an mir nicht viel verloren haben«, wird der gleiche Burckhardt, der am 22. März 1847 noch sarkastisch registriert hatte, er habe Tausende gekannt, die »auf deutschen Hochschulen wahre Vulkane von Unmittelbarkeit, selbst von Originalität und Poesie zu bleiben oder zu werden versprachen und jetzt teils servile, teils liberale Philister sind«, sich jetzt selbst auf die gemütlichen Philisterspiele einlassen: »Ich bin so sehr Philister als möglich, spiele mit Philistern Domino, gehe mit Philistern (und Kollegen, die sich ebenfalls bemühen, Philister zu sein) spazieren, trinke meinen Schoppen sans prétention, kannegießere und bin Sonntag abends ohne Ausnahme bei meinen Verwandten« (am 16.11.1860). Doch in eine solch lähmende Privatheit, in welcher Nietzsche den »höchst eigenartigen Mann« auf vertrauten Spaziergängen Schopenhauer »unsern Philosophen« nennen hört, flüchtete sich die Hoffnung, kein Philister werden zu müssen; indem er sich gegen die Gesellschaft »unwillkürlich ironisch« verhält, genügen ihm die fünf Bretter, welche sein Katheder ausmachen, um auf alle Manieren seine Meinung sagen zu können (am 10.10.1863). Trotz aller »Verkappungen« hat er wenigstens den Hellhörigen unter seinen Zuhörern, wie etwa Nietzsche, das Gefühl vermittelt, daß er »nicht zu Verfälschungen, wohl aber zu Verschweigungen der Wahrheit geneigt« sei.[19] Während Burckhardt amtliche Ehrungen aus Deutschland ebenso ablehnt wie angesehene Lehrstühle – darunter denjenigen Rankes –, hat er beobachten können, wie der ehemalige Kumpan von Marx, Georg Herwegh, sich mit dem Bestehenden arrangiert, wie Geibel in den Sold der bayerischen Könige tritt, und wie schließlich Kinkel sich von Bismarck schmeicheln läßt, daß sie gemeinsam »seit länger als zwanzig Jahre Steine herbeitragen, die nach Beschaffenheit und Ursprung sehr verschieden voneinander waren, aber doch nach der Ansicht eines jeden von uns zu dem gleichen Zwecke, der Fundamentierung deutscher Zukunft, dienlich waren«.[20] Burckhardts so kunstvoll inszenierter Rückzug in die Basler »Krähwinkelei« bedeutet doch zugleich den Auftakt zu einer gewandelten Form öffentlicher Wirkung. Das Jahrzehnt nach 1850 sieht die Hauptwerke des Gelehrten Burckhardt erscheinen; aktuelle Reaktionen objektivieren sich zu wissenschaftlichen Gesamtergebnissen. Auch Marx, den seine Freunde jetzt »sehr zurückgezogen« und im Britischen Museum von Akten und Büchern ummauert finden, hat die »Ruhe an der Oberfläche« der Jahre nach 1850 der Wissenschaft gewidmet: »Es ist jedenfalls beste Zeit für wissenschaftliche Unternehmungen, und am Ende, nach den Erfahrungen der letzten zehn Jahre, muß die Verachtung der Massen und der einzelnen bei jedem rational being so gewachsen sein, daß ›odi profanum volgus et arceo‹ fast durchdrungene Lebensweisheit ist.« Obwohl Burckhardt ein gesichertes Einkommen hat, fühlt er sich »in Amtsgeschäfte begraben« und bemerkt er, daß seine wissenschaftlichen Projekte Aufgaben darstellen, »die eigentlich nur von Capitalisten mit gänzlich freier Zeit gelöst werden können. Aber die tun so was nicht. Aus Gründen« (am 14.8.1859). Marx' wirtschaftliche Misere im Londoner Exil zwingt ihn, sich fortlaufend an die »Journaille« zu verkaufen: »Das ständige Zeitungsschmieren ennuyiert mich. Es nimmt mir viel Zeit weg, zersplittert und ist schließlich doch nichts [...]. Rein wissenschaftliche Arbeiten sind doch etwas total anderes.«[21]

Ebensowenig wie für Marx ist die reine wissenschaftliche Arbeit für Burckhardt wertfreie Tatsachenforschung. In seinem historiographischen Debüt, in der *Zeit Constantins des Großen* von 1853 hat Burckhardt seinen wissenschaftlichen Stoff zu einem zeitkritischen Sprengstoff verarbeitet, der im Umkreis von Marx nicht ohne Echo geblieben ist.

Burckhardt, der nach 1848 für Europa »ein Genre römischer Kaiserzeit« anbrechen sah, hat Konstantin nicht nur schonungslos vom Dunst christlicher Hagiographik befreit, sondern ihm auch den neuen Mantel einer zeitgemäßen Herrschaftsform umgelegt. Im *Constantin* taucht zum ersten Mal in Deutschland der Begriff des »Caesarismus« auf, der nach Burckhardt »eine ganz bestimmte Sache sehr gut bezeichnet«, nämlich den Akt illegitimer, usurpatorischer Machtausübung, wie sie sich soeben mit Napoleon III. wieder etabliert hatte.[22] Jener Oberst Charras, mit dem Burckhardt in Basel Freundschaft schließen wird, war es, der nach dem Urteil von Marx »als erster den Angriff auf den Napoleonkultus eröffnet« hat. Marx erwähnt dies im Vorwort zur zweiten Auflage seiner historiographischen Glanzstudie über den XVIII. *Brumaire des Louis Bonaparte*, die zuerst 1852 erschienen war. In dem späteren Vorwort versucht er das grundsätzliche Anliegen seiner Arbeit auf den Stand des Jahres 1869 zu bringen, indem er nicht nur auf die Schriften des Oberst Charras hinweist, sondern auch der Hoffnung Ausdruck gibt, daß seine Studie »zur Beseitigung der jetzt namentlich in Deutschland landläufigen Schulphrase vom sogenannten ›Caesarismus‹ beitragen wird«; wie landläufig der Begriff war, hatte Marx aus einem Brief dreier Berliner Arbeiter ersehen können, die im Dezember 1865 davor warnten, daß der »Cäsarismus auf die demokratischen Prinzipien« gepfropft werde.[23] Marx aber sieht nur eine »oberflächliche Analogie« vorliegen, weil es sich im alten Rom anders als im gegenwärtigen Frankreich, wo der Cäsarismus allein durch den legitimen Machtanspruch des Bürgertums und des Proletariats zu einer

Farce geworden sei, nicht um einen Klassenkampf, sondern lediglich um eine Auseinandersetzung innerhalb der herrschenden Schicht gehandelt habe. Aus anderen Gründen als Marx wendet sich auch Theodor Mommsen in einem berühmten Passus seiner Römischen Geschichte gegen die Burckhardtsche Übertragung des Begriffs, denn man könne nicht »die Conjuncturen der Gegenwart in den Berichten über die Vergangenheit nur einfach wieder aufblättern und aus denselben der politischen Diagnose und Receptierkunst die Symptome und Specifica zusammenlesen«.[24] Marx argumentiert gegen Burckhardt vom Standpunkt der Klassengeschichte, Mommsen vom Standpunkt der politischen Geschichte.

»Wahrhaft perfide« aber nannte ein theologischer Rezensent einen andern Passus von Burckhardts *Constantin*. Bei der Erörterung der Gründe, die zur Christenverfolgung unter Diokletian im Jahre 303 geführt hatten, leitet Burckhardt den Leser erst durch ein behutsam auseinandergelegtes Dickicht von möglichen Motiven, bevor er seine eigene Version anbietet: »Daß die Christen den Staat *umstürzen* wollten.« Diese Unterstellung interpretiert die christlichen Strömungen als eine politische Partei: »Suchten sich etwa die Christen, im Gefühl ihrer wachsenden Ausdehnung, des Kaisertums zu bemächtigen?« Ein solches Bestreben aber hätte der grausamen Verfolgung eine gewisse machtpolitische Berechtigung gegeben und der christlichen Gemeinde den Nimbus unschuldiger Opfer genommen. Indem er bei seinem Publikum eine staatsloyale Überzeugung voraussetzt, untergräbt Burckhardt sie zugleich mit der scheinfrommen Frage: »Vielleicht empfindet der Leser ob dieser Untersuchung einigen Widerwillen. Sollte es nicht überaus unbillig sein, aus der Verfolgung auf eine Verschuldung zu schließen?« Jener lutherische Rezensent antwortet nicht nur mit Widerwillen, wenn er Burckhardt beschuldigt, er habe sich »zu der infamen Verdächtigung hinreißen lassen, daß der letzte Hebel diocletianischer Verfolgung in den Christen selbst gelegen habe«. Burckhardt aber hatte diese Verdächtigung noch weiter getrieben und eine Anmerkung eingerückt, durch welche die Erhebung des Christentums zur Staatsreligion als das Ergebnis eines politischen Geschäfts erscheinen mußte: »Es wäre eine einladende, aber mehr als gewagte Hypothese, ein Verständnis zwischen diesen Leuten (den Christen am Hofe Diokletians) und dem damals am Hofe anwesenden jungen Constantin anzunehmen.« Die fiebrige Argumentation Burckhardts enthält etwas von dem »Hochverräterischen«, das nach eigenem Bekenntnis seiner Gesinnung zugrunde lag, und läßt etwas durchschimmern von seinen »tiefen Gedankengängen mit ihren seltsamen Brechungen und Umbiegungen, wo die Same an das Bedenkliche streift« (Nietzsche). Friedrich Engels freilich hatte keinen Anlaß, bei der Erinnerung an jene Stelle aus Burckhardts *Constantin* die Karten unaufgedeckt zu lassen: »Es sind nun fast aufs Jahr 1600 Jahre, da wirtschaftete im Römischen Reich ebenfalls eine gefährliche *Umsturzpartei*. Sie untergrub die Religion und alle Grundlagen des Staates, [...] sie war vaterlandslos, international, sie breitete sich aus über alle Reichslande von Gallien bis Asien [...]. Sie hatte lange unter irdisch, im verborgenen gewühlt; sie hielt sich aber schon seit langer Zeit für stark genug, offen ans Licht zu treten. Diese Umsturzpartei, die unter dem Namen der Christen bekannt war, hatte auch ihre starke Vertretung im Heer [...]. Der Kaiser Diokletian konnte nicht länger zusehen, er griff energisch ein, weil es noch Zeit war. Er erließ ein Sozialisten-, wollte sagen Christengesetz [...]. Auch dies Ausnahmegesetz blieb wirkungslos. Da rächte sich der Kaiser durch die große Christenverfolgung des Jahres 303 [...]. Sie war so wirksam, daß siebzehn Jahre später die Armee überwiegend aus Christen bestand und der nächstfolgende

Selbstherrscher des gesamten Römerreiches, von den Pfaffen genannt der Große, das Christentum proklamierte als Staatsreligion.«[25]

In Burckhardts Sprache fehlt dieser jubilierende Unterton, denn Burckhardt sah keine Partei hinter sich, die ihn in eine neue Ära hätte tragen können; vielmehr hielt er hartnäckig an seiner Erkenntnis fest, daß der Zustand cäsaristischer Despotie auf lange hinaus die Signatur der europäischen Geschichte bleiben werde. Unter den Bedingungen der modernen Industriegesellschaft, die es in London zur Häufung von »viereinhalb Millionen sogenannter Seelen« kommen und die »den Menschen durch Amts- und Erwerbsgeschäfte völlig konsumiert« sein läßt, kann sich jene Despotie frei entfalten. Mit Bismarck sah Burckhardt diese »große Vergewaltigung« einsetzen, wo »die bare Macht und das Maulhalten allgemeine consigne«, wo alle Leute »Völlig spatzenköpfig und ohne jede Widerstandskraft sind« und wo eine Zentralverwaltung »vermöge der Soldaten eine beata tranquilitas« herstellen kann. Denn Bismarck hatte erkannt, daß das soziale Notgeschrei nicht mehr als eine »Parteistimmung einiger böswilliger Tannen und Eichen« auszugeben war. Er handelte nach der Erkenntnis, »daß die wachsende demokratisch-soziale Woge irgendwie einen unbedingten Gewaltzustand hervorrufen würde, sei es durch die Demokraten selbst, sei es durch die Regierungen, und sprach: ›Ipse faciam‹, und führte die drei Kriege 1864, 1866, 1870«.[26] In dieser Meinung hielt sich Burckhardt für »unbekehrbar und unbelehrbar«, und er wird es in seinen *Weltgeschichtlichen Betrachtungen* wiederholen, daß die drei Invasionen von 1814, 1815 und 1870/71, welche Frankreich über sich ergehen lassen mußte, zumal die letzte, »ganz entschieden auf Schwächung des Revolutionsvolkes katexochen berechnet« waren. Marx urteilt in der Adresse des Generalrates von 1871 nicht anders, wenn er den Nationalkrieg als die letzte Anstrengung der in »Fäulnis« begriffenen Dynastenherrschaft interpretiert, welche »keinen andern Zweck mehr hat, als den Klassenkampf hinauszuschieben«.

Burckhardt überkommt bisweilen »ein Grauen, die Zustände Europens möchten einst über Nacht in eine Art Schnellfäule überschlagen, mit plötzlicher Todesschwäche der jetzigen scheinbar erhaltenden Kräfte«. Doch anders als Marx sah Burckhardt den Arbeiter nirgends in der glanzvollen Zukunftsrolle eines Wachablösers, der mündig und frei Stunde und Macht ergriffe: »Am merkwürdigsten wird es den Arbeitern gehen; ich habe eine Ahnung, die vorderhand noch völlig wie Torheit lautet und die mich doch durchaus nicht loslassen will: der Militärstaat muß Großfabrikant werden. Jene Menschenanhäufungen in den großen Werkstätten dürfen nicht in Ewigkeit ihrer Not und ihrer Gier überlassen bleiben; ein bestimmtes und überwachtes Maß von Misere mit Avancement und in Uniform, täglich unter Trommelwirbel begonnen und beschlossen, das ist's, was logisch kommen müßte [...]. Die Entwicklung einer intelligenten Herrschergewalt, für die Dauer, steckt noch in ihren Kinderschuhen [...]. Es gibt hierin noch große unbekannte Länder zu entdecken« (am 26.4.1872). Dennoch muß dieser so perfekt manipulierende Despotismus nach Burckhardts Vorstellung in eine »Ära von Kriegen« hineinschlittern, in welcher zwar »das bürgerliche Leben in seinem Gleise bleiben«, aus der aber wegen der entstehenden »enormen Schulden« lediglich »die Hauptkrisis für die Zukunft zusammengespart« sein würde. Bis zu dieser Hauptkrisis müssen »alle Stadien des Durcheinanders durchlaufen werden«, und erst dann könnte »durch die vollen Kräfte der Verzweiflung die wahre Erneuerung des Lebens erfolgen, d.h. die versöhnende Abschaffung des Alten durch ein wirklich lebendiges Neues«.[27] Wie für Marx der Krieg »eine Nation auf die Probe stellt« und »sein Todesurteil über alle sozialen

Einrichtungen, die keine Lebenskraft mehr besitzen, fällt«, so muß für Burckhardt »das Neue, Große, Befreiende aus dem deutschen Geist kommen, und zwar im *Gegensatz* zu Macht, Reichtum und Geschäften; es wird seine Märtyrer haben müssen; seiner Natur nach muß es ein Etwas sein, das bei allen politischen, ökonomischen und andern Katastrophen über dem Wasser schwimmt. Aber was? Da überfragen Sie mich.«

Marx wird mit eiserner Systematik und wissenschaftlicher Energie alle Stadien des Durcheinanders einem ökonomischen Entwicklungsgesetz zuordnen, das bei allen Katastrophen über dem Wasser zu schwimmen hätte, damit es dem proletarischen Bewußtsein verfügbar bliebe: »Auch wenn eine Gesellschaft dem Naturgesetz ihrer Bewegung auf die Spur gekommen ist, kann sie naturgemäß Entwicklungsphasen weder überspringen noch wegdekretieren. Aber sie kann die Geburtswehen abkürzen und mildern.«[28] Burckhardt hat in seinen *Weltgeschichtlichen Betrachtungen* den Mechanismus geschichtlicher Krisen eindringlich analysiert, dabei auch die Rolle der »Erhebung von Kasten und Klassen« erwähnt und die Erscheinungsformen vergangener Revolutionen und Reaktionen charakterisiert: »Es entsteht eine geschichtliche Macht von höchster momentaner Berechtigung; irdische Lebensformen aller Art: Verfassungen, bevorrechtete Stände, eine tief mit dem Zeitlichen verflochtene Religion, ein großer Besitzstand, eine vollständige gesellschaftliche Sitte, eine bestimmte Rechtsanschauung entwickeln sich daraus oder hängen sich daran und halten sich mit der Zeit für Stützen dieser Macht, ja für allein mögliche Träger der sittlichen Kräfte der Zeit. Allein der Geist ist ein Wühler und arbeitet weiter. Freilich widerstreben diese Lebensformen einer Änderung, aber der Bruch, sei es durch Revolution oder durch allmähliche Verwesung, der Sturz von Moralen oder Religionen, der vermeintliche

Untergang, ja Weltuntergang kommt doch.«[29] Marx hat seine ganze Anstrengung darauf verwandt, jenen wühlenden Geist zu benennen, dessen Arbeit an bestimmte ökonomische Abläufe und materielle Interessen der beteiligten Klassen zu knüpfen. Burckhardt, der in jungen Jahren gegen die demiurgische Potenz des hegelschen Geistes postulierte, daß »die Speculation aufhören und das Konkrete anfangen« solle, bedient sich später selbst der unverbindlichen Geist-Chiffre. Fragten seine Hörer – darunter Nietzsche – nach den konkreten Excitanzien all der beredt vorgeführten Umwälzungen, so erfuhren sie ex negativo, daß die »widerstrebenden Kräfte« vertreten werden durch »alle bestehenden Einrichtungen, die längst zu bestehenden Rechten, ja zum Rechte geworden sind, an deren Dasein sich Sittlichkeit und Kultur auf alle Weise geknüpft haben, und ferner die Individuen, welchen die Träger davon und durch Pflicht und Vorteil daran gekettet sind. Daher die Schrecklichkeit dieser Kämpfe, die Entfesselung des Pathos auf beiden Seiten. Jede Partei verteidigt ihr ›Heiligstes‹, hier eine abstrakte Treuepflicht und eine Religion, dort ein neues ›Weltprinzip‹«.

Es gab unter Burckhardts Zuhörern gewiß keinen, der ihm Marx' Einleitung zur Kritik der politischen Ökonomie oder seine Überbaulehre hätte nehmen können, aber Nietzsche hat doch wenigstens aus Burckhardts Betrachtungen die Konsequenzen gezogen und die Universität verantwortlich gemacht: »Es ist ein ganz radikales Wahrheitswesen hier nicht möglich. Insbesondere wird etwas wahrhaft Umwälzendes von hier aus nicht seinen Ausgang nehmen können.«[30] Was immer Nietzsche mit seinem radikalen Wahrheitswesen gemeint haben mochte, vielleicht war es wirklich eine abstrakte Treuepflicht, die dem Basler Professor Burckhardt die Fesseln anlegte, als er sein Zukunftsbild in die Beschreibung historischer Abläufe kleidete oder sie als seine bloße »Ahnung« ausgab. Doch die Geste des

»rückwärts gewandten Propheten« verschleiert nur die Unruhe, in die Burckhardts intellektuelles Gewissen durch die sozialkritische Reflexionsstufe, wie sie Marx repräsentierte, sich versetzt sah. Burckhardt ist vielleicht einer der ersten, dem durch die Verstrickung in eine »bestimmte Zeit«, der wir »unvermeidlich unsern passiven Tribut bezahlen«,[31] die Gesellschaftskritik zu einer Ideologiekritik gerinnt. Als Ausweg dienen Kunst und Kultur.

Gleichermaßen mit Bildung gesättigt, den Dante ebenfalls ganz im Kopfe, hat doch Marx weder Zeit noch Muße gefunden, das Phänomen der Kunst frei zugänglich werden zu lassen. Der frühe Traktat über christliche Kunst blieb ungeschrieben; ein Enzyklopädie-Artikel über Ästhetik, für den sich Marx Friedrich Theodor Vischer exzerpiert hatte, blieb 1857 liegen.[32] Die Ansätze, die er in den Vorarbeiten zur *Kritik der Politischen Ökonomie* gewagt hatte, hat Marx nicht mehr in den endgültigen Text übernommen; sie lauten im Konzept: »Aber die Schwierigkeit liegt nicht darin, zu verstehen, daß griechische Kunst und Epos an gewisse gesellschaftliche Entwicklungsformen geknüpft sind. Die Schwierigkeit ist, daß sie für uns noch Kunstgenuß gewähren und in gewisser Beziehung als Norm und unerreichbare Muster gelten. Ein Mann kann nicht wieder zum Kinde werden oder er wird kindisch. Aber freut ihn die Naivität des Kindes nicht, und muß er nicht selbst wieder auf einer höheren Stufe streben, seine Wahrheit zu reproduzieren? Lebt in der Kindernatur nicht in jeder Epoche ihr eigener Charakter in seiner Naturwahrheit auf? Warum sollte die geschichtliche Kindheit der Menschheit, wo sie am schönsten entfaltet, als eine nie wiederkehrende Stufe nicht ewigen Reiz ausüben? Es gibt ungezogene Kinder und altkluge Kinder. Viele der alten Völker gehören in diese Kategorie. Normale Kinder waren die Griechen.«[33] Während Marx sich mit Relikten von romantischen Wachstumskriterien und zugleich mit einem papahaften Habitus behilft, hat Burckhardt in jene Hauptschwierigkeit der Kunsttheorie seine ganze Kompetenz und Arbeitskraft investiert. Daß Kunst, wie die Kultur, »eine materielle Seite« habe, daß das Wahre, Schöne und Gute »mannigfach zeitlich gefärbt und bedingt« ist, stellt auch für Burckhardt nicht eigentlich eine Schwierigkeit dar. Er hat selbst das Material zu Bergen zusammengetragen, um die verzweigten Bedingtheiten der Kunst auszukundschaften: sie reichen von den Wünschen und Repräsentationsformen der ›Besteller‹ über die Prägekraft vorgegebener Inhalte, Typen und Traditionen bis zu den Ansprüchen übergeordneter und zeitgebundener Geschmacks- und Stilphänomene. Daß die geschichtlich relativierbare Kunst dennoch »ewigen Genuß« gewährt, macht ihre spezifische konkrete Aktualität aus: sie setzt sich in den Rang einer »Macht und Kraft für sich« und gewinnt eine »unabhängige Eigentümlichkeit, vermöge deren sie eigentlich mit Allem auf Erden nur temporäre Bündnisse schließt und auf Kündigung«. Wo sie sich total integrieren läßt, wenn etwa »geschickte und berühmte Leute sich dazu hergeben, die Lektüre der Philister zu illustrieren«, sinkt Kunst zum kulturhistorischen Dokument herab; wo sie aber in ihren »primären Repräsentanten« ihre autonomen Gesetze realisiert, verweigert sie sich implizit dem fremden Reglement. Insofern sie das je Gegebene und Bedingende frei verwandelt, ist Kunst, wie alle wahre Kultur, »vollends eine Verräterin«, weil sie »unaufhörlich modifizierend und zersetzend auf die stabilen Lebenseinrichtungen einwirkt«.[34] Je deutlicher eine Zeitsituation das Kunstwerk penetriert, um so bestimmter wird sie darin denunziert. Hätte Burckhardt seinen ursprünglichen Plan verwirklicht; die *Kultur der Renaissance* (1860) zum Fundament und ersten Teil einer »*Kunst* der Renaissance« zu machen, dann wäre das Modell einer kunstgeschichtlichen Darstellung geschaffen worden, in der die Kunst aus ihrer affirmativen Funktion, in welcher sie in der nachhegelschen Kunstgeschichte erscheint, in die Rolle einer kritischen »Verräterin« eingesetzt worden wäre; und es hätte kaum geschehen können, daß die Bismarckzeit ihren Kultus des Großen Menschen aus Burckhardt genährt hätte; denn mit der kulturgeschichtlichen Wirklichkeit der Renaissance, welche durch die Kunst ihrer Unwahrheit überführt worden wäre, war auch die der eigenen Zeit gemeint. Burckhardt aktualisiert klassische ästhetische Maximen, zumal aus Schiller, wenn er die zersetzende, kritische Potenz der Kunst aus deren »durchgängiger Aufgabe« deduziert, »den Dingen und Menschen diejenige Harmonie des Daseins anzufühlen, welche in ihnen nach Anlage ihres Wesens sein sollte oder noch ungetrübt und unkenntlich in ihnen lebt«.[35] Die in der Kunst aufbewahrte Erinnerung an das »was sein könnte und sein sollte«, verweist auf die je gegebene Praxis: »Was einst Jubel und Jammer war, muß nun Erkenntnis werden.«[36]

Marx verweist auf das Proletariat als dem einlösenden Subjekt historischer Erkenntnis, Burckhardt auf die Kunst wie auf einen Remplaçant. Gegen die Nachwelt, die Marx und Burckhardt in extreme Positionen auseinandergetrieben hat, ist daran zu erinnern, daß die Welt, gegen die sie gedacht haben, die gleiche war. Der eine hat diese Welt verändert, ohne sie schon verenden lassen zu können. Der andere hat früh das Modell eines Auswegs aus dem Dilemma entwickelt, daß die Welt eher endgültig interpretiert als verändert ist.

Zur Situation der Couchecke

Die Couchecke ist einmal entstanden. Was wäre verloren oder gewonnen, wenn sie wieder verschwände?

Bevor sie die wichtigste Konfiguration im Wohnzimmer werden konnte, mußte ein umfassendes Revirement eine Raum- und Sinnlücke geschaffen haben.

Der grundlegende Vorgang war das Ausscheiden der Arbeit aus dem Wohnbereich. In Arzt-, Bäcker- oder Künstlerhäusern können auch heute noch Wohn- und Arbeitssphäre zusammen liegen, doch in dem Inventar einer gewöhnlichen Wohnung sind kaum noch Spuren einer beruflichen Tätigkeit zu finden. Lange war die Vorliebe für eine Wohnzimmerlage zur Straße hin eine Erinnerung an das Interesse für die Passanten als möglichen Kunden.[1] Die stillgelegten, rostenden Balkons bezeugen, daß Straßenlärm und -luft dieses Außeninteresse zurückgedrängt haben. Das merkwürdige Festhalten an unterkellerten Häusern erinnert wohl noch die Warengewölbe, so wie der Konzernchef, der von »unserem Hause« spricht, noch im Hochhaus den überschaubaren sozialen Rahmen des »ganzen Hauses« beschwört. Dennoch scheint eine unvoreingenommene Bestandsaufnahme zu bestätigen, daß die heutige Wohnung zutreffend als eine abgeschirmte »Gegenwelt« zur Arbeitswelt definiert ist.[2]

Nach der Umwandlung des Hauses zur bloßen Wohnung wurden in dieser mit auffallender Beharrlichkeit die Funktionsbereiche räumlich geschieden. Adalbert Stifter hat diesen Vorgang so beschrieben:

»Die gemischten Zimmer, wie er sich ausdrückte, die mehreres zugleich sein können, Schlafzimmer, Spielzimmer und dergleichen, konnte er nicht leiden. Jedes Ding und jeder Mensch, pflegte er zu sagen, könne nur eines sein, dieses aber muß er ganz sein. Dieser Zug strenger Genauigkeit prägte sich bei uns ein, und ließ uns auf die Befehle der Eltern achten, wenn wir sie auch nicht verstanden.«[3]

Einschneidend war die Trennung von Wohn- und Schlafbereich. Bei seinem Auszug hat das Schlafzimmer wichtige Inventarstücke mitgenommen. Die Paradekissen und -decken in den Schlafgemächern erinnern daran, daß das Bett, ebenso wie der Kleiderschrank, einmal Prunkstücke des Wohnbereichs waren. Obwohl kein Raum des Hauses dem Blick der Öffentlichkeit so streng entzogen ist wie das heutige Elternschlafzimmer, ist doch kein anderes so gehalten, als werde es ständig überwacht: Die Ordnungsmuster sind aus dem Wohnbereich mit in das Schlafzimmer übergegangen.[4] Im Wohnzimmer selbst gemahnen allenfalls Kommoden noch an die Zeiten, da hier auch Wäsche gebraucht wurde. Von der Chaiselongue, die im Wohnzimmer noch Gelegenheit zum Liegen bot, wird um 1905 gesagt: »Das beliebte moderne Möbel gehört nicht in das Wohnzimmer, weil sie nur der üblen deutschen Gewohnheit, im Wohnzimmer zu schlafen, Vorschub leistet.«[5] Die strikte Trennung von Wachen und Schlafen konnte auch durch die Notverbindungen in den Nachkriegsunterkünften nicht rückgängig gemacht werden. Wo sie noch heute zusammengezwungen sind, hilft die Möbeltechnik, wenigstens tagsüber die Nachtspuren zu verstauen.[6]

Wie Arbeiten und Schlafen zog sich auch das Essen aus dem Wohnzimmer zurück. Es hat den großen Tisch mitgenommen, aber die Anrichte, das Büfett, den Vitrinenschrank mit dem ausgestellten Festtagsgeschirr zurückgelassen. Das heutige Knabbern aus kleinen Schalen ist wie das Krümellesen von den Mahlen, die im Wohnzimmer einmal für die Großfamilie gerichtet wurden.

Jedes Wohnzimmer enthält – darin dem Museum vergleichbar – Restbestände von erledigten Funktionen, die anschaubar geworden sind. In das Ausstellungsfeld des Wohnzimmers treten Blumen, Bilder, Nippes, Bücherrücken, Gesellenstücke hinzu, die nach dem Prinzip der Symmetrie gestellt, gehängt, hierarchisiert sind.

Diesen Ausstellungsraum schirmen Gardinen nach außen ab; sie wurden um so dichter, je heller das Licht war, das den Privathaushalten zugeführt wurde und dessen Inventar dem Blick der Passanten preisgegeben hätte.[7]

Wie im Museum werden manche Exponate des Wohnzimmers erst verständlich, wenn man sie in ihre ursprünglichen Funktionszusammenhänge zurückversetzt. Sie sind Relikte aus der Zeit, da der Wohnraum produktiv an allen Lebens- und Verkehrsbeziehungen beteiligt war.

II.

In den funktionalen Leerraum des Wohnzimmers zog die Sofa-, Sitz- oder Couchecke ein. Sie ist eine geschlossene Zelle. Vom Boden her durch einen Teppich ausgegrenzt, von der Wand her durch das Hauptbild ausgezeichnet, ist die Sitzgruppe durch eine Stehlampe als eigenlichtige Sondersphäre geweiht. In sich vollständig, autonom, exponiert sie sich doch nicht in der Raummitte, sondern erscheint immer abgerückt, zurückgezogen. Die Sessel umstellen Sofa und Tisch so, daß sie dem übrigen Zimmer den Rücken zukehren. Das ganze Zimmer wird ein Durchgangsraum, der über »Brücken« und »Läufer« zur Couchecke hinführt.

Die Sofaecke ist die jüngste Dingkonstellation im Wohnzimmer. Sie hat diesem einen ganz neuen Sinn gegeben. Henry van de Velde hatte 1897 vorgeschlagen, »daß jedes Zimmer einen Haupt- und Knotenpunkt hat, von dem sein Leben ausstrahlt und dem sich alle Gegenstände darinnen angliedern und unterordnen müssen«.[8] Im Anschluß daran forderte Karl Scheffler um 1905, daß »jedes Zimmer seinen Mittelpunkt habe, worauf das Leben des Raumes sich bezieht; im Wohnzimmer kann es eine gut gewählte Sofaecke sein«.[9] Daß das Leben des Raumes sich auf die Sofaecke bezieht, ergibt für diese eine Figur monadischer Eingeschlossenheit. In ihr ist der Hauptinhalt der Wohnkultur dieses Jahrhunderts repräsentiert: Gegen und für die Außenwelt Behaglichkeit und Geborgenheit möglich zu halten. Josef Strzygowsky sah 1907 in dem neuen Interieur ausgedrückt »die tiefe Sehnsucht nach Ruhe und Frieden, nach stillem Sein statt des ewig drängenden Werdens«[10] Von dieser symbolischen Form aus ließ sich »das Haus, als die Gemeinschaft der Familie« denken, von der angenommen wird, sie brauche »ihr Zuhause, ihre Lebensordnung, die Solidarität und Pietät, eine Verläßlichkeit aller, die sich gegenseitig im Ganzen der Familie ein Halt sind.«[11] Ein solcher Bedürfniskatalog war kaum aus der Beobachtung wirklicher Familienverhältnisse gewonnen, sondern eher aus der Erfahrung jener Dingkonstellation, die der im Hause eingeschlossenen Familie für die Aneignung jener Wertvorgaben erst einen Lehrraum anbot.

III.

Die Einzelelemente, die in der Couchecke zu einer neuen Konfiguration zusammentreffen, bringen besondere geschichtliche Erinnerungen ein.

Die *Ecke* ist im Hause immer ein signifikanter Ort gewesen. »Herrgottswinkel« hieß in Süddeutschland die Zimmerecke, in der ein Kruzifixus aufgehängt und Devotionalien abgestellt waren.[12] Der bürgerliche Wohnraum hat eine Ecke als Memorialbezirk eingerichtet: Die Ahnenbüste, Bildnisse, später die Fotos verstorbener Familienmitglieder finden hier hinter einer florealen Ausstattung ihren Platz. Nicht nur durch ihren Namen aktiviert die Sofaecke diesen Gehalt. Sie kann dem Wohnraum hinterlegt sein wie ein kirchlicher Altarbezirk. Wie dieser bewahrt sie das wichtigste Bild. Zur Ecke hingerückt, weiß sie deren sakralisierte Aura auch durch den weihevollen Schirm der Stehlampe innerweltlich nutzbar zu machen.

Das *Sofa* war für den Salon der Aufklärung als ein kommunikatives Möbel entwickelt worden. In ihm sind zwei Einzelsessel zu der alten Gemeinschaftsbank verschmolzen. Der Einzelsessel gibt im Sofa seinen zeremoniellen Solitäranspruch auf. Im Salon bildete das Sofa den programmatischen Kern einer *geöffneten* Zelle: Es stand mitten an der Längswand des Saales und hatte Einzelsessel neben sich, an die gleiche Wand gestellt. So war die Gruppe zum Gesamtraum hin exponiert und nach allen Seiten hin mitteilungsbereit. Leichtere Stühle konnten herangestellt werden. Das Ensemble, das nur eines der im Raum verstreuten Konversationsangebote war, erlaubte den freien Aus- und Zutritt. Auch der Form nach waren die Möbel nicht mehr die repräsentativen Rangträger, sondern ausschwingende, aktive Mobilitätssignale.[13]

So wie durchsichtige Bücherschränke im Salon die Bücher verfügbar machten und die Vitrinenschränke die Kleinode aus den verrätselten Kabinettschränken heraustreten ließen, so stellten die Möbelgruppen Sitzrechte und -ränge zur Disposition. Noch heute nutzen ranggleiche Staatsmänner gern diesen Gestus, indem sie sich kurz im Sofa nebeneinander zeigen.

In der modernen Sofaecke ist das Hauptstück zum ab- und einschließenden Mobiliar geworden. Die abgepolsterten Wangen erlauben keine Seitenwendung mehr. Der Entfaltungsradius endet an den frontal im Halbkreis plazierten Sesseln.

Zur Couchgruppe gehört der *Tisch*. Seit Menschenge-
denken waren die Sitzmöbel ihm attributiv zugesellt, blick-
ten zu ihm auf und richteten sich nach ihm. Auf ihm sammelte sich das Licht. In der Couchecke ist der Tisch bis zur
Kniehöhe abgesenkt und steht gleichsam den Sitzmöbeln zu
Füßen. Er füllt die leere Mitte des umstellten Raumbezirks
so, daß die festgesetzten Gruppenglieder herabblicken, in
sich gehen können und zu einer dauernden Innenwendung
angehalten sind.

IV.

Das heutige Interieur entstand jedoch nicht als Gegenent-
wurf zum Salon. Sein Pathos bezog das moderne Wohnzimmer aus dem Kampf gegen die gefrorene Form des Salons,
gegen die Gute Stube. In der bürgerlichen Wohnung war
sie um 1815 als ein tabuierter Raum aufgekommen, der
nur zu feierlichen Anlässen zugänglich war.[14] Der runde
Tisch stand mitten im Raum unter dem Lüster, umstellt von
Stühlen und einem schwer gewordenen Sofa. Über die Möbel waren schonende Überzüge gelegt. Die Fenster der Bücherschränke wurden mit grünen Vorhängen verhüllt. Die
gesprächigen Möbel aus dem Salon waren stumm und devot
geworden. Büchmann verzeichnet als geflügeltes Wort den
Ausruf einer Leipzigerin an den ihr zur Logie zugewiesenen
Prinzen Friedrich Karl von Preußen: »Königliche Hoheit,
kommen Sie, rein in die gute Stube!«[15]
Der Kampf gegen die Gute Stube, der gegen Ende des
vorigen Jahrhunderts ausgefochten wurde, ist sprichwört-
lich geblieben. Der in der Guten Stube stillgestellte Ener-
gieaufwand wurde anderwärts gebraucht. Cornelius Gurlitt
forderte 1888, daß die Gute Stube zu einem »Zentrum der
Familie« umgewandelt, daß sie geöffnet werden solle, damit
auch die Kinder »in den Möbeln des Wohnzimmers herum-

klettern« könnten. Fed nennt dann 1903 die Gute Stube »ein stickiges Museum von Häßlichkeiten«. Damals konnte die Gute Stube als erobert gelten, jedenfalls stellt Karl Scheffler um 1905 zufrieden fest, daß sich die Gute Stube »immer mehr in die Arbeiterwohnung zurückzieht, wo der Alltag und der Sonntag durch die Tätigkeit so sichtbar getrennt sind.«[16]

Die Sofaecke, die jetzt für die alltägliche Sozialisationsarbeit der Familie bereitgestellt wurde, erschien als geschlossene stilistische Einheit, als »Garnitur«. Doch es läßt sich nicht verläßlich angeben, woher sie eigentlich genommen wurde. Einiges spricht dafür, daß man Dispositionen in Cafés oder Kneipen im Auge hatte. Möglich ist auch, daß Arrangements in englischen Clubs eingewirkt haben, wie denn aus England und Schweden wichtige Impulse zur Auflösung der Guten Stube kamen.[17] Daß der Familienvater so häufig in die öffentlichen Lokale auswich, wurde gern als eine Folge wenig attraktiver Wohnungen angesehen.[18] Café- und Wirtshauserfahrungen scheinen Scheffler geleitet zu haben, wenn er seine Empfehlung, die Sofaecke exzentrisch aufzustellen, unvermittelt so begründet, daß die Zimmermitte »außer im Eßzimmer der unbehaglichste Platz im ganzen Raum ist.«[19] Die Angst davor, beobachtet und exponiert zu sein, die bei der außerhäuslichen Geselligkeit eine Rolle spielt, könnte die intime Vertraulichkeit, deren die Sofafamilie bedarf, unter den Schutz der Ecke gestellt haben.

V.

Die Sofaecke enthält ein langfristig angelegtes Programm, das erst nach dem Zweiten Weltkrieg alle Wohnzimmer wirklich erreichte. In manchen Wohnungen weist eine einsam mitten im leeren Raum hängende Deckenlampe auf ältere Stellschemata zurück. Die Couchecke zeigte sich immer intoleranter gegenüber Fremdkörpern; sie wurde erbfeindlich und mußte stilrein sein. Auch der geschlossene Stellplan setzte sich durch.[20]

Innerhalb dieser Grundstruktur jedoch blieb die Couchecke für Wandlungen empfänglich. Eines der interessantesten Motive, die in den fünfziger Jahren die Couchecke belebten, ist der Nierentisch gewesen. Zwischen den rundlichen, pausbäckigen Polstermöbeln bedeutete der leichtfüßige Nierentisch ein Ferment, das ungeregelte, bewegte Linienbeziehungen zwischen den Gruppengliedern einzufädeln suchte. Die Couchecke jener Jahre wollte unaufdringliche Vermittlungsdienste in einem gleitenden Werden und Wachsen leisten. Die Couchecke wurde als eine organische Zelle konzipiert.[21]

Die Nierentischkultur ist belächelt worden wie der Jugendstil. Seit den sechziger Jahren fegte der rechte Winkel durch die Stuben und Ecken. Die kantig und schwer gewordenen Polstermöbel, die um die geschliffenen Teaktische, dann um die in Stahl gefaßten Glas- und Marmorplatten gruppiert sind, konservieren die Zelle in einer kristallischen Struktur. Fixierung und Unverrückbarkeit bestimmten die Couchecke, als ihre Auflösung schon in Sicht war.

VI.

Eine schwere Krise schüttelt seit einigen Jahren die Couchecke.[22] Die Symptome ihrer Auflösung sind unübersehbar. Plötzlich wurde sie in »Elementen« angeboten, die eine beliebige Umgruppierung erlaubten. Gleichzeitig verlor das querformatige Couchbild seine Dominanz und löste sich in zwei- bis dreiteilige Bildgruppen auf.[23] Es tauchten fahrbare Sessel und Drehsessel auf, die jedem individuellen Bewegungsimpuls folgen konnten. Kugelsessel ermöglichten eine totale Selbstisolation.

Die Couchecke zeigt sich desorientiert, sie macht hilflose Gesten nach allen Richtungen. Die Grundposition bleibt die geschlossene Zelle, doch immer öfter zeigt sie offene Flanken. Unwiderstehlich rücken und drehen sich die Elemente von innen nach außen – zum Fernseher hin, der meist die Ecke besetzt hält. Das Fernsehgerät hat die geschlossene Zelle aufgebrochen und die offene Konstellation des Salons wiederherstellbar gemacht. Die Sessel könnten wieder neben dem Sofa an der Wand stehen. Der Tisch könnte ganz verschwinden. Der Raum könnte wieder zugänglich und transparent werden, durchlässige Kanäle anbieten, damit die Fernsehbotschaft ungehindert eindringen kann. Zwar strukturiert nicht mehr aufgeklärtes Räsonnement die Möbelgruppe, aber sie hat sich doch wie unter einem erlösenden Zauberstab vom konzentrischen Binnenzwang befreit und eine empfangsbereite Außenwendung vollzogen.

VII.

Offensichtlich war das Fernsehgerät, das eine öffentliche Institution vertritt, nicht mehr, wie noch das Radio, in die Couchecke zu integrieren. Als passives Möbelstück war es anzupassen, als aktives Medium jedoch sprengte es das geschlossene Beziehungssystem der Sofaecke.

Die Ohnmacht der Couchgruppe gegenüber dem Fernsehgerät ist deshalb verwunderlich, weil das Haus gegenüber öffentlichen Dienstleistungen immer wieder die erstaunlichsten Integrationsleistungen vollbracht hat. Die wichtigste war vielleicht die Privatisierung des WC, das lange noch ein externes Reglement auf der Etage erforderte. Auch die öffentlichen Wasch-, Bade-, Schwimm- und Saunaanstalten sind längst in der Wohnung privatisiert. Die Wohnung hat auch die Eigenküche gegen alle rationalistischen Vorschläge verteidigt, mit enormem technischen Aufwand sogar ausgebaut, so daß die letzten Vertreter der Öffentlichkeit im Hause, das Dienstpersonal, entbehrlich wurden.[24] Mit der Stereoanlage ist der Konzertsaal, mit der Hausbar die Gaststätte integrierbar geworden. Nur das »Heimkino« fordert einen grundsätzlichen Tribut, und die Bereitwilligkeit, mit der er gezahlt wird, läßt daran zweifeln, ob er die unmittelbare Ursache des Auflösungsprozesses ist. Auch die Weiterungen, die er zu entfalten beginnt, offenbaren mehr als nur technische Beweggründe.

Mit dem Nukleus des Wohnzimmers sind dessen Qualitäten allesamt in eine fast panische Schleuderbewegung hineingerissen. Nicht nur Grobmülltage in den Großstädten zeugen dafür. Auch innerhalb der Wohnungen hat eine Art Verteilungskampf um die Erbmasse des Wohnzimmers eingesetzt: Küchen werden zu Wohnküchen umgebaut, oft mit Hilfe eines »altdeutschen« Eichendekors. Bäder werden als Wohn- oder Familienbäder mit farbigen Kacheln, lüsterartigen Lampen und gartenhaften Pflanzenarrangements angeboten; die Reklame zeigt immer häufiger ganze Familien in der Badewanne oder in der Sauna. Auch die Schlafzimmer ziehen unübersehbar Elemente des Wohnzimmers an sich. Vor allem aber expandiert das Wohnzimmer nach außen: Schon länger spricht man vom »Wohngarten«, und mit dem Wohnwagen wird ein oft intakt gehaltenes Interieur mobil.[25] Die Außenwelt insgesamt, Natur- und Geschäftszonen, werden Gegenstand eines empfindlichen Interesses, das im Grunde Wohnqualitäten nach außen projiziert. Die Ausbürgerung des Wohnzimmers scheint auch eine Revision der grundlegenden Trennung von Wohnen und Arbeiten möglich zu machen: schon stehen die ersten Bürohochhäuser, in denen sämtliche Wohnzimmerwünsche in die Arbeitssphäre eingebracht sind.[26]

Die Couchecke, die sich in diesem Jahrhundert als Symbol einer abgeschirmten, intimisierten Privatexistenz ausgebildet und durchgesetzt hat, ist im Begriff, sich in der Außenwelt aufzulösen. Es ist den Dingen nicht mehr abzulesen, ob dadurch die Welt wohnlich werden kann oder eine der letzten Gegenwelten aufgezehrt wird.

III.

Cranachs Luther. Entwürfe für ein Image

Vorgaben für Cranach

Als Sohn eines Bergmannes gehörte Martin Luther nicht zu dem Kreis der Personen, denen ein »Conterfetter«, ein Bildnismaler, schon an der Wiege gestanden hätte.

Das gemalte, selbständige Bildnis war in der zweiten Hälfte des 14. Jahrhunderts aufgekommen und galt der Erscheinung hoher Fürstlichkeiten. Erst im Verlauf des folgenden Jahrhunderts traten hohe Hofbeamte und reiche Bürger, geistliche und weltliche Würdenträger aller Art, mit Bildniswünschen an die Maler heran. Fürsten und Würdenträger nutzten Bildnisse zur Repräsentation an markanten Plätzen in Kirchen oder Palästen; auch wird es üblich, im zwischenhöfischen Verkehr Bildnisse auszutauschen, etwa dann, wenn man Ehen anzubahnen hatte. Auch in bürgerlichen Kreisen waren »Verlöbnisbilder« verbreitet, mit denen man Eheversprechen, vielleicht rechtswirksam, dokumentierte. In den Kunsttheorien wird als Motiv für eine Bildnisherstellung auch das Bedürfnis genannt, sich dem »Gedächtnis« der Nachfahren zu überliefern, ein Motiv, das auch noch bei fotografischen Portraitaufnahmen mitschwingt.

Da es heute, nach der Einführung der Ausweispflicht, von jedem deutschen Bürger wenigstens eine Portraitaufnahme gibt und wir theoretisch über eine Gesamtphysiognomie der Deutschen verfügen, ist es vielleicht nicht leicht nachzuvollziehen, daß um 1500 die Bildnisaufnahme noch ein Privileg weniger Menschen war. Unsere Kunst und Kulturgeschichten berichten gerne, daß im Zeitalter der Renaissance das Individuum neu erwacht sei, und die Verbreitung des Bildnisses rechnet zu den wichtigsten Anhaltspunkten einer solchen Entwicklung. Dank der Bildnisse verbinden wir mit großen historischen Figuren des Renaissance-Zeitalters auch bestimmte Physiognomien. Wie von Kaiser Karl V., Papst Leo X. oder von Friedrich dem Weisen, können wir von Luther anhand der fast fünfhundert überlieferten Bildnisse[1] eine genaue Vorstellung gewinnen, während wir etwa von Luthers Vorläufern, John Wiclif oder Johannes Hus, nicht ein einziges zeitgenössisches Bildnis besitzen.

Dennoch ist auch im Renaissance-Zeitalter das Bildnis eines Menschen, nicht anders als heute, erst unter bestimmten Voraussetzungen entstanden und verbreitet worden. Luther hatte schon als Mönch, bald auch als junger Professor sehr persönliche Glaubens und Lebensentscheidungen hinter sich, ohne daß er selbst oder irgendein Zeitgenosse das Bedürfnis hatte, sein Gesicht gemalt oder gezeichnet zu sehen. Denn wiewohl Luther dank verwandtschaftlicher Beziehungen der Mutter durchaus in besseren Kreisen verkehrte, genügte es für einen Menschen seiner Herkunft in der Regel nicht, über ein ausgeprägtes Individualbewußtsein zu verfügen, um zu einem Bildnis zu gelangen. Vielmehr mußte eine Öffentlichkeit an seinem Gesicht interessiert sein. Deren Bildnisverlangen aber hatte kaum andere Kriterien als diejenigen, die heute darüber entscheiden, wer sein Gesicht in der Presse wiedergegeben findet: Jeder hat diese Chance, wenn er berühmt oder berüchtigt wird. Positive Leistungen, etwa geistiger oder militärischer Art, machten Bildnisse ebenso erforderlich wie negative Leistungen, etwa verbrecherischer oder sonstwie herausfallender Art. Anders als Prinzen, deren Konterfei schon im Säuglingsalter aufgenommen und verbreitet werden konnte, hatte ein normales Baby nur Bildnischancen, wenn es als Siamesischer Zwilling, mit einem Wasserkopf oder vollbehaart auf die Welt gekommen war; dann konnte selbst Dürer seinen Stichel in Bewegung setzen, um das »Curiosum« oder »Monster« in Flugschriften zu verbreiten. Aber auch Verbrecher wurden seit dem 14. Jahrhundert mit Hilfe von Bildnissen gesucht und »in effigie« hingerichtet. Ein normaler Sterblicher konnte sein Bildnis verbreitet sehen, sobald er sich anormal gebärdet hatte.

Luther hatte schon einige Skandale hinter sich, als er mit 36 Jahren zum ersten Mal im Bildnis erschien. Er hatte die 95 Thesen gegen den Ablaß herausgebracht, die sich rasch über ganz Deutschland verbreiteten. Es waren Gegenthesen erschienen, Disputationen angesetzt und im Juni 1518 ein kanonischer Prozeß eingeleitet worden. Sein Landesherr, Friedrich der Weise, erreichte es, daß Luther zur Verhandlung nicht nach Rom, sondern zu dem päpstlichen Legaten Cajetan nach Augsburg reisen mußte. Obwohl zum dortigen Reichstag viele Künstler, darunter auch Dürer, zusammengeströmt waren, nahm keiner das kurze Auftauchen des Mönches zum Anlaß eines Bildnisses. Während Luther in »Sermonen«, die er veröffentlicht, seinen Standpunkt präzisiert und erweitert, kommt es seit Ende Juni 1519 in Leipzig zu einer aufsehenerregenden Disputation, in der sich der kluge katholische Theologe Johannes Eck und Martin Luther hinter Kathedern, die jenen unter ein Bild des hl. Georg, diesen unter das Bild des hl. Martin stellen, gegenüberstehen. Es gelingt Eck, Luther zu unvorsichtigen Aussagen zu provozieren: Es sei für das persönliche Heil nicht notwendig, den Papst als Stellvertreter Christi anzusehen; im übrigen hätten in der Vergangenheit selbst Konzilien geirrt, wie das in Konstanz, wo Johannes Hus zu Unrecht verurteilt worden sei. Zwar jubelten die in Leipzig anwesenden Prager Studenten über diese Rechtfertigung ihres Landsmannes, aber für Luther selbst war eine höchst gefährliche Situation entstanden, da er sich zum ersten Mal mit einem verurteilten Ketzer solidarisiert hatte. Eck nagelte Luther triumphierend auf dieses Eingeständnis fest, und dessen Landes- und Dienstherren, Friedrich dem Weisen, teilt er diesen Tatbestand mahnend mit. Das Schicksal des als hussitischer Ketzer gebrandmarkten Martin Luther versprach eine Sensation.

Dies war der Augenblick, in dem ein Leipziger Drucker, Wolffgang Stöckel, auf dem Titelblatt für eine gedruckte Predigt, in der Luther sich gegen den Vorwurf der Ketzerei verteidigt, das früheste Lutherbildnis in Umlauf bringt, von dem wir Kenntnis haben. Der Verleger muß es eilig hergestellt haben. Denn die Umschrift des Bildnismedaillons ist so in den Holzstock geschnitten worden, daß die Worte DOCTOR. MARTINUS LUTTER. AUGUSTINER: WITTENB. seitenverkehrt zu stehen kamen. Wo die Kreisform in die Rechteckrahmung, die das Medaillon zwischen Titulatur und Impressum spannt, eingelagert werden soll, kommt es am linken Rand nur zu einer verknautschten Tangente. Da auch der verhaltene Redegestus nicht mit der linken, sondern mit der rechten Hand zu vollziehen ist, muß man sich die Dreiviertelfigur Luthers im Spiegel ansehen, um die ursprüngliche Anlage, die vielleicht einer Zeichnung oder einer Medaille entnommen ist, gewahr zu werden.

Trotz der improvisierten Herstellung ist das Bildnis nicht ohne Aussagewert. Die Gestalt des schmächtigen Mönches mit Doktorhut und in mächtig ausbauschender Kutte über der »Lutherrose«, die er sich 1516 aus Teilen des Familienwappens zum Siegel zusammengestellt hatte, wird von dem Rahmenwerk wie durch die Linse eines Fernglases vor Augen gestellt. Das in den Kreis gerückte Kniestück, das die Figur im Dreiviertelprofil und in argumentierender Rede zeigt, läßt Luther im Habitus einer jener heiligen Randfiguren erscheinen, wie sie auf Rahmen von Fresken oder Buchillustrationen, hier auf der Randleiste zu dem Holzschnittbildnis eines italienischen Humanisten vom Jahre 1507, üblich waren. Das Bildnis kündigt also die Rede eines heiligen Mannes an. Seine Physiognomie interessiert noch nicht. Niemand hat in den grob und summarisch umrissenen Zügen dieses Gesichtes eine Ähnlichkeit zu Luther entdecken können. Hier erscheint er als Typus, als ein Mönch, der wie ein Heiliger spricht. Die Umschrift allerdings, deren Lettern in ein kreisrundes Band gefaßt sind, wertet den Anspruch des Bildnisses etwas in Richtung auf ein Siegel oder eine Medaille auf; sie zielt nicht mehr so sehr auf den heiligen Mönch, sondern bekräftigt die Autorität des Augustiners und Wittenberger Doktors. Diese in den Holzschnitt übertragene Medaillenhoheit war damals noch durchaus etwas Seltenes, so daß der Bildkundige möglicherweise beim Anblick dieses ersten Lutherbildnisses sogleich an ein prominentes Gegenbeispiel dachte, das der Augsburger Maler Hans Burgkmair acht Jahre zuvor für das Bildnis des gewaltigen Papstes Julius II. erstellt hatte. Der Augsburger Stadtschreiber und Humanist Konrad Peutinger hatte Burgkmair Vorlagen für das Bildnis, darunter vielleicht eine italienische Bildnismedaille, beschafft. Burgkmair entwickelte daraus einen der frühesten Farbholzschnitte und lagerte das medaillenförmige Kreisrund einem quadratischen Rahmen ein. Ein solcher Außenrahmen umgibt als Hochrechteck auch das Medaillonbildnis Luthers von 1519.

Wenn es damals jemanden gegeben hat, der die Rahmenbeziehungen zwischen diesen beiden Holzschnittbildnissen bewußt gesehen hat, dann wird er auch bemerkt haben, daß bei dem Lutherbildnis zwischen Rahmen und Figur eine Lücke klaffte. Burgkmair hatte den Papstkopf medaillengerecht ins Profil gesetzt und dennoch die markanten Züge dieses Papstes, den man »il Terribile« nannte, prägnant und plastisch vor einem belebten Untergrund herausgearbeitet; die Kappe erweitert den Hinterkopf fast zu einer Kuppel, die denn auch in den Rand der Legende übergreift und dort die Worte auseinanderdrängt. Der Papst, der den Bau jener Peterskirche in Gang gesetzt hatte, den sein Nachfolger, wie Luther in seinen Thesen sagte, »mit Haut, Fleisch und Knochen seiner Schafe«, weiterzubauen gedachte, dieser Papst ist hier von Burgkmair für das deutsche Publikum so ins Bild gebracht worden, daß man sich eine Vorstellung von der Energie eines italienischen Renaissanceindividuum bilden konnte. Demgegenüber verharrt das erste Luther- bildnis in einer illustrativen, spätmittelalterlichen Zagheit, die den schmächtigen Mönch einsam in einen leeren Kreis stellt. Dürer hat im gleichen Jahr 1519 Kaiser Maximilian, der soeben gestorben war, in einem großen Holzschnitt monumentalisiert. Aus solchem Holz schienen die Figuren geschnitzt, die den geschichtlichen Rahmen zu sprengen beanspruchten. Wer damals das harmlose Lutherbildnis neben die Bildnisdrucke anderer wichtiger Zeitgenossen legte, mußte sich sagen, daß hier ein Mönch von vornherein zum wehrlosen Opfer bestimmt war; er mochte sich auch wünschen, daß dem mutigen Mönch aus der Provinzstadt Wittenberg ähnliche Imageschöpfer beispringen sollten wie den Großen auf der politischen Bühne.

Cranachs erste Entwürfe

Albrecht Dürer hat vielleicht als erster empfunden, daß der Luthersache mit einem angemessenen Bildnis des Refor- mators ein wichtiger Dienst zu leisten wäre. Jedenfalls geht von ihm der Anstoß dazu aus, daß das Lutherbildnis in die Hand von Könnern geriet.

Im Jahre 1520 hat sich Dürer in einem Schreiben an den humanistischen Geheimsekretär Friedrichs des Weisen, an Georg Spalatin, für die Zusendung reformatorischer Schrif- ten, darunter auch solcher von Luther, bedankt. Spalatin oblag am wittenbergischen Hof das, was man heute die »public relations« nennen würde. Dazu gehörte seit 1517 auch die publizistische Auswertung und Kontrolle der umwälzenden Anstöße, die der hitzige Professor an der neu gegründeten Universität Wittenberg gab. Luthers Thesen erhöhten die Anziehungskraft der jungen Universität, die neue Studenten gut gebrauchen konnte. Doch durfte darüber die ausgewogene und feingesponnene Außenpolitik des Kurfürsten nicht in Mißkredit geraten. Daß Spalatin Dürer Schriften Luthers zugeschickt hatte, war wohl einer der wohlberechneten Schachzüge, den neuen Ideen bei seriösen Leuten Rückhalt zu verschaffen. In Dürers Dankesbrief an Spalatin findet sich denn auch eines der wenigen Bekenntnisse des Künstlers zu Luther. Er bittet, Luther dem Kurfürsten anbefohlen sein zu lassen, da es um die christliche Wahrheit ginge, an der uns mehr liegen müsse als an allen Reichtümern der Welt. Dann fügt er hinzu: »Und hilft mir got, das jch zw doctor Martinus Luther kum, so will jch jn mit fleis kunterfetten und jn kupfer stechen zw einer langen gedechtnus des kristlichen mans, der mir aws grossen engsten gehollfen hat«.[2] Der Wunsch Dürers, Luther zu konterfeien und in Kupfer zu stechen – ein Wunsch, der nie in Erfüllung gegangen ist –, ergab sich aus der Einsicht, daß noch kein Bildnis vorlag, durch das dem christlichen Mann ein langes Gedächtnis gesichert wäre. Daß Dürer Luther nicht etwa zeichnen oder malen, sondern »in Kupfer stechen« wollte, zielt auf Nutzungsmöglichkeiten dieses Mediums, die Dürer soeben erst erprobt hatte. Sein Bildnisholzschnitt Kaiser Maximilians, der rasch große Verbreitung fand, war Dürers erstes Bildnis in dieser Technik. Soeben auch hatte er sein erstes Bildnis in Kupfer gestochen, und dem Brief an Spalatin legte er drei Abzüge dieses Stiches bei. Es ist der »Kleine Kardinal«, Dürers erstes Bildnis des Kurfürsten und Erzbischofs von Mainz, des Kardinals Albrecht von Brandenburg. Er berichtet an Spalatin, daß er dem Erzbischof nicht nur 200 Abzüge, sondern auch die Druckplatte zugeschickt habe. Das Bildnis sei auf Wunsch Albrechts hergestellt und von diesem gut entschädigt worden.

Das Geschäft, in das Dürer eingestiegen war, hat der Geschichte des Bildnisses ganz neue Dimensionen eröffnet. Das gemalte oder skulpierte Bildnis konnte zwar mit einigem Aufwand wiederholt werden, im Grunde aber blieb es ein standortgebundenes Unikum. Schon im 15. Jahrhundert hat es gedruckte Bildnisse gegeben, meistens für Bücher. Wenn Herrscher ihr Bildnis vervielfältigt haben wollten, ließen sie es gewöhnlich in Medaillen prägen. Daß Fürsten ihr Bildnis im billigen Medium der Drucktechniken gemein werden ließen, gab der Bildnispolitik der Herrscher eine neue Qualität. Im späteren 15. Jahrhundert, vornehmlich im Zusammenhang der Türkengefahr, waren von den Höfen, nicht zuletzt von Kaiser Maximilian, Flugschriften und -bilder ausgegeben worden. Sie zielten nicht mehr nur auf die verfassungsmäßig zuständige Öffentlichkeit, die Stände, sondern vor allem auf eine breitere Öffentlichkeit, die auch durch den »gemeinen Mann« vertreten war. Jetzt gaben die Fürsten auch ihr Bildnis in dieses Medium ein; der »Landesvater« sucht sein Bild in die Herzen der Untertanen, wo bisher nur Christus-, Maria- und Heiligenbilder Platz hatten, einzusenken. Obwohl wir über die praktische Verwendung solcher Druckerzeugnisse wenig wissen, ist denkbar, daß das Bildnis des Fürsten in Amtsstuben, Schulen und Privathaushalten an die Wand geheftet wurde. Das von Künstlern feilgebotene Fürstenbildnis war eines der Mittel, mit denen neuzeitliche Fürsten ihre Machtposition über die überkommenen Stände hinweg auf breitere Gesellschaftsschichten gründen wollten.

Dürer also hat mit seinem Wunsch, Luthers Bildnis zu stechen, und mit seiner Beigabe von drei Abzügen des »Kleinen Kardinals« dem zuständigen Mann am Hofe Friedrichs des Weisen den Tip gegeben, für die reformatorischen Belange doch das wirksame Medium des Bildnisdruckes einzusetzen. Spalatin scheint den Wink sogleich verstanden zu haben, denn in unmittelbarer Reaktion auf Dürers Sendung setzt sich der Hofmaler in Wittenberg, Lucas Cranach, daran, sein erstes Luther-Bildnis in Kupfer zu stechen.

Cranach, seit 1505 bestallter Maler am Wittenberger Hof, hatte schon vor Dürer den Bildnisstich gepflegt und bereits 1509 ein Bildnis Friedrichs des Weisen herausgebracht. Die mächtige Gestalt dieses Fürsten wird mit feinen, engliegenden Strichlagen, wie durch ein Wechselspiel von hellen und dunklen Flecken, mühsam aufgebaut. An Dürers »Kleinem Kardinal« konnte Cranach nun lernen, eine Figur vom Umriß, also von einem anschaulichen Begriff her zu erfassen, so daß eine sparsame Binnenzeichnung die Charakteristika prägnant bezeichnen konnte.

Lerneifrig nimmt sich Cranach Dürers Bildnis des Mainzer Erzbischofs vor und fertigt danach eine um zwei Zentimeter (16,8 × 11,5) vergrößerte Kopie an. Doch müssen auch Anweisungen Spalatins vorgelegen haben, denn Cranach führt einige Änderungen ein, die nicht nur dessen Alter auf dreißig Jahre aktualisieren, sondern auch dessen Charakter merklich beeinflussen. Dürer hatte den Oberkörper hinter einer Inschrifttafel aufgebaut, ihn kantig und hager zum Unterbau eines Kopfes ausgestaltet, dessen Augen über der streng vertikalen Vorhangstange ernst herausblicken, so daß das Gesicht eine Würde gewinnt, die dem Anspruch von Wappen und langer Titulatur gerecht zu werden sucht. Aus diesem seriösen Kirchenfürsten ist bei Cranach ein etwas apathischer Jüngling geworden. Der Rahmen mit Inschrift und Tafel, die dem Bildnis Denkmalwürde geben sollen, ist aus Dürers Vorlage genau übernommen. Trotz des größeren Formats erscheint bei Cranach ein

Oberkörper mit schmalen, flach ausgerundeten, hängenden Schultern. Das wellige Haar ist glatt geworden. Über einem herausdrängenden Bauch sind die Knöpfe des Mantels aufgegangen. Bei Dürer reckt sich die Gestalt an der Geraden, die über den Mantelverschluß und das Gesicht bis in den Hut verläuft, aufrecht entlang, während Cranach um die hängenden Wangen des Kardinals einen Anflug von müder Gleichgültigkeit legt, so als habe man ihn soeben geweckt.

Die Forschung, soweit sie die Kopie nicht für eine Gehilfenarbeit hält, erklärt diese auffälligen Unterschiede gern mit dem künstlerischen Unvermögen Cranachs, der hier ungeübt an ein Stechwerk gegangen sei: »Während der Stecher die Gesamtordnung beibehält, offenbaren die geringfügigen Unterscheidungen die Kluft zwischen dem Meisterstich und der unempfindlichen Nachahmung, die bis in die Typographie hinein wahrzunehmen ist. Aus dem grundsätzlichen Mangel an genauer, körperbildender Zeichnung, an geordnet-abgestuftem Licht-Schatten-Relief, kurz an Habitus geistig-sinnvoll wirkender Figur, folgen alle anderen, nicht glücklich getroffenen Unterschiede: das Wegrücken aus dem Licht, die gleichförmige Rundung des Schulterkonturs, das Schließen des Kragens und unbegründete Öffnen des Mantels mit den Knopfpaaren; in der Höhe wird der Wappenlöwe hinter dem Barett ebenso fortgelassen wie die Quasten des Kardinalhutes, dessen Scheitelsteg nicht mehr die kräftige Wirkung zeigt, das ›Brandenburgensis‹ aus dem Schriftblock zu drängen.«[3]

Die Technik Cranachs ist gewiß weniger vollkommen als die Dürers, doch aus Unvermögen glättet man keinen Schulterkontur, schließt man keinen Kragen, läßt man einen Mantel nicht aufspringen oder verdeckt man keinen Wappenlöwen.

Der Qualitätsabstand bietet auch deshalb keine Erklärung, weil ein anderer Bildnisstich, den Cranach gleichzeitig herstellte, immer zu den Spitzenleistungen deutscher Bildnisgraphik gerechnet wird. Dieses erste Lutherbildnis Cranachs ist deutlich in Analogie, wahrscheinlich sogar als Pendant zu dem Dürer abgesehenen Stich des Kardinals Albrecht entstanden. Die Differenz im Format – der Albrechtstich mißt 16,8 × 11,5 cm, der Lutherstich 13,8 × 9,5 cm – behindert ein Gegenstückverhältnis nicht. Jedenfalls ist der Entstehungshergang deutlich: Nachdem Dürer dem Spalatin seinen Wunsch mitgeteilt hatte, bei Gelegenheit ein Lutherbildnis zu erstellen und als Beleg seines Könnens einen Bildnisstich Albrechts beigelegt hatte, ging Cranach daran, die Bildnisse der beiden Kontrahenten zu stechen. Albrecht von Brandenburg ist als Erzbischof von Mainz der Adressat von Luthers 95 Thesen und der eigentliche Gegenspieler des Reformators gewesen.

Daß sie zusammen zu sehen sind, darauf verweist die gleiche Anlage der Brüstung mit Inschrift, die Cranach bei Luther mit einem waagerechten Parallelstrich zu einer richtigen steinernen Platte monumentalisiert. Dem jungen, aber schon energielosen Erzbischof, Kardinal und Kurfürsten aus Mainz, an dem Falten und Formen müde herabhängen, und von dem auf der Tafel, wie bei Dürer, versichert wird, daß seine Augen, seine Wangen, seine Mundwinkel tatsächlich so aussahen – diesem hochdekorierten Kirchenfürsten wird gegenübergestellt das Bildnis des jungen Mönches aus Wittenberg: Barhäuptig, unverhüllt, geradeheraus; der markante Kopf, ebenfalls im Dreiviertelprofil, ragt über einer Brust, die durch den Schulterkragen der Kutte wie zu einer Büstenform zusammengefaßt ist, welche sich als solche ausdrücklich von der Kante der Inschriftplatte abhebt. Hingen beim Kardinal Schultern und Formen müde herab und legte sich ihm der Kragen in gemächlichen Falten um den Hals, so schießen sie über der Brust des Mönches unruhig hin und her und bündelt sich der Kragenausschnitt mit der zurückgeschlagenen Kapuze zu einer demonstrativen Energieform, aus der Hals und Kopf ruckartig hervorspringen. Tupft der Stichel über das Gesicht des Kardinals leichte Schatten, welche die aufgeschwemmte Backe zerfließen lassen, so zeichnet er bei Luther die Bestandteile des Gesichts in Bogenschwüngen heraus, festigt das Gesicht durch Kreuzschraffen, die sich vom Hals bis unter das Jochbein wie zu einer Narbe verdichten. Es ist ein Charaktervergleich zwischen dem Erzbischof, der die Luthersache hinhaltend zu behandeln suchte, und dem Mönch, der soeben die päpstliche Bannandrohungsbulle empfangen hat, die er im Dezember des gleichen Jahres 1520 verbrennen wird. Cranach hat zur gleichen Zeit seine protestantische Bildpolemik ganz auf solche moralischen Antithesen aufgebaut.

Ob die beiden Stiche als Pendants konzipiert sind oder nicht, muß letztlich offen bleiben; sicher aber ist, daß das erste Bildnis des Reformators, das Anspruch auf Ähnlichkeit stellte, diese Ähnlichkeit an dem Bildnis eines hochgestellten Rivalen maß und entsprechend steigerte; es ist ein heroisierter Luther, der dem Erzbischof standzuhalten hat. Dabei mögen die freundschaftlichen Beziehungen Cranachs zu Luther eine Rolle gespielt haben; im gleichen Jahr war Luther Taufpate von Cranachs Tochter geworden, und fünf Jahre später wird Cranach Luthers Trauzeuge, dann auch Pate eines seiner Kinder. So sehr persönliche Sympathie in die Gestaltung des Bildniskopfes mit eingeflossen sein kann, so deutlich ist doch der Kopf abgehoben und in eine Sphäre entrückt, die eine persönliche Nähe kaum zuläßt.

Dieses Bildnis gilt seit langem als authentisches Zeugnis für das Aussehen des echten, eigentlichen jungen Luther. Alles, was den Reformator aufgewühlt haben mag, wird in das Bildnis hineingesehen: »Das Bild des von Nachtwachen erschöpften Augustinermönchs«, so charakterisiert Wilhelm Worringer den Stich, »Unter den mächtigen

Stirnwulsten liegen, wie kranke Tiere in tiefen Höhlen, die Augen mit dem verschleierten scheuen Blick, in dem heimlich noch die Asche schmerzlicher Verzückung glüht«.[4] Dieses nachmals so populäre und vertraute Bildnis jedoch ist damals nicht ausgeliefert worden. Anläßlich der großen Cranachausstellung in Basel 1974 ist festgestellt worden, daß nur drei zeitgenössische Drucke des Bildnisses nachweisbar sind. Es sind dies zwei Probedrucke eines ersten Zustandes, die in Wien und Washington aufbewahrt werden, und die die Inschriftplatte, wie in Dürers »Kleinem Kardinal«, noch mit einer einfachen Linie abschließen lassen. Ein weiterer Probedruck, von dem sich nur ein Exemplar in Weimar erhalten hat, zeigt die zweite Waagerechte und die kurzen Vertikalschraffen über der Schrift, die die Inschrifttafel zu einer platte verstärken; zusätzlich erscheint in der oberen Ecke links der Kopf eines bärtigen Mannes, von dem aus gegen Luther Strahlen gerichtet sind – wahrscheinlich die Zutat eines Werkstattgenossen Cranachs. Dieser Kopf ist für den endgültigen Zustand gelöscht, doch bleiben Spuren von ihm erkennbar. Von diesem letzten Zustand gibt es etwa dreißig Abzüge aus dem 16. Jahrhundert, doch die meisten Papiere, denen sie aufgedruckt sind, weisen Wasserzeichen auf, die in die Jahrzehnte um 1570 zu datieren sind. Auch die auffällige Tatsache, daß es keine Kopien dieses Cranachbildnisses von Luther gibt, läßt den Schluß zu, daß dieses berühmteste aller Lutherbildnisse zu seiner Zeit weder ausgedruckt noch ausgeliefert wurde.

Dieter Koepplin, der diese Ergebnisse mitgeteilt hat, vermutete, daß die Veröffentlichung des Bildnisses von Spalatin »anscheinend geradezu verhindert wurde«, und daß sich »hindernd offenbar genau das auswirkte, was wir heute bewundern: die physiognomische Prägnanz und künstlerische Ökonomie, die Absenz aller leeren Äußerlichkeit«.[5] Für den Hof also hätte Cranach durch dieses Bildnis die reformatorische Angelegenheit zu sehr auf einen Kopf, auf eine individuelle Handlung abgestellt, zu sehr, vielleicht, auf einen »Dickkopf«. Diese Cranachsche Deutung, welche auch die sächsische Politik auf den Willen eines einzelnen Mönches verpflichtet hätte, war weder diplomatisch noch opportun, denn es stand, nach der schwierigen Wahl Kaiser Karls V., der Wormser Reichstag bevor, auf dem die Luthersache nach den Vorstellungen Friedrichs des Weisen gütlich geregelt werden sollte. Dazu bedurfte es neben einer Kompromißbereitschaft Luthers auch der Hilfe des Mainzer Erzbischofs, der für die Forderungen Luthers immer noch ein gewisses Verständnis aufbrachte. Spalatin hat deshalb noch 1521 eine Schrift Luthers gegen den Ablaßhandel des Erzbischofs unter dem Titel »Wider den Abgott zu Halle« zurückgehalten. Vielleicht hat der Hof auch Cranachs erstes Lutherbildnis zurückgehalten, weil es in Vergleich gebracht war zu dem Bildnis des Erzbischofs von Mainz und dieser Vergleich dem feist-genießerischen Kardinal einen asketisch-wahrhaftigen Mönch gegenüberstellte. Ein brauchbares, dem wittenbergischen Hof dienliches Bildnis Luthers durfte offenbar nicht den Anschein erwecken, als suche mit der Reformation ein wacher Geist seinen Kopf durchzusetzen, sondern mußte, umgekehrt, den Reformator in einer konventionellen Rolle zeigen, damit seine Ideen auf dem bevorstehenden Reichstag für alle einsichtig und verhandelbar waren. Cranach hat dieses Rollenbild Luthers umgehend geliefert.

Das zu seiner Zeit populärste Lutherbildnis Cranachs, das immer wieder gedruckt, kopiert und variiert worden ist, erscheint heute eigentlich nur noch in der Fachliteratur oder in illustrierten Reformationsgeschichten. Es unterscheidet sich so sehr von dem ersten, nicht ausgegebenen Lutherbildnis Cranachs, daß man um 1900, als man noch an die ungebrochene Identität des schöpferischen Künstlers glaubte, die Autorschaft Cranachs in Zweifel zog. »Da nun beide Stiche sicher in demselben Jahre und zwar sehr wahrscheinlich in keinem großen zeitlichen Abstand von einander entstanden sind, ist es schon dadurch beinahe ausgeschlossen, daß beide von derselben Hand sein können, d. h. daß Lucas Cranach auch das Bildnis mit der Nische, das ja vom künstlerischen Standpunkt aus eine Verschlechterung des Urbildes bedeutet, gestochen haben könne. So etwas macht kein Künstler und hat keiner je gemacht.«[6] So hat Eduard Flechsig sich den Abstand zwischen den beiden unmittelbar einander folgenden Werken erklärt: Es konnte nicht dieselbe Hand am Werke gewesen sein.

Diese Meinung hatte lange Gültigkeit, doch die jüngere Forschung hat den Bildnisstich wieder rehabilitiert, so daß er für die Beurteilung von Cranachs Lutherbild die gleiche Aufmerksamkeit verdient wie der heute zugänglichere erste Bildnisentwurf.

Da der Stich sogleich eine weite Verbreitung fand, darf man davon ausgehen, daß es das offizielle Bildnis war, das der Wittenberger Hof dem Publikum unterbreitet wissen wollte.

Dem Bildnis bleibt die Inschrifttafel erhalten, wenn auch die monumentalisierte Oberkante wieder auf eine einfache Linie zurückgenommen und die Tafel insgesamt zu einer Leiste verschmälert ist, wodurch der Oberkörper bis zur Gürtellinie sichtbar werden kann. Der Mönch erscheint nicht mehr zeitlos wie eine metallische Büste vor neutralem Hintergrund, sondern hinterfangen von einer Nische, deren Schattenpartien dem Gesicht die bewegten Linienzüge entzogen haben, so daß dieses in einem milden Licht verklärt erscheint. Raum- und Zeitkategorien sind bereitgestellt, um den Mönch tätig zu zeigen: Der Oberkörper bekommt zwischen Nische und Inschriftplatte einen Aktionsradius abgesteckt, und der tiefere Ausschnitt erlaubt es, Luther die Bibel in die Hand zu geben. Aus ihrer Lektüre ergibt sich der Himmelsblick, den die Linke gestisch begleitet. Es ist ein meditativ eingestimmter Luther, der nicht schon weiß, sondern erwägt, argumentiert und wohl auch zweifelt. Während der Backenkontur vom ersten Bildnis fast unverändert übernommen wird, ist die Kinnpartie etwas aufgefüllt, der Mund etwas weniger verkniffen, die Augen etwas weiter geöffnet, das Ohr etwas weniger ausgeformt, die Gesichtslandschaft insgesamt nicht mehr knochig und muskulös durchgebildet, sondern alle Spannung in eine erleuchtete Hingebung aufgelöst. Entspannung auch im Faltenwerk: die Kapuze ist nicht mehr aus der Kutte zur energischen Schlaufe entwickelt, sondern sinkt zu gemächlichen Falten in sich zusammen, und die Strichlagen flackern nicht mehr unruhig, sondern in zusammenströmenden Bahnen über den Schulterkragen.

Diesen mild und friedlich gestimmten, gesprächsfähig gehaltenen frommen Mann wollte der Wittenberger Hof vor dem Wormser Reichstag präsentiert sehen. Die Luther durch dieses Bildnis zugedachte Rolle läßt sich präzisieren, denn das Bildnis ist ausgestattet mit einigen Attributen, welche die Person Luthers einem übergeordneten Sinn zuweisen. Das auffälligste dieser Motive ist die Nische. Sie ist eine allgemeine Würdeform, aber den Zeitgenossen von Altarflügeln her auch als Hintergrund für Heiligen- und Evangelistenfiguren vertraut. Auf Altären treten die Heiligen in ähnlicher Devotionshaltung, mit den leicht erhobenen Augen, mit dem Demutsgestus gegen die Brust, vor das Andachtsziel hin; auch die Heilige Schrift gehört zu den geläufigen Attributen von Heiligen. Es ist möglich, daß diesem Heiligengebaren auch solche eines Gelehrten beigemischt sind, wenn auch gewiß nicht in der Ausschließlichkeit, wie es im Katalog der Nürnberger Lutherausstellung 1983 dargestellt wird: »Das in kleinteiliger Fältelung wiedergegebene Ordensgewand des Augustinermönchs kennzeichnet den Träger zugleich als Angehörigen der theologischen Fakultät, das aufgeschlagene Buch und die im Redegestus erhobene Hand verweisen auf den dozierenden Gelehrten.«[7] Zwar hat der Wittenberger Hof gerne darauf hingewiesen, daß sein Schutz dem Bibelgelehrten und Professor der Universität gelte, aber für eine breitere Öffentlichkeit hat man doch Luther, über dem seit dem 3.1.1521 der päpstliche Bann verhängt war, ausdrücklich in das Licht einer heiligen Nachfolge Christi gestellt. Unter dem Titel »*Ain schöner neuer Passion*« wird 1521 Luthers Weg nach Worms bis in Einzelheiten mit dem Leidensweg Christi verglichen. Luther selbst, aber auch Friedrich dem Weisen waren solche Analogien nicht fremd.[8] Besonders die Künstler haben Luther bald mit altüberlieferten, höchsten Sakralsymbolen ausgerüstet. Als erster hat vielleicht Erhard Schön in einem Medaillonbildnis mit einer Variante des Cranachbildnisses die Taube des Heiligen Geistes, die auf Altären auch den Kirchenvater Gregor den Großen zu inspirieren pflegte, mit Luther in Verbindung gebracht. Unmittelbar nach dem Erscheinen des Cranachbildnisses hat auch Baldung Grien die Taube über Luthers Haupt schweben lassen und diese Sakralisierung noch verstärkt dadurch, daß er an die Stelle der Rundbogennische einen Glorienschein setzte. Gleichzeitig bindet er den Gestus stärker an das Buch, das die Quelle der selbsterarbeiteten Erleuchtung ist. Bei Hieronymus Hopfer ist die Heiligung Luthers fast schon zur religiösen Ikone gesteigert. Während des Wormser Reichstags hat der päpstliche Legat Aleander sein Entsetzen darüber geäußert: »So hat man ihn denn auch neuerdings mit dem Sinnbild des heiligen Geistes über dem Haupte und mit dem Kreuz oder auf einem anderen Blatt mit der Strahlenkrone dargestellt: und das kaufen sie, küssen es und tragen es selbst in die kaiserliche Pfalz.«[9]

Wenigstens auf der Ebene der Kunst steht das zweite Cranachsche Bildnis des Reformators am Anfang des sakralisierten Lutherbildes. Den noch verhalten vorgetragenen Heiligenhabitus in Cranachs Stich haben seine Nachfolger offen herausgekehrt und gesteigert. Es war dies eine Rolle, die das Cranachbildnis Luther gewiß nicht ohne Billigung des Hofes und des dort zuständigen Ratgebers, Spalatin, zugewiesen hat. Dieser hat vielleicht dieses Image eher so verstanden wissen wollen, daß mit Luther ein reiner Geist und ein demütig bescheidener Mönch nach Wahrheit suchte. Cranach aber hatte diesen Sinn mit Hilfe altbewährter, volkstümlicher sakraler Muster herausgearbeitet. War sein erster Entwurf an einem modernen Bewußtseinsstand orientiert, der etwa auf der Stufe von Burgkmairs Papstbildnis von 1509 der persönlichen Überzeugungskraft vertraute, so schwenkte sein zweites Lutherbildnis eher auf einen Bewußtseinsstand ein, wie er durch das allererste Lutherbildnis vertreten ist, und der eine persönliche Erkenntnisleistung nur im Kleide konventionalisierter Schemata für mitteilbar hält. Cranachs Nachfolger und Nachahmer haben die Person Luthers dann vollends in den altüberlieferten Rahmenformen religiösen Bildkultes aufgehen lassen und dadurch »der breiten Masse den Übergang von den spätmittelalterlichen Kultgewohnheiten zum neuen Glauben erleichtert«.[10]
Diese Wandlungsfähigkeit des Lutherbildnisses, die Tatsache, daß Cranach aus dem Stand Luther zwei sehr unterschiedliche Gesichter geben konnte, wirft eine Reihe von Problemen auf. Von dem versierten Hofmaler Cranach konnte man ohne weiteres erwarten, daß er gleichzeitig ein und dieselbe Person in verschiedenen Rollen darstellte; seit langem ließen sich Fürsten als Heilige oder als Herkules verkleiden, je nachdem, mit welchen Zielen sie sich den Untertanen vorgestellt sehen wollten. Im Falle Luthers jedoch muß die Anwendung dieser Technik verwundern. Denn

zunächst hatte Luther grundsätzlich die religiöse Bildnut-
zung in Frage gestellt, später wenigstens eine didaktische
Verwendung toleriert. Es müßte ihm aufgefallen sein, daß
er durch die Bildnisse seines Gevatters Cranach in die Zone
jenes Bildglaubens geriet, den er theoretisch außer Kraft
zu setzen suchte. Darüber hinaus stellt sich die Frage, ob
die Rückverwandlung seiner Person zum Heiligen nicht
doch den Kern seines theologischen Ansatzes berührte.
Es ist zwar noch immer umstritten, ob Luthers Theologie
durch die Vorstellung von einem persönlichen Gott die
neuzeitliche Subjektivität mit entfesseln half, oder ob er
durch die Rückbindung des persönlichen Heils an die Ge-
rechtigkeit und Gnade Gottes jene Subjektivität nicht eher
in einem mittelalterlichen Sinne wieder abgeschnürt hat.
Doch ist unbestritten, daß sich Luther in sehr persönlicher
und unverwechselbarer Weise seine Glaubenspositionen
erkämpft und sie gegen mancherlei Anfechtungen aus der
Glaubenstradition und aus deren institutionellen Ausprä-
gungen auch durchgehalten hat. Gleich nach dem Wormser
Reichstag hat Luther Lucas Cranach über den Verlauf des
Verhörs berichtet: »So ist nichts mehr hie gehandelt denn so
viel: Sind die Bücher dein? Ja. Willttu sie widerrufen oder
nicht? Nein. So heb dich! O wir blinden Deutschen, wie
kindisch handeln wir und lassen uns so jämmerlich [durch]
die Romanisten [die Römer] äffen und narren!«[11] Das ist die
kurze Wiedergabe eines weltgeschichtlichen Momentes, der
ganz auf das persönliche Wissen und Gewissen abgestellt
ist; kein Vergleich mit christlichen Heiligen und Märtyrern,
keine Überhöhung der Situation, sondern knapp und nackt
die persönliche Entschiedenheit ins Licht gestellt. Mußte
da Luther nicht aufgefallen sein, daß sein Malerfreund ihn
soeben der Welt ganz anders vorgestellt hatte?
  Es scheint so, als habe Cranach für die Formulierung
und Lösung dieser Problematik auf seinen Bildnisstichen

eigens einen Platz freigehalten: die Inschrifttafel. Formal ist die vorgeblendete Platte, die seit van Eyck nach römisch-antiken Vorgaben für Bildnisse verwendet werden kann, von Dürers »Kleinem Kardinal« übernommen. Dürer versichert in der Inschrift, daß er das Aussehen des Mainzer Erzbischofs genau wiedergegeben habe. So einfach macht es sich die Inschrift bei Cranach nicht. Das lateinische Distichon lautet:

AETHERNA IPSE SUAE MENTIS SIMULACHRA LUTHERUS EXPRIMIT AT VULTUS CERA LUCAE OC-CIDUOS (»Die unvergänglichen Abbilder seines Geistes bringt Luther selbst hervor, seine sterblichen Züge jedoch das Wachs des Lucas«).

Zunächst bietet das Distichon einen alten Gemeinplatz, daß nämlich der Mensch aus Körper und Seele besteht und die letztere seinen Anteil am Göttlichen ausmacht. Er war auch schon längst für das Kunsturteil verwendet worden. So fragt sich Cicero angesichts der Tatsache, daß viele große Männer Statuen und Bildnisse von sich anfertigen lassen, ob es, da diese »keine Abbilder der Seelen, sondern der Körper sind«, nicht sinnvoller sei, »ein Bildnis unserer Seele und unseres Charakters« zu hinterlassen, die mit Hilfe unserer besten Begabungen zu gestalten und zu bearbeiten wären.[12] In diesem Sinne hatte eine auch an Spalatin gesandte Bildnismedaille des Erasmus von Rotterdam, die 1519 von Quentin Massys entworfen worden war, inschriftlich verkündet, daß das Bild »nach dem Leben geschnitten sei«, daß aber des Erasmus Schriften »das bessere Bild zeigen«.[13] Trotz dieser gelehrten Erinnerungen hat die Cranachsche Inschrift einen Akzent, der so vorher nicht nachweisbar ist: Es heißt ja bei Massys nur, daß das geistige Bild, das sich aus den Büchern ergibt, »besser« sei als das körperliche, wogegen in Cranachs Inschrift das Abbild der Seele, dank Luthers eigener Leistung, Ewigkeitswert gewonnen hat. Das Seelenbild ist also schärfer, unverknüpfbar dem körperlichen entgegengestellt. Und die Seele ist nicht schon als solche, sondern durch Luthers Eigenleistung ewig. Auf der Erasmusmedaille bleibt der Künstler unbehelligt, da er sein Bildnis getreu nach dem Leben gemacht hat und er nichts dafür kann, daß der Persönlichkeitseindruck, der sich aus den Schriften ergibt, besser ausfällt. Das Distichon bei Cranach dagegen setzt das »Lutherus ipse« selbstbewußt gegen die »cera Lucae« ab, die bescheiden bei der sterblichen Hülle verbleiben muß. Daß nicht vom Griffel oder Stift, sondern vom »Wachs« (cera) des Cranach die Rede ist, bleibt dennoch merkwürdig. »Cera« bezeichnet im alten Rom eine wachsüberzogene Schrifttafel, in der enkaustischen Malerei auch die wachsdurchsetzte Farbe, sodann aber auch das Material der üblichen Wachsbildnisse. Plinius spricht von den »expressi cera vultus«, von den Ahnenbüsten aus Wachs, die man in Schränken aufbewahrte. Geläufig war auch die Metapher, daß wir eine Sache oder einen Menschen »wie Wachs« nach unsern Absichten formen.[14] So könnte in der eigentümlichen Formulierung mitschwingen, daß Luthers äußerliche, sterbliche Züge in den Händen des Lucas Cranach wie Wachs gestaltbar sind. Während Massys und Dürer darauf bestehen, daß sie das körperliche Bild getreu wiedergeben, klingt in Cranachs Inschrift eine Lizenz mit, die dem Künstler eine freie Verfügung über die körperliche Erscheinung überläßt. Über die alte Dichotomie zwischen Körper und Geist hinausgehend, wird für die innere, geistige Gestalt Luther selbst verantwortlich gemacht, während für die äußere, sinnliche Erscheinung der bildende Künstler, Lucas Cranach, zuständig ist. Man möchte annehmen, daß diese subtilen Unterscheidungen das Ergebnis von Diskussionen mit einem bedenklichen Luther gewesen sind. Dieser wird durch die Inschrift von der Verantwortung für sein Gesicht entlastet. Er verweigert dem Bildnis die Autorisation, indem er sich auf sein geistiges Leistungsbild zurückzieht.

Wir wissen nicht, wer das Distichon entworfen hat, doch es ist uns ein Vorgang überliefert, der Rückschlüsse auf die Umstände erlaubt, unter denen es zustande gekommen sein könnte:

Am 7. März des Jahres 1521 schreibt Luther an Spalatin, der sich mit Friedrich dem Weisen bereits in Worms aufhielt, Lucas Cranach verlange von ihm, daß er, Luther, die beiliegenden Bilder mit einer Unterschrift versehe und an ihn, Spalatin, weiterschicke; er solle sich doch darum kümmern: »Has effigies iussit Lucas a me subscribi et ad te mitti: tu eas curabis«. Es ist nicht wahrscheinlich, aber doch auch möglich, daß es sich um die beiden ersten Bildnisstiche von Luther gehandelt hat, die die gleiche Inschrift tragen.[15] Luthers Bescheid: »tu eas curabis«, besagt, daß er selbst auf die Beschriftung verzichte, jedenfalls die endgültigen Maßnahmen in die Hand des Spalatin lege. Luther bekundet eine merkwürdige Gleichgültigkeit gegenüber seiner Erscheinung im Bildnis. Auch wenn nicht er selbst, sondern Spalatin, die Beischriften zu Cranachs Bildnis geliefert hat, so konnte Luther darin doch etwa folgenden Vorbehalt enthalten finden: Mit meinem Gesicht, mit meiner Physiognomie könnt ihr machen, was ihr wollt; sie steht zur Disposition und kann nach Maßgabe der weltlichen Handlungszwänge gestaltet werden – wenn nur meine geistige Person, mein inneres Ich, mein privates, persönliches Gewissen davon unberührt bleibt.

Luther konnte sich gegenüber den Verwertungsstrategien, die sein Gesicht nach aktuellen Bedürfnissen modellierten, gleichgültig verhalten, weil er sein inneres Ich, seine Seele bei sich und vor Gott rein und unsterblich wußte. Dieser Rückzug des Subjekts in ein inneres Reich, der das äußere Reich seiner eigenen Gesetzlichkeit überläßt, und den man eine individualpsychologische Konsequenz der Zwei-Regimenter-Lehre nennen könnte, hat sich auf die weitere Entwicklung des Lutherbildnisses vielfältig ausgewirkt, und Lucas Cranach hat auch diese Entwicklung noch eingeleitet.

Der vielköpfige Luther

Das dritte im Stich verbreitete Bildnis Cranachs von Luther ist 1521 datiert. Daß es zum Wormser Reichstag schon vorgelegen hat, muß man nur dann annehmen, wenn die oben zitierte Briefäußerung Luthers gegenüber Spalatin sich auf dieses Bildnis bezieht. Von den beiden vorangegangenen Bildnissen unterscheidet es sich schon dadurch, daß es fast um ein Drittel größer ist (20,8 × 15 cm). Gemeinsam mit ihnen hat es die Inschriftplatte, deren Beschriftung den Sinn der vorangegangenen variiert:

LUCAE OPUS EFFIGIES HAEC EST MORITURA LUTHERI AETHERNAM MENTIS EXPRIMIT IPSE SUAE

(»Des Lucas Werk ist dies Bild der sterblichen Gestalt Luthers, das ewige Bild seines Geistes prägt er selbst«).

Cranach hat seinen Namen vorgezogen und mit der Wendung »Lucae opus« eine alte Signaturformel aufgegriffen; sie ersetzt die kryptische Wendung »Lucae cera«. Das Bildnis bietet keinen Anhaltspunkt mehr für eine Assoziation mit Wachs. Der Eindruck des Geprägten, Festen legt sich bei diesem Bildnis sogleich nahe. Über dem pyramidalen Unterbau des gewaltigen Oberkörpers erhebt sich das markante Profil des vollrunden Gesichtes, dem der gleich umfängliche Doktorhut, wie bei einer Doppelfrucht, die Waage hält. Die ganze Gestalt ist aus wenigen Volumina, wie aus Steinbrocken, zusammengesetzt. Keine Strichwellen und -bögen differenzieren Einzelformen, etwa Knochen oder Falten, aus; der Stichel hat sich zu klaren Parallelschraffuren diszipliniert, die nur noch dazu dienen, die großen Formgewichte prägnant heraustreten zu lassen. Lediglich das Ohr übernimmt die Rolle eines Scharniers, welches die Volumina des Gesichtes und des Hutes verklammert. Der dunkle, dicht vernetzte Hintergrund gibt dem Bau der massiven Körper einen fast pathetischen Rückhalt. Ganz zu Recht sieht Dieter Koepplin einen »verstärkten idealischen, auf Dauerhaftigkeit gerichteten Monument-Anspruch« zur Geltung kommen.[16]

Dieses Lutherbildnis ist das einzige Profilbildnis, das Cranach je gestaltet hat. Das Profilbildnis rückt den Dargestellten vom Betrachter ab, versagt jeden Kontakt mit ihm. Die hoheitliche Distanz gibt jedem Profilbildnis eine Aura des amtlich Gültigen, wie denn Siegel, Medaillen, Plaketten und Münzen, als die geläufigsten Träger staatlicher Ehrungen und Hoheitsrechte, mit Vorliebe Profilbildnisse zeigen. Die Briefmarken der Bundesrepublik etwa haben die Präsidenten der Republik immer im Profil gezeigt, bis sie ihren ersten »Bürgerpräsidenten« Gustav Heinemann bekam, der erstmals durch eine Brille in die Welt des Betrachters blickt. Das mag das Gewicht belegen, das Cranachs Wahl des Profils für sein drittes Lutherbildnis gehabt haben muß. Der Reformator wird denkwürdig, er rückt ab in die Sphäre der Repräsentanz.

Die Gesellschaft der Personen, die in Deutschland damals schon im Profilbildnis erschienen waren, war noch klein und exklusiv. In Italien war von Anfang an, seit dem früheren 15. Jahrhundert, auch in der Malerei fast ausschließlich das Profilbildnis zur Anwendung gekommen. Doch wie in den Niederlanden, so herrschte auch in Deutschland das Dreiviertelprofil eindeutig vor. Der erste Einbruch des italienischen Profilbildnisses in nördliche Regionen geschah bei Gelegenheit der Hochzeit Kaiser Maximilians (1484) mit der Mailänder Prinzessin Bianca Sforza, die Ambrogio de'

Predis als Porträtisten an den Innsbrucker Hof mitbrachte. Seitdem kommen auch bei deutschen Malern Profilbildnisse vor; meistens sind Bildnisse des Kaisers Maximilian.

Die breitere Aufnahme des Profilbildnisses in die deutsche Druckgraphik war erst kurz vor dem Lutherprofil Cranachs erfolgt. Burgkmair, der schon die ersten Medaillenholzschnitte vorgelegt hatte, hat 1511 in einem schönen Farbdruck den soeben in den Freiherrenstand erhobenen Bankier Jakob Fugger im Profil gegeben; es ist wohl das früheste, nicht mehr unmittelbar die Medaille imitierende Profilbildnis in der deutschen Druckgraphik. Bald danach hat, ebenfalls in Augsburg, Hieronymus Hopfer mit seinen Söhnen damit begonnen, Profilbildnisse der europäischen Hocharistokratie in der ganz neuen Technik der Eisenradierung herauszugeben, wobei er öfter auf italienische Vorlagen zurückgriff. Um 1520 entstand eine ganze Serie solcher Fürstenporträts, darunter auch dasjenige Kaiser Karls V. Daniel Hopfer wird später auch Cranachs Profilbildnis von Luther kopieren und ihm einen ausstrahlenden Glorienschein hinterlegen. Dürer, der seine frühen, italianisierten Profilzeichnungen nie in Gemälde oder Graphiken umgesetzt hatte, wird erst 1523 seinen ersten Bildnisstich im Profil vorlegen: Es ist sein zweites Bildnis jenes Kardinals Albrecht von Brandenburg, den er jetzt deutlich in Anlehnung an Cranachs Lutherbildnis vor dunkel schraffierten Grund setzt.

Im Jahre 1521 mußte es noch auffallen, daß Cranach das Bildnis Luthers durch das Profil in eine Reihe mit der hohen Prominenz des Reiches stellte. Der Reformator war von der geistlichen Sphäre in die politisch-staatliche entrückt. Cranachs Stich wird auch bald als Medaille geprägt. Der Glaubensheld wird zur Autorität auch in weltlichen Belangen.

In einem ersten Zustand dieses Bildnisstiches, der sich in einem einzigen Exemplar in der Veste Coburg erhalten hat, war der Grund neutral und hell belassen worden, so daß das Gesicht in einer vergeistigten Abwesenheit verharrt, wogegen »im 2. Zustand – mit der dichten Schraffur des Grundes, der an manchen Stellen bekräftigten Schattierung des Gesichtes und der plastischen Markierung der Inschrift-tafel-Kante – der Kopf aus dem Dunkeln leuchtet und vom Hintergrund zugleich festgehalten wird: Luther als feste Tatsache«.[17] Wichtig ist auch, daß der Doktorhut den oberen Rand nicht mehr fast berührt, der Kopf insgesamt dadurch selbständiger ins Bild kommt; indem Hut und Kapuze an den rechten Rand angelehnt erscheinen, gewinnt Luthers Blick ins Dunkle eine kühnere Note. Gegen die andrängenden Dunkelschraffen, die auch an Kinn und Nacken den Körper verdichten, hebt sich ein markantes Gesichtsprofil ab, das besondere Merkmale auffällig hervortreten läßt. Immer ist der Wulst über der Augenbraue aufgefallen, und manche Deutung erweckt den Eindruck, als sei in ihm die ganze Energie des reformatorischen Aufbruchs enthalten: Curt Glaser weiß in dieser Umrißlinie eine »geradezu gewalttätige Kühnheit« sitzen, und auch der Basler Cranach-Katalog sieht in dem »fast primitiven Stirnhöcker über der Braue« das »geistige Durchsetzungsvermögen Luthers« äußerlich markiert.[18] Nun hatte aber schon 1973 Frank Steigerwald einen Hinweis gegeben, der vielleicht eine genauere Deutung erlaubt: »Durch das strenge Profil des Gesichts wird der knochige Wulst über den Brauen besonders deutlich; er gilt seit der antiken Physiognomik als Zeichen des Tatmenschen. Hier wird er, ebenso stark wie das Kinn, der gewölbten Stirn wehrhaft vorgebaut«.[19] In der Tat läßt sich beispielsweise anhand der »Physiognomica« des Pseudo-Aristoteles nicht nur dieser Höcker, sondern auch die ebenfalls auffällige, aus dem Hutrand herausspringende Haarlocke über der Stirn genauer deuten. Grundtheorem dieser Physiognomik ist die Vergleichbarkeit von Tier- und

Menschenzügen. Das edelste und tapferste aller Tiere ist der Löwe: »Der Mund ist sehr groß, sein Gesicht kantig, nicht zu knöchern; der Oberkiefer nicht hervorstehend, sondern mit dem Unterkiefer in Ausgleich; die Lippen eher dick als dünn; lebhafte, tiefsitzende Augen, die weder zu rund, noch zu schmal und von mittlerer Größe sind; eine reichliche Augenbraue, eine eckige Stirn, die in der Mitte eingesetzt ist und die zur Augenbraue hin überhängt; Nüstern unter der Stirn wie eine Wolke. Über der Stirn gegen den Mund hin das Haar abfallend, wie Borsten [...]. Im Charakter ist er generös und liberal, großherzig und siegesbewußt; er ist mild, gerecht und gesellig.«[20] Wir wissen, daß in der Renaissance zahlreiche Herrscherbildnisse nach solchen physiognomischen Mustern stilisiert wurden; so wird etwa 1482 in einem Vertrag für das Grabmal Ludwigs XI. von Frankreich dem Künstler ausdrücklich aufgetragen, die Nase nicht naturgemäß, sondern »aquiline«, also adlergleich, zu gestalten; eine »adlergleiche Nase, die sich von der Stirn abhebt«, ist nach dem Pseudo-Aristoteles »großherzig«, während eine spitz zulaufende Nase, wie sie Cranachs Luther aufweist, »zum Zorne neigt«.

Der heroische Prototyp, der die Merkmale des Löwengesichtes trug, auch weil er die Haut des Nemeischen Löwen oft übergezogen hatte, war Herkules, und nach dessen Bild ließen sich Herrscher gerne gestalten. So zeigt eine Mailänder Münze ein Profilbildnis Kaiser Karls V., dessen Schulterbesatz den Löwenkopf zeigt; auch weist er den Wulst über dem Auge auf, obwohl wir von anderen Bildnissen wissen, daß der Habsburger eine fliehende Stirn hatte.[21]

Offensichtlich also stattet Cranach das Profilbildnis Luthers mit Versatzstücken der Heroenphysiognomie aus, die zumindest von Gebildeten sogleich als solche entziffert werden konnten. Für gebildete Adressaten war das Bildnis wohl gedacht, erst Daniel Hopfer hat es durch eine Strahlenglorie und eine Beischrift, die in deutscher Sprache den Sinn vereinfacht, zu popularisieren versucht.

Diese weltliche Überhöhung Luthers hat in dem letzten der graphischen Lutherbildnisse Cranachs sogar eine biographische Grundlage. Der Holzschnitt, der Luther als Junker Jörg vorstellt, ist so populär geworden, daß man sich über den Verkleidungszustand, in dem sich Luther befindet, kaum noch wundern kann. Luther hatte sich tatsächlich nach dem Wormser Reichstag als Junker verkleiden müssen; im Dezember 1521 taucht er kurz in Wittenberg auf, doch wohl nicht bei dieser Gelegenheit, sondern nach seiner endgültigen Rückkehr im März 1522 gestaltet Cranach das ritterliche Lutherbildnis. Hatte er ihn in den bisherigen Bildnissen immer nur unterschwellig als Heiligen oder Heros stilisieren können, so kann er es jetzt offen tun. Wieder geschah es nicht ohne Absicht und gewiß auch nicht ohne die Zustimmung des Hofes. Denn Luther war nach Wittenberg zurückgekehrt, um den dort unter Karlstadt ausgreifenden Radikalismus, der mit den kultischen Reformen auch die Bilder beseitigt hatte, einzudämmen. Cranachs Bildnis ist entstanden, »als Luther wie ein Ordner erschien (Cranach als Ratsherr, reicher Mann und Hofmaler stand sicher auf der Seite derjenigen, die Karlstadt loswerden wollten). Der bärtige Kopf des ritterlichen Luther wurde von Cranach so massiv angelegt und kräftig durchgezeichnet, das Wams so schmissig angegeben, daß das Bild Respekt einflößen sollte«.[22] Diese Quasi-Nobilitierung Luthers stellt diesen nun vollends in das weltliche Leben hinein, für das seine Gestalt wiederum in neue Rollen schlüpfen mußte.

Luther als Heiliger, als Herkules, als Junker – diese Verwandlungsfähigkeit des Reformators mochte seinen Anhängern seine Allzuständigkeit bestätigen, den katholischen Kritikern jedoch offenbarte dies Grundwidersprüche seines Wesens. Ein vom Anhänger Luthers zum

Altgläubigen gewandelter Humanist, Johannes Cochläus, hat die Vielgesichtigkeit, welche die frühen Lutherbildnisse ausbreiteten, von dem Fuldaer Hans Brosamer 1529 für eine Schmähschrift ins Bild bringen lassen: Hier erscheint Luther als apokalyptisches siebenköpfiges Ungeheuer; die Köpfe, die einem Unterkörper entwachsen, an dem zwei Arme nach Cranachs Art ein Buch halten, parodieren die Rollen, die Luther angedichtet werden konnten: Über der linken Schulter ist er der »Doctor«, es folgt der Mönch in Kutte mit dem Habitus eines alten Bischofs; sodann trägt er den türkischen Turban, weil er die Gläubigen bekämpft. In der Mitte des Rumpfes erscheint Luther als »Ecclesiast« mit Priesterbarett, eine ungeklärte Qualifizierung, vielleicht als falscher Prophet; als »Schwirmer« (Schwärmer) umgeben seinen aufgewühlten Kopf Hornissen, die in der Bibel ein Synonym für Angst und Schrecken sind; als »Visitirer«, der die längst vergessene Kirchenvisitation wieder eingeführt hat, maßt sich Luther päpstliche Befugnisse an; schließlich ist er »Barrabas«, der von Pilatus begnadete Verbrecher, an dessen Stelle Christus geopfert wurde, hier dargestellt als »Wilder Mann« mit Keule, der Aufruhr, etwa den bäuerlichen, schürt. Für all diese Rollen holt sich Luther die Anweisungen aus der Bibel. Die prompte protestantische Antwort in Gestalt eines »siebenhäuptigen Papsttieres«, die über dem Altar des Ablaßkastens und vor dem Kreuz mit den Leidenswerkzeugen ein Bild des vielköpfigen Ungeheuers entfaltet, spaltet nicht die Person des Papstes in Rollen auf, sondern sieht seinen Körper von Vertretern der kirchlichen Hierarchie, vom Mönch bis zum Kardinal, zusammengesetzt. Offenbar verstand man gar nicht den Kern des katholischen Vorwurfs, der ja abzielte auf die Rollenvielfalt der Person Luthers, die doch so sehr auf ihre persönliche Identität im Glauben pochte.

Eine merkwürdige Zeichnung von Peter Vischer d. J. aus dem Jahre 1524 kann belegen, mit welch gutem Gewissen und von welchen Grundsätzen aus man Luthers Rollenvielfalt bejahen konnte. Luther, nackt und in der Pose eines Apoll, führt die Personifikationen der Jugend, des Gewissens und des Volkes aus den Trümmern und aus der Asche der katholischen Kirche, so wie Christus die Seelen aus der Vorhölle führt. Während der Luxus, der Geiz, die Dekrete, Zeremonien und die Beichte vor dem zusammenbrechenden Bau der Kirche aus dem Bild fliehen, weist Luther die Menschheit auf Christus hin, der im Hintergrund vor einer umwölkten Nische erscheint. Luther führt seine Gläubigen auch vorbei an der Szene weltlichen Handelns, die sich im Vordergrund links abspielt: Hier sitzt der Kaiser mit verbundenen Augen, wie Paris vor den drei Göttinnen, und ordnet die Dinge gerecht nach Anweisungen der ihn assistierenden Tugenden des Glaubens, der Hoffnung und der Mildtätigkeit. »Peter Vischer, der in Italien gereiste und geschulte Bronzekünstler, will zum Ausdruck bringen: wir vertrauen Luther, der uns den kürzeren Weg zu Gott zeigt, wir brauchen keinen Papst als Stellvertreter Christi, sondern nur einen gerechten Kaiser, der mit den wahren christlichen Tugenden von Liebe, Glaube und Hoffnung lebt«.[23] Glaubens- und Welttatsachen gehen verschiedene Wege; das Heil kann zielstrebig gesucht werden, weil ein ordentliches Regiment das Gewissen frei hält. Bildtheoretisch und bildnispolitisch übersetzt heißt das, daß die äußeren Umstände, die äußere Hülle, die körperliche Erscheinung gleichgültige Nebensachen, Adiaphora, sind, wenn nur das innere Bild, das Wesen, die Heilsgewissheit gesichert ist.

Da das Gewissen sich vom Gesicht zurückgezogen hatte, konnte dieses frei werden für alle Rollen, welche im weltlichen Jammertal notwendig und nützlich waren. Vielleicht hatte Hans Holbein d. J. es 1523 noch ironisch gemeint, als er Luther als einen »Hercules Germanicus« vorstellte, der mit der Puppe des Papstes an der Nase, in Laokoonpose auf die Scholastiker und kirchlichen Inquisitoren einprügelt. Er hat sich dabei erinnert an eine Darstellung Kaiser Maximilians als »Hercules Germanicus«,[24] und vielleicht auch an den Versuch Cranachs, die Lutherphysiognomie mit Merkmalen des populären Heroen auszustatten. Als ein biblischer Heros erschien Luther in einem Holzschnitt von 1521, wo er über seinen Gegner Thomas Murner als einen ungeheuren »Leviathan« in einer Pose triumphiert, wie sie üblicherweise das Weib einnahm, das in der Apokalypse über den Drachen siegt.[25]

Der Einwand, daß sich Luther hier als Kind seiner Zeit erweise und sein »Zeitgesicht« deshalb nicht verwunderlich sei, da ja ringsum bedeutende Herrschaften sich in Rollenbildnissen darstellen ließen, verfinge nur, wenn wir nicht darauf beharrten, daß Luthers Leistung ansonsten darin bestand, den Normen seiner Zeit zu widersprechen. Im Bildnis, so scheint es, holen diese Normen ihn wieder ein. Weil er das »Abbild seines Geistes« selbst in der Hand hat und sich mit ihm vor Gott sehen lassen kann, darf er es widerspruchslos geschehen lassen, daß sein »sterbliches Abbild« in eine Ebene mit denjenigen seiner Gegner gerät: Es war Lucas Cranach, der 1525 eben jenen Kardinal und Erzbischof Albrecht von Brandenburg, den er fünf Jahre zuvor noch mit Luther in einen negativen Vergleich hatte bringen wollen, jetzt als Heiligen Hieronymus in ein Gehäuse setzt. Es ist das vornehmer gewordene Gehäuse, das Dürer für seinen Hieronymus erfunden hatte. Wolf Stuber hat nun Luther um 1570 in das gleiche Gehäuse gesetzt, und er meinte wohl eine Stube in der Wartburg, wo Luther die Bibel ins Deutsche übersetzte, wie Hieronymus sie ins Lateinische übersetzt hatte; damals war er tot geglaubt worden – deshalb das Lutherzitat: »Lebend war ich Dir eine Pest; sterbend werde ich Dein Tod sein, Papst!« Als Luther tatsächlich starb, hat man sogleich zwei Maler kommen lassen, die ihn zeichnen sollten. Denn die Katholischen hatten vorausgesagt, es werde ein schrecklicher, qualvoller Tod werden. Eine der Zeichnungen wurde in die Werkstatt Cranachs gebracht, wo man das offizielle Totenbild schuf. Er liegt in weichen Kissen, Haar und Hemdkragen umkräuseln das mächtige Haupt, in dem die Augen nicht ganz geschlossen sind. Noch der Friede dieses Totengesichts mußte Zeugnis für einen mit gutem Gewissen entschlafenen Luther, für »die Legitimität der Reformation« ablegen.[26]

Die Gestalter von Luthers Image

Luthers Bildnis ist als ein Bestandteil des reformatorischen Kampfes immer wieder von Interessen mitgestaltet worden. Daß er, der Bergmannssohn, einer der meist porträtierten Männer des Zeitalters war, verdankt er der Anteilnahme der breiten Öffentlichkeit an seiner Leistung.

In allen Bildnissen Luthers sind unverkennbare Züge gegenwärtig, so daß sich unsere Vorstellung von seinem Aussehen auf zuverlässige Daten stützen kann. Offenbar aber war die Wiedererkennbarkeit zur damaligen Zeit nicht das einzige Kriterium, das für ein Bildnis Geltung hatte. Auf dem Weg zur Öffentlichkeit haben unterschiedliche zeitgeschichtliche Kräfte an Luthers Bildnis mitgestaltet und ihm Merkmale beigemischt, die sein Gesicht übergeordneten Vorstellungen verfügbar machten.

Eine der wichtigsten Instanzen, die Interesse an Luthers Bildnis nahmen, war der Wittenberger Hof. Dort war der Humanist Georg Spalatin zuständig für die Belieferung der öffentlichen Meinung auch mit Bildnissen. Da Luther ein wichtiger Bestandteil der Politik des Hofes war, und er immer ein Schützling Friedrichs des Weisen geblieben ist, ohne diesen je gesehen zu haben, war das Bild, das die Öffentlichkeit von ihm gewann, ein unentbehrliches Instrument der Einflußnahme. Von Spalatin sind gewiß die wichtigsten Einflüsse auf die Cranachschen Lutherbildnisse ausgegangen.

Wie jeder Hof bediente sich auch der Wittenberger für die visuelle Umsetzung seiner Informationspolitik eines fest bestallten Hofmalers. Cranach hatte als Hofmaler ein reguläres Jahresgehalt sowie Anrecht auf Ernährung und Kleidung. Für jedes Werk, das er lieferte, wurde er gesondert bezahlt. Wir wissen nichts Genaues darüber, dürfen aber vermuten, daß für Cranach und seine Werkstatt der Vertrieb der Lutherbildnisse eine beträchtliche Einnahmequelle war. Die gemalten Bildnisse Luthers, seiner Frau Katharina von Bora, aber auch seiner Eltern, welche die Werkstatt Cranachs hervorgebracht hat, zählen in die Hunderte. Für fast jede protestantische Kirche sind sie wiederholt worden. Seit dem Jahre 1532 hat Cranach den »Reformator« Luther sitzend mit der charakteristischen schwarzen Schaube im Dreiviertelprofil gemalt, ein Bildnis, das er selbst noch oft wiederholt und variiert hat, und das auf Jahrhunderte hinaus das Muster für evangelische Pastorenbildnisse abgeben sollte. Faktisch hat Cranach eine Art Exklusivrecht an der Verbreitung des Lutherbildnisses innegehabt.

Die Flexibilität und die Schnelligkeit, mit der Cranachs Pinsel Wünsche zufriedenstellen konnte, ist ihm oft als Oberflächlichkeit und Charakterlosigkeit ausgelegt worden. Denn seit dem 19. Jahrhundert muß ein Maler denken und glauben, was er malt, und diese Erwartung schlug sich in dem Urteil gegen Cranach nieder. In Wahrheit aber war der Maler im 16. Jahrhundert noch ein handwerklicher Auftragnehmer oder im Falle Cranachs ein beamteter Unternehmer, der Bestellungen und Wünsche zu erfüllen suchte. Dennoch gehörte Cranach, der auch wichtige Ämter im Wittenberger Stadtrat bekleidete, zweifellos zu den Anhängern Luthers, denn er hat auch durch eine scharfe Bildpolemik, vor allem in den Illustrationen zu Luthers Bibelübersetzung, der protestantischen Agitation wesentliche Impulse gegeben.[27] Diese persönliche Parteinahme hat ihn aber andererseits als Künstler nicht gehindert, den großen Gegenspieler Luthers, Albrecht von Brandenburg, in einer Serie von Bildern als Heiligen Hieronymus zu verklären. Da eben die Vorstellung noch nicht geläufig war, daß der Künstler seine Seele in die Bilder eingibt, wird man auch Cranachs flexiblen Umgang mit Luthers Gesicht weniger merkwürdig finden.

Dagegen darf man Luthers Verhalten gegenüber seinen Bildnissen als problematisch ansehen. Er, der die Heiligen zwar als bewundernswerte Glaubenszeugen anerkannte, sie aber für jede Erlangung der Gnade als überflüssig erklärte, hat sich selbst im Gewand von Heiligen abbilden, verbreiten und offenbar auch nutzen lassen. Es ist keine nennenswerte Äußerung Luthers über die Masse der Bildnisse, die ihn umschwirrt haben müssen, bekannt.[28] Wenn man nicht auf eine Unempfindlichkeit gegenüber jeglicher Art von Bildern schließen will, muß man annehmen, daß er dies, vielleicht auch mit Rücksicht auf den Hof, wortlos hat geschehen lassen. Diese Gleichgültigkeit gegenüber dem eigenen Gesicht ergibt sich jedoch auch aus einer theologischen Auffassung, welche die Welt der Sinne, des gesellschaftlichen Treibens als eine eigenständige Sphäre bestehen läßt, solange sie nur die Bemühungen um das persönliche Heil unbehelligt läßt. Die der Außenwirklichkeit entzogene Seele hat eine eigene, unvergängliche Identität zu entwickeln, wogegen alle Bestimmtheit des Lebens, des Körpers und auch des Gesichtes gleichgültig wird. Dieser vielbesprochene lutherische Rückzug in die Innerlichkeit hat dieser ganz neue Entfaltungsmöglichkeiten eröffnet, und im weiteren Verlauf der Geschichte ist sie auch innerweltlich virulent geworden, wo sich die im persönlichen Seelenraum entwickelten Ansprüche nach außen kehrten.

Am schwierigsten ist es, zusammenfassend den Anteil der »Öffentlichkeit« am Mechanismus der Entstehung und Verbreitung der Lutherbildnisse zu bestimmen. Sie ist durch Cranachs Bildnisse nicht global, sondern differenziert angesprochen worden. Das zweite Bildnis, das Luther als frommen, heiligen Mönch stilisiert, war am ehesten auf das Volk, auf den »gemeinen Mann« berechnet, während das dritte eher für gebildete, humanistische Kreise bestimmt war.

Es stellt sich die Frage, warum man dem Glaubensvolk, dem doch theologisch eine reine Lehre vorgetragen wurde, nicht auch einen unverhüllten und unverkleideten Lutherkopf zumuten wollte oder konnte. Die geläufige Erklärung, daß das Volk die nackte Wahrheit nicht vertragen hätte und man sie ihm deshalb schonend beibringen müßte, ist schon 1523 in Zürich vorgetragen worden, wo man für eine zeitweilige Beibehaltung der Bilder plädierte mit der Begründung, daß man »dem swachen sinen stab, daran er sich hept, nicht uiß der Hand ruissen sol«.²⁹ Ganz befriedigen kann diese didaktische Nachsicht nicht, weil man eigentlich annehmen möchte, daß der »gemeine Mann« es gewohnt war, nackten Wahrheiten viel gnadenloser ausgesetzt zu sein und ihnen offener ins Gesicht zu sehen als die Gelehrten oder höfischen Beamten. Eher wäre eine Erklärung plausibel, welche die Angst der Obrigkeit vor der vollen Entfaltung der Wahrheit in Rechnung stellte.

In einer bedeutenden Abhandlung über die Prodigien- und Flugblattillustrationen der Reformationszeit hat Aby Warburg ausgeführt, wie sehr Luther selbst vor den Konsequenzen seines Denkens Schutz suchte oder brauchte. So wurde Luthers Geburtstag auf ein Datum verlegt, das ihn in eine astrologische Konstellation brachte, die weniger Unheil versprach. Warburg zeigt auf, wie sehr die Bildnachrichten von merkwürdigen Kalbsgeburten oder Naturereignissen von Luther mit abergläubischem Eifer verfolgt werden.[30] So könnte Luther es als eine Wohltat empfunden haben, sein Gesicht gleichsam hinter einem Schleier stilisiert, unter den Schutz übergeordneter Muster gestellt zu sehen. Denn die nackte Wahrheit ist, wenigstens in Zeiten fast vollständiger Analphabetik, im Bilde schlagender und schonungsloser als in Schriftsätzen. So wären es nicht überlegene Erziehungsrücksichten gewesen, die dem Volk einen heiligen Luther etwa für einen verpönten heiligen Christophorus beschert hätten, sondern es wäre auch eine Schutzmaßnahme gewesen, die es Luther ersparte, sich unverhüllt preiszugeben.

Die subjektiven Schutzbedürfnisse Luthers könnten sich mit solchen in der Öffentlichkeit getroffen haben. Dieser war durch Luther etwas ganz Neues, ein Ausbruch aus alten Glaubensgewohnheiten und Wertsystemen zugemutet. Offensichtlich aber werden solche Zumutungen nicht ungeprüft aufgenommen, sondern wird verlangt, daß sie sich gültigen Wertvorstellungen gegenüber ausweisen. Spalatin wenigstens wird gewußt haben, daß es in der Bildpolitik eine Wechselbeziehung zwischen Sender und Empfänger zu berücksichtigen galt: Dieser nimmt nur auf, wenn jener sich geltenden Wertvorstellungen anbequemt. Eine unverhüllte neue Botschaft oder das unverhüllte Gesicht einer neuen Glaubensautorität hätten kaum Chancen gehabt, auf breiteres Interesse zu stoßen, wenn sie nicht zugleich die Bereitschaft erkennen ließen, auf allgemeinere Bedürfnisnormen einzugehen. So gesehen, wären die Muster und Schemata, in die Cranach das Gesicht Luthers hineinstilisiert hat, eine Art Prüf- und Kontrollsystem, dem das Neue sich aussetzen und der auch die Person Luthers sich stellen mußte. Cranachs erstes und bestes Lutherbildnis ist diesem System zum Opfer gefallen. In dem Heiligen- oder Heroenhabitus des portraitierten Luther hätte sich dann nicht so sehr das propagandistische Konzept einer gerissenen Obrigkeit niedergeschlagen, sondern hätten Normen Rücksicht gefunden, welche die Adressaten anerkannt sehen wollten, bevor sie dem neuen Mann Glauben schenkten. Eine in Gesicht und Haltung Luthers eingetragene »Heiligkeit« beglaubigt sichtbar und greifbar, daß gültige Wertvorstellungen und -ansprüche nicht außer Kraft, sondern allererst konkretisiert werden sollten. Wo immer ein »Image« manipulativ hergestellt wird, dürften seine Erfolgsaussichten doch wesentlich davon abhängen, inwieweit es allgemeingültige Werte und Erwartungen in sich aufgenommen hat oder nicht.

Die Öffentlichkeit ist ja gegenüber den Bildern nicht ganz wehrlos. Zumal graphische Bildnisse sind verletzbar und handhabbar. Lutherbildnisse sind früh nicht nur verehrt, sondern auch verbrannt und entstellt worden. Aus dem Jahr 1521, da beide Bildnisdrucke Cranachs von Luther vorlagen, sind uns zwei Nachrichten überliefert: In Thorn verbrannte ein päpstlicher Legat ein Lutherbildnis, und am 17. Februar wurden Abzüge von Bildnissen Luthers und Huttens am Galgen der Stadt Schlettstadt mit deutschen Versen angeheftet gefunden. Der Rat hat sich deswegen bei Hutten entschuldigt.[31] Magische Praktiken und Fixierungen, denen Bildnisse besonders leicht ausgesetzt sind, können die Form einer öffentlichen Kontrollausübung annehmen. Cranach scheint das in seinen Lutherbildnissen berücksichtigt zu haben.

»Alle werden fallen«
Gedanken zu Goya

Goyas Werke sind heute allgegenwärtig. Ausstellungen, Filme, Romane, Reklame und Publikationen nähren und nutzen den Ruhm eines Künstlers, dessen Werk zum festen Inventar des europäischen Bildungshaushaltes gehört.

Auch dem engeren Bereich der kunstwissenschaftlichen Forschung ist Goyas Werk erst in den letzten Jahrzehnten ganz zugänglich geworden. Die Druckgraphik ist von Tomás Harris (1964) und von Lafuente Ferrari (1962) in kritischen Gesamteditionen greifbar gemacht worden. Einen Höhepunkt erreichte die dokumentarische Erschließung Goyas im Jahre 1970, als José Gudiol und Pierre Gassier/Juliette Wilson gleichzeitig die beiden monumentalen Œuvreverzeichnisse mit sämtlichen Abbildungen vorlegten. Pierre Gassier hat dann 1973 und 1975 die beiden Bände mit den Skizzenbüchern und Zeichnungen veröffentlicht. Da diese grundlegenden Werke inzwischen auch in wohlfeilen Ausgaben vorliegen, ist heute das Gesamtwerk Goyas (wenn man von einer noch ausstehenden Publikation seiner Briefe absieht) so vollständig und umfassend zugänglich wie noch niemals zuvor.

Diese eindrucksvolle Bilanz der Goya-Rezeption und Goya-Forschung ist nicht selbstverständlich. Es ist oft beschrieben worden, daß Goya schon bald nach seinem Tode vergessen wurde. Erst allmählich werden Delacroix, Daumier, Manet oder Victor Hugo auf die wenigen kursierenden Graphiken Goyas reagieren. Baudelaire wird auf sehr karger Anschauungsgrundlage wichtige Stichworte liefern. Doch erst in der Zeit des Expressionismus werden die

Grundlagen für eine Goya-Deutung gelegt, die für die erste Hälfte dieses Jahrhunderts verbindlich bleiben sollten. Es waren dabei immer sehr bestimmte Ansprüche und Bedürfnisse, die sich an Goyas Werk wandten und das Verwandte aneigneten. Man brauchte nicht das komplette Werk, weil der interessierte Blick nur an den Ausschnitten Gefallen fand, die ihm relevant erschienen.

Die Wiederentdeckung Goyas, die Stufen seiner Reaktualisierung, sind eigentlich schwerer zu erklären als sein Vergessen. Dieses wird zumeist als eine bornierte Reaktion auf die wühlenden Aufbruchsversuche des Revolutionszeitalters gedeutet. Doch dieses Vergessen hatte seine Methode. Goyas Werk hat die Phase der Mißachtung recht gut überstanden. Es ist materiell nicht viel verloren gegangen, sogar die Platten der *Caprichos* haben sich bis heute erhalten. Denn man hatte Goyas Hinterlassenschaft als historische Überreste aufbewahrt und manches verkauft, verstreut, verstaut, weniges aber verkommen lassen. Sein Werk wurde wohl als historisches Dokumentationsmaterial angesehen, das für eine abgeschlossene Vergangenheit, nicht aber für eine Gegenwart sprach; und historische Dokumente werden archiviert. Während die aktualisierende Rezeption auswählt, herausschneidet und nach Maßgabe eines Gegenwartsinteresses auch verbiegt, überläßt die Methode und Technik des historischen Vergessens das Überkommene sich selbst und hält es so intakt und gleichgültig präsent.

Die heutige Allgegenwart, deren sich Goyas Werk erfreut, trägt eher die Züge dieser Methode des historischen Vergessens als die einer interessierten Aneignung. Ähnliches gilt auch für die inhaltlichen Deutungsansätze, die in den letzten Jahrzehnten zu Goya erarbeitet worden sind. Sie laufen nicht auf eine zunehmende Aktualisierung, sondern auf eine zunehmende Historisierung hinaus. Eines der wichtigsten Bücher über Goya, das der Engländer

F. D. Klingender 1948 veröffentlichte und das nach dem Kriege die Goyadeutung maßgeblich geprägt hat, trägt den bezeichnenden Titel: *Goya in der demokratischen Tradition.* Klingender sah einen tief und von alters her im spanischen Volk verwurzelten demokratischen Freiheitsdrang im 18. Jahrhundert in der spanischen Aufklärung wieder aufleben. Er hat Goyas vielfältige persönlichen Beziehungen zu den Vertretern der spanischen Aufklärung und ihren politischen Aktivitäten auch zur Deutung des künstlerischen Werkes genutzt. Goya ist programmatisch in eine Tradition gestellt, die ihn nach rückwärts, mit einer geschichtlichen Vergangenheit Spaniens, verband. Mochten nun Demokratie und Aufklärung für Klingender überzeitliche Werte darstellen und Goya in die Reihe ihrer Vorkämpfer eingereiht sein, so war doch Goyas Kunst nur mehr vom Kontext einer bestimmten Phase der spanischen Geschichte erschließbar. Hatten Spätromantiker oder Expressionisten in Goya den Propheten einer Zukunft, einer prognostischen Bestimmung des modernen Menschen verehrt, so wurde er seit Klingender zum Propagator einer zeitgebundenen politischen Aufklärung, in deren Aporien sein Werk verstrickt war.

Diesem Ansatz, der Goyas Werk historisch einbettete, ist gleichzeitig mit Klingender auf einer ganz anderen Ebene zugearbeitet worden. Im Jahre 1948 veröffentlichte Martin S. Soria einen Aufsatz, in dem er nachwies, daß eine Reihe von Allegorien Goyas die ikonographischen Anweisungen aufnahmen, wie sie ein Handbuch von Cesare Ripa aus dem Jahre 1603 den Malern empfahl. Es ergab sich, daß Goya, genauso wie seine zeitgenössischen Kollegen, seine Bilderfindungen nicht allein aus den Tiefen seiner Seele, sondern auch aus den gelehrten Formulierungshilfen bezog, wie sie in zahlreichen Büchern niedergelegt waren. Hatte Klingender die Denk- und Handlungsweise Goyas auf die Ideen- und Sozialgeschichte der Zeit projiziert, so war mit Sorias Ansatz Goyas Bildwelt auf die ikonographische Tradition zurückbezogen. In beiden Richtungen ist dann in der Folgezeit weitergearbeitet worden. Die historischen Hintergründe sind präzisiert, ergänzt und vertieft worden, und für die Form und Thematik von Goyas Graphik und Malerei ist immer mehr Vorbildmaterial, insbesondere auch aus dem Bereich der Emblematik, zutage gefördert worden.

Die Arbeiten der Literaturwissenschaftlerin Edith Helman über Goya nehmen innerhalb dieser historisierenden Gesamttendenz eine besondere Stellung ein, die es rechtfertigt, zwei ihrer Aufsätze erstmals in deutscher Übersetzung vorzustellen. Ihr grundlegendes Buch mit dem Titel *Trasmundo de Goya* (1963) hat neues Material in Richtung der beiden skizzierten Tendenzen erbracht: Es hat über die Untertitel der *Caprichos* zahllose Beziehungen Goyas zur Literatur der Aufklärung aufgedeckt, und zugleich aus der satirischen Graphik der Zeit zahlreiche Beispiele heranziehen können, die manche *Caprichos* in einem zeitgenössischen Bildzusammenhang zeigen. Doch Helman hat diese Beziehungen Goyas zu seiner Zeit nicht in dem Sinne aufgefaßt, daß sie das Phänomen Goya erklärten und auf das Niveau der Zeit einebneten. Vielmehr hat sie gesehen, daß das zeitgeschichtliche Material, je näher und zwingender es an Goyas Werk heranführt, zuallererst das »Problem« Goya stellt. Denn die aufgeklärten Reform- und Erziehungsprogramme, denen sich der Intellekt Goyas verpflichtet fühlte, richteten sich gegen eine folkloristische Kultur und gegen moralische und emotionale Verhaltensnormen, denen Goya von seiner Sozialisation her verbunden war. Der Konflikt zwischen rationaler Einsicht und biographischer Bindung, zwischen objektiver Vernunft und subjektiver Bestimmtheit, zwischen auftragsgebundener Programmkunst und unbeschränkter Ausdruckskunst, stellt die Frage nach

Goyas Identität neu. [...] Dieses neue Problembewußtsein [...] löst dessen Leistung von den zeitgeschichtlichen Anforderungen, indem sie sie in Widerstreit zu ihnen setzt und damit Goya von einem Grundproblem moderner Kunst her neu zugänglich macht.

Die Hamburger Goya-Ausstellung von 1980/1981 [...] hat die Problematik Goyas in einen gesamteuropäischen Horizont gestellt. Sie hat gezeigt, daß die spezifische historische Konstellation, in der Goya seine künstlerische Stellung erarbeitet hat, seiner Kunst auch im europäischen Kontext einen besonderen Rang zuweist. Die künstlerischen Probleme im Zeitalter der Revolutionen haben in Goyas Werk eine solche Verschärfung und Vertiefung gewonnen, daß seine Kunst noch immer unentbehrliche Bestimmungen des modernen Bewußtseins erschließt.

Der einem Capricho Goyas entlehnte Titel [...] – »Alle werden fallen« – gibt die allgemeine Richtung an, in die die hier versammelten Beiträge von unterschiedlichen Ausgangspunkten her argumentieren. Das Zeitalter der Revolutionen vermittelte Goya die Erfahrung der Zersetzung alter und der Setzung neuer Werte und Ordnungen. Allenthalben war auch die Kunst an der Propagierung neuer Werte beteiligt, so wie sie schon den alten gedient hatte. Mit Goya verliert die Kunst ihre Unschuld vor den Zumutungen zeitlicher Mächte. Er hat das Schicksal der alten Werte den neuen Ewigkeitswerten, gleichsam als deren Fallgesetz, mit auf den Weg gegeben. Keine Norm wird durch Goyas Form geweiht oder abgesichert. Vielmehr verflüssigt und zernagt seine Form jedes gesetzte Wertesystem; sie vollstreckt an ihm die Einsicht in die geschichtliche Relativität. Seit Goya ist Negation ein künstlerisches Prinzip. Nichts mehr kann von nun an noch erbaulich sein. Nur daß die zeichnende Hand es vermag, den Fall der Dinge festzuhalten und anschaubar zu machen, ist ein Mittel, ihm zu entrinnen.

Goyas Gesten

Am 22. März 1798 schrieb Goya in einer Eingabe an die königliche Regierung in Madrid: »Da es sechs Jahre her sind, daß ich ganz meine Gesundheit verlor, insbesondere das Gehör, und ich demzufolge so schwerhörig bin, daß ich ohne den Gebrauch von Handzeichen nichts verstehen kann, war es mir nicht möglich, mich um meine beruflichen Angelegenheiten zu kümmern [...].«[1]

Danach war Goyas Verständigung mit seinen Mitmenschen seit seinem sechsundvierzigsten Lebensjahr auf die Gestensprache zurückgeworfen. Sich selbst kann er noch in artikulierter Sprache mitteilen, doch Antworten kann er nur noch schriftlich oder über Handzeichen aufnehmen. Man hat gesagt, Goya habe sich »die Taubstummensprache aneignen müssen, um sich überhaupt noch verständigen zu können.«[2]

Die Abhängigkeit von der Gestensprache verwies Goya auf das neueste praktische Ergebnis einer alten theoretischen Bemühung um das Wesen der Gesten und Gebärden. Seit Aristoteles war die Gebärde der körperliche Reflex innerer seelischer Vorgänge. Als solche wurde sie dann dem Redner wie dem Schauspieler als erlernbares Verstärkungsmittel im rhetorischen Einsatz empfohlen.[3] Auch in den Kunstakademien hatte man, nachdem Le Brun einen gestischen Ausdruckskatalog erarbeitet hatte, alle Künstler darin unterwiesen, für jede seelische Stimmungslage die angemessene Gebärdenformel verfügbar zu haben.[4] Lavaters physiognomische Lehre von der Außenausprägung der Seele in den Merkmalen des Gesichts, die seit 1775 in Umlauf war, ist zumindest in Fragmenten auch Goya zur Kenntnis gekommen – wie einige Nachzeichnungen nach Lavaters Charakterableitungen belegen.[5]

Wenn die Gebärde die Trägerin seelischer Bewegungen war, dann konnte sich ergeben, daß die Gesten die seelischen Regungen unmittelbarer und umfassender zu spiegeln vermochten als die Wörter, die je nach Region und Nation verschieden ausgeprägt waren. Schon Quintilian hatte bemerkt, daß im Unterschied zur verbalen Sprache die Gestensprache von allen verstanden werde, so daß sie eine allen Menschen gemeinsame Redeweise sei: »Omnium hominum communis sermo.«[6] Seit dem 17. Jahrhundert fand diese universale Verständigungsmöglichkeit ein immer größeres Interesse. Giovanni Bonifacio schrieb 1616 ein Buch über *L'arte de' Cenni*, über die Kunst der Gebärdenzeichen, und John Bulwer entwickelte 1644 eine *Chirologia* oder eine »Natursprache der Hand«. Beide betonen den universalen Wert der Gestensprache. Während die artikulierten Sprachen Verständigungsbarrieren zwischen den Nationen errichteten, biete die Gestensprache eine allgemeine Mitteilungsebene; systematisch angewandt, könne sie eine »Universalsprache« ergeben, durch welche Babel rückgängig zu machen sei.[7] Noch der Mentor und aufgeklärte Freund Goyas, Melchior Jovellanos, paraphrasiert in diesem Sinne den alten Quintilian: »Kaum ist zu sagen, über wieviele Bewegungen die Arme verfügen. Alle übrigen Körperteile begleiten eigentlich nur das, was gesprochen wird. Doch von den Armen möchte man sagen, daß sie für sich sprechen. Bitten wir nicht etwa mit ihnen, versprechen, rufen, verzeihen, mahnen, flehen, verachten, fürchten, fragen und verneinen wir nicht mit den Armen? [...] Während es so viele Sprachen unter den Menschen und Völkern gibt, stellen die Bewegungen der Arme eine allen Menschen gemeinsame Sprache dar – »un len guaje común á todos los hombres«.[8]

Diese Aufwertung der Gestensprache zu einer eigenen

Universalsprache zeitigte jene praktischen Konsequenzen, die dem schwerhörigen Goya nützlich werden sollten. Im Jahre 1776 veröffentlichte der Abbé de l'Epée in Paris sein *Projet d'une langue universelle* und hatte damit, sechzehn Jahre nach seiner Gründung der ersten Taubstummenanstalt, das erste erfolgreiche System einer Taubstummensprache vorgelegt. Er nennt sie eine »langue universelle«, eine Universalssprache.[9] Aus ihr müßte Goya jene »cifras de la mano«, jene Handzeichen, bezogen haben, von denen er 1798 schreibt.

Ein Jahr zuvor, als er noch daran dachte, das berühmte Autorenbild, das später Capricho 43 werden sollte, als Titelblatt für eine Serie von »Träumen« (Sueños) zu nehmen, hat Goya jenem Kernbegriff der Gestentheorien auf einem Sockel in dem Blatt ein Denkmal gesetzt: Die Inschrift verkündet, daß Francisco Goya ein »Ydioma universal« gezeichnet und radiert habe.[10]

Trotz dieses Versprechens einer universalen Mitteilung versagt sich der Autor selbst in seinem Titelbildentwurf jede Kommunikation. In einem allerersten Entwurf hatte Goya sein volles Gesicht noch unter die Traumgegenstände im Hintergrund gesetzt, denn immer pflegten auch in der Vergangenheit melancholische oder schlafende Autoren doch ihr Gesicht zu zeigen.[11] In seinem zweiten Entwurf jedoch eliminiert Goya sein Gesicht, so daß der Autor, der doch in der Beischrift eine universale Sprache ankündigt, selbst nicht zu sprechen ist. Er vergräbt sein Gesicht in die über den Sockel gelegten Arme, ähnlich wie es zur gleichen Zeit Füssli tat, als er »Das Schweigen« zu veranschaulichen hatte.[12]

Wenn Goya mit dieser Selbstabsperrung gegenüber dem Bildbetrachter auch seine persönliche Lage meinte, die ihn von der Umwelt isolierte, dann konnte er sich erinnert haben an ein älteres Titelblatt, auf dem das körperliche Leiden eines Autors eine ähnliche Rolle gespielt hatte. Stefano della Bella hatte 1649 für die Werkausgabe des gelähmten Paul Scarron den Dichter im Rollstuhl gezeigt, wie er, mit dem Rücken zum Leser, bildeinwärts auf den Parnaß zufährt, wo sich ihm die Musen spottend in den Weg stellen.[13] Wie bei Goya ist die persönliche Not so gewendet, daß sie vom Publikum abschnürt, dafür aber einer Inspirationssphäre zuführt.

Die Herkunft des Begriffs »Ydioma universal« aus der Gestentheorie gibt dem Entwurf zu Capricho 43 einen eigentümlichen Sinn, der eine autobiographische Situation zu einem künstlerischen Programm erweitert: Was die methodische Gebärdensprache dem Taubstummen, das leistet die Sprache der Phantasie dem Künstler. Diese ist inthronisiert als eine neue Universalssprache, die das auf sich selbst eingegrenzte Subjekt wieder mitteilungsfähig macht. Im Rückgang auf sich selbst muß sich der Künstler diese Sprache neu aufbauen. Von dieser neu erworbenen Sprachgewalt erwartet die Beischrift unter dem Bild, daß sie die schädlichen Vorurteile verdrängt, so wie der Autor in dem Bild davon träumt, daß ein aufklärender Lichtkreis die Dunkelmächte in seiner Umgebung verdrängt.[14]

Als Goya eine weitere Fassung des Bildes als Nummer 43 in die Serie der »Caprichos« einreihte hat er mit seinem Namen auch den persönlich begründeten Hinweis auf das »Ydioma universal« weggelassen und ihn ersetzt durch den aufklärerischen Gemeinplatz, daß der Schlaf der Vernunft Monstren erzeugt: »el sueño de la razon produce monstruos.«[15] Damit aber ist das Bild in die Tradition jener populären Bildprägungen gebracht, die etwa einem Kaufmann klar zu machen suchten, daß, wenn er schlafe und nicht wachsam sei, die Gierigen wie Affen sich über seine Habe hermachen. Mit dem Text hat sich auch der Bildsinn verschoben. Der Autor, dessen Haupt sich über verkrallten

Händen zu einer dichten Kalotte verfestigt hat und damit vollends weggesunken ist, schläft, währenddessen die andrängenden Sachwalter der Unwissenheit und Triebe sich schon der beiseite gelegten Instrumente des Künstlers bemächtigten.[16] Sie können jetzt kecker werden, weil sie nicht mehr im Hintergrund einen Kampf mit dem Licht ausfechten müssen, sondern frei sind, den Autor anzufallen und auch den Betrachter anzugehen. Der Kommentar der Biblioteca Nacional, der vielleicht von Goya selbst stammt, spricht davon, daß sich alles in Visionen auflösen muß, wenn von den Menschen der »Schrei der Vernunft« (el grito de la razón) nicht gehört werde.[17] Im Entwurf war das Licht der Aufklärung mit einer Universalsprache im Bunde. In der Endfassung ist es Nacht; die Vernunft müßte den Schlafenden ein geschrieenes Weckzeichen geben. Im Bild selbst findet das Wahrheitspathos keinen Träger mehr; kein großer Gestus hält der Finsternis die Fackel des Lichts entgegen.

Einem ausgreifenden, emphatischen Gestus jedoch begegnen wir in Capricho 71. Eine Hexe verkündet ihren überraschten Genossinnen: »Wenn es Tag wird, dann gehen wir«. Wenn Licht, Aufklärung einbricht, dann verschwinden die Nachtwesen. Doch es ist nicht ein Lichtträger, sondern es ist die Hexe, die den großen Aufbruchsgestus vollzieht.

Als Herder im gleichen Jahr 1799 die Jahrhundertschwelle und zugleich seine neue Zeitschrift *Aurora* ankündigte, entfaltet er eine ganz andere Bildsprache: »Eine *Aurora*, denn was nützte ein panisches Schreckensgeschrei, das die Sinne verwirrt und den Mut entkräftet? Dem Wandrer in der Nacht ist der erste Strahl der Morgenröthe ein Bote der Hoffnung, ein angenehmer Gefährte. Den Griechen war Eos (die Morgenröthe) eine freundliche Himmelstochter; mit Rosenfingern hebt sie den Schleier der Nacht auf und verjagt Schrecken und Träume. Sie verkündiget und gibt Licht; sie erweckt und belebet.«[18] Setzte man sich Herders Text in ein Bild um, so hätte man einen sehnsüchtigen Nachtwanderer, der seine Arme hoffnungsfroh dem rosenfingrigen Morgen entgegenstreckt. Bei Goya aber ist es der Hexe, dem negativen Wesen überlassen, diesen Gestus zu vollziehen: Das Pathos der Wahrheit ist aus dem Zustand der Unwahrheit entfaltet. Nicht eine neue strahlende Macht verkündet den Tag, sondern die alten finsteren Mächte verabschieden sich. Deshalb ist Goyas Gestik nicht eine solche von Siegern, nicht eine Verkündigungsgestik, sondern die gebrochene Gestik von Gefallenen, Gefährdeten und Bedrohten, die eher eine Passionsgestik ergibt.

Außerhalb Spaniens konnte ein vertrauensvolles Bürgertum mit der alten Theorie, wonach »der Körper die sichtbar gewordene Seele selbst« sei (Sulzer), ernst machen und ein natürliches, von innen getragenes, tugendhaft-bestimmtes Gebaren postulieren, das die Fesseln der Konvention, der veräußerlichten Haltungsgestik abgeworfen hätte.[19]

Goya aber empfing die aufgeklärten Programme in einem Land ohne tragfähiges Bürgertum. Von früh auf bewegte er sich als Künstler in einer höfischen Sphäre, in der die Gebärdensprache ebenso gekünstelt, grammatikalisch geregelt, berechnet und modelliert war wie die verbale Sprache.[20] Hier ließ man sich Beispiele spontaner Bewegungen als jokose Unterhaltung auf Gemälden und Teppichen darbieten, und Goya hat reichlich davon geliefert.[21] Die Forderung, daß ein Höfling die andressierte Geste mit Leichtigkeit und Ungezwungenheit vortragen müsse, war schon als ein Zwang erkannt, der die Fesseln mit Grazie zu tragen befahl: 1781 war in Madrid die letzte spanische Ausgabe der Emblemata des Alciato (1551) erschienen, in der ein Höfling im Block vorgeführt ist. Goya hat diese Selbstfesselung der adligen Hofschichten auf Capricho 50 verschärft, indem er die Adligen regungslos in ihren Wappenbriefen verpackt zeigt; überleben können sie nur, wenn ihnen von anderen Schichten Nahrung zugeführt wird.[22] In diesem Zustand der Erstarrung endete ein jahrhundertealtes körpersprachliches Beziehungs- und Regelsystem, und Goya ist der Chronist seines Zusammenbruchs geworden.

Wenn Velázquez eine Hoffamilie zu malen hatte, dann wußte er jedem Mitglied die angemessene Gebärde zuzuteilen: Die fünfjährige Infantin Margarita weiß, daß sie ein Erfrischungsgetränk, das ihr dargebracht wird, entgegennehmen können muß, ohne das vor ihr niederkniende Hoffräulein anzublicken; einer Prinzessin ziemt es nicht, eine Dienstleistung mit einem dankenden Blick zu erwidern, auch wenn sie ihr mit der Demut eines Verkündigungsengels zuteil wird. Das adlige Fräulein zur Linken der Infantin weiß, daß sie nur dazu bestellt ist, die Infantin abzuschirmen, nicht aber, um konkurrierend, mit geradem Rückrat und en face, in Szene zu kommen. Die kleine Infantin weiß auch, daß es sich nicht ziemt, den Eindruck zu erwecken, beim Konterfeien käme es darauf an, daß sie den Maler ansieht; vielmehr muß er sie aufsuchen und ihr nachblicken, denn sie darf es nicht nötig haben, in Positur zu gehen. Es ist eine Eigenschaft von Domestiken, sich bildfein zu machen und gespreizt in Pose zu bringen, wie die Zwergin, die sich rechts breit aufgepflanzt hat. Den kleinen Kollegen aus dem Zwergenhaushalt muß es deshalb stören, daß auch der Hund sich bedeutsam ins Bild setzen will. Auch der Maler hat sich fein gemacht für den Auftritt, während das Erzieherpaar sich flüsternd im Hintergrund hält. Der Hofmarschall José Neto weiß ebenfalls, daß er, bevor er den Raum verläßt, noch einen Blick zurückwerfen muss, um sich zu versichern, daß alles beim Rechten ist.

Scheinbar mühelos vollziehen die Hofmitglieder die Rangskala der Gesten, die ein strenges Reglement ihnen auferlegt hat. Unter und vor dem unbewegten Spiegelbild des Königspaares zeigt sich der Hofstaat als ein funktionierendes gestisches Regelsystem, als ein Perpetuum Mobile, das der Maxime gehorcht: »Je höher einer ist vom stande / je weniger bewegt er sich«.[23]

Louis-Michel van Loo hatte vom französischen Hof die pompösen Inszenierungsmittel mitgebracht, als er 1743 die Familie der spanischen Bourbonen ins Bild zu bringen hatte: Vor einem Proszenium von Säulen und gewaltigen Vorhängen, in denen sich der Gestus ausgreifender königlicher Verfügungsgewalt darstellt, sitzt die Familie, jetzt ohne Lakaien, das königliche Elternpaar unbewegt und gelassen, umschwärmt von einer Kinderschar, die sich als Könige (von Neapel), als Großadmirale, Erzbischöfe, Prinzen und Thronfolger mit ihren Gemahlinnen zu einem repräsentativen Gruppenbild versammeln. Die gelernten, erlaubten oder geziemenden Gesten greifen ineinander wie in einem Räderwerk; in der scheinbar zufälligen Situation ist jedem Einzelnen eine Funktion in der familialen Staatsmaschinerie zugewiesen.[24]

Als Goya zum zehnjährigen Jubiläum der Regierung Karls IV. auch ein Familienbildnis zu liefern hatte, tat er es, indem er über die bourbonische Zwischenphase hinweg auf die *Meninas* des Velázquez zurückgriff. Die königliche Familie wollte offensichtlich nicht mehr in einem fremden, französischen Schema, sondern in der landeseigenen Vergangenheit gegründet erscheinen.

Doch das gestische Regelungssystem der *Meninas* scheint in Goyas Familienbild ins Stocken geraten zu sein. Der Kronprinz Ferdinand läßt sich von dem kleinen Bruder Carlos an die Taille fassen, so als müsse er zurechtgerückt werden. Manche der Figuren, etwa Ferdinand und der König, zeigen nur einen Arm. Es kommt kaum zu gestischen Beziehungen. Der linke Arm der Königin Maria Luisa verlängert die Scheidewirkung des Bildrahmens an der Wand im Hintergrund in die Gruppe hinein. Ihren rechten Arm legt die Königin schwer über die Schulter der Infantin Maria Isabel, doch diese koppelt sich von dem herandrängenden Volumen der Mutter durch eine schützende Armbewegung wieder ab. Die Arme liegen allenthalben wie Trennbalken zwischen den Figuren. Die Intervalle, die bei Velázquez die rhythmische Wellenbewegung eines Zusammenklanges ergaben, wirken hier wie Einbrüche durch die jede Figur allein gestellt ist. Diese Hoffamilie hat jegliche höfische Bewegungskultur, jedes gestische Raffinement, das Figuren zu einem schwingenden Gesamtornament verbinden konnte, abgestreift.

Dieses Gebaren der königlichen Familie ist immer wieder als unangemessen empfunden worden, und immer wieder ist die Demaskierungstechnik Goyas bewundert worden. Erst Schmoll-Eisenwerth hat das Bild in eine historische Konstellation gerückt, die den Habitus der Familie erklärlich macht, indem er auf Bestrebungen auch an anderen Höfen, etwa dem preußischen, hingewiesen hat, wo man nach der Französischen Revolution bestrebt war, sich bürgernah zu geben und sich mit bürgerlichen Tugenden auszustatten.[25] Daraus ergibt sich Goyas Versuch, die Königin als treu sorgende Mutter zu zeigen, den König als liebevollen Hausvater, die Infanten als wohlerzogene Knaben, die Infantin als kinderliebe Frau, die ein Baby auch einmal selbst in den Arm nimmt. Dies waren Eigenschaften, die außerhalb Spaniens schon länger herrscherliche Familienbilder gleichsam humanisiert hatten.[26] Im Interesse einer Anpassungsbewegung an den neuen Zeitgeist hat Goya die Figuren in Stellungen zu zeigen, in denen sie weniger die höfische Repräsentation als sich selbst darstellen. Dennoch bleibt bemerkbar, daß der Stellungswechsel nicht leicht zu verwirklichen war, daß der Königsfamilie ein Lebensmedium entzogen ist, in dem sie bisher lebte und webte. Durch den Wegfall des höfischen Gestenapparates, der das Auftreten bisher gesichert hatte, ergibt sich ein gestischer Leerraum, in dem man sich neu orientieren, jeden Schritt neu erlernen muß. Wenn Walter Palm die Szene auf dem linken Bild an der Rückwand richtig gedeutet hat, dann handelt es sich um die drei Grazien, die jahrhundertelang der Inbegriff des freundschaftlichen zwischenmenschlichen Austausches waren.[27]

Daß der erste Auftrag, den der König dem frisch ernannten Primer Pintor de Camera erteilte, dieses Familienbild mit dem Ansatz einer psycho-physischen Neuorientierung gewesen ist, war kaum ein Zufall. Goya war der einzige Maler in seiner Umgebung, der sich schon länger mit neuen Bewegungsbedürfnissen befaßt hatte.

Schon 1783 hatte Goya die wegen einer morganatischen Ehe aufs Land verbannte Familie des ehemaligen Erzbischofs von Toledo und Infanten Don Luis in einem ungewöhnlichen Alltagsmilieu gezeigt. Während der alternde Infant am Tisch mit einem Kartenspiel beschäftigt ist, läßt sich seine jüngere, unebenbürtige Frau von einem Friseur das Haar kämmen. Der Maler, links an der Staffelei, nimmt teil an dem Alltag eines hochgestellten Haushaltes, von dem alle Repräsentationspflichten abgefallen sind.[28]

In aufgeklärten Kreisen der spanischen Aristokratie war man schon vor der Französischen Revolution auf der Suche nach einem neuen Gehabe, das die altüberlieferten Schemata der Selbstdarstellung zu verflüssigen suchte. Das kurz vor Revolutionsausbruch entstandene Familienbild der franko- und anglophilen Familie der Osuna zeigt, daß man sich das neue Verhaltensmodell aus dem Ausland holte. In England hatte etwa Gainsborough aristokratische Familien in einer geselligen und gelockerten Entspanntheit gezeigt. Goya ist bei der Konzeption des Familienbildnisses der Osuna von solchen englischen Vorübungen ausgegangen,[29] doch geraten ihm die Bewegungen noch nicht so flüssig. Die fünf auf den Betrachter gerichteten Augenpaare suchen Sicherheit vor einem Aufbruch. Vor dem diffusen, blaugrünen Hintergrund ohne Säulen und Vorhang wirkt die Familie wie eine Zelle, die sich eben erst öffnet. Der Vater, mit der Tochter an der Hand, schwenkt so aus, daß der Kern der Familie dadurch freigelegt erscheint. Die Bewegungen wirken wie willentlich vorgetragen, so als habe sich dieser aufgeklärte spanische Aristokrat die liberale Unbefangenheit der Engländer wohl intellektuell, nicht aber auch schon körperlich aneignen können. Unter Bangen scheint das aufgeklärte Bewußtsein einen ersten Schritt aus einem tief verinnerlichten Repräsentationsrahmen heraus in einen sinnlichen Freiraum zu wagen.

Auch in Einzelbildnissen hatte Goya aufgeklärten Kreisen der spanischen Oberschicht körperliche Übungsvorschläge für ein emanzipiertes Verhalten unterbreitet. Die Herzogin von Alba wird man kaum in Wirklichkeit je so gesehen haben, wie Goya sie 1795 malte: Allein und frei in der weiten Landschaft stehend, mit herrischem Gestus auf den in den Sand geschriebenen Namen eines Malers weisend.[30] Es ist fast der Feldherrengestus, den vierzig Jahre vorher Reynolds dem Commodore Cappel zugelegt hatte. Ein ähnlich männliches Gebaren – im Reitdreß mit Peitsche in freier Landschaft stehend – hatte Reynolds 1780 der Lady Worsley zugelegt.

Nahm die aufgeklärte Frau herrische Züge an, so mußte der aufgeklärte Mann sich sensibel, gebrochen geben können. Der Herzog von Alba, der Gatte jener energischen Herzogin, läßt sich als Musikliebhaber vorstellen. Versonnen liest er in den Partituren von Haydn, eine für spanische Aristokraten provozierende Verwechslung von Marte und Arte.[31] In die politische Sphäre stößt diese Gebarenstrategie mit dem Bildnis des adligen Schriftstellers und Justizministers Melchior Jovellanos von 1798 vor. Für den Meditationsgestus, der den Aristokraten zum Denker macht, gab es Vorbilder in England, etwa das Bildnis des Earl of Landerdale, das Reynolds 1759/1761 fertigte. In Spanien jedoch war es etwas ganz Neues, daß sich ein Staatsminister und Aristokrat nicht durch aufgehäufte Machtsymbole und nicht in einem Habitus gelassener Überlegenheit, sondern in dem Habitus suchender Reflexion darstellen ließ und seine Machtposition allein durch intellektuelle Kompetenz legitimiert zeigte; daß er sich nicht mehr durch Mars oder Herkules, sondern, wie es andernorts auch schon üblich war, durch Athena protegiert sein ließ. Das Risiko dieser neuen Selbsteinschätzung, das in Spanien nur unter dem Schutz des Hofes kurzfristige Chancen hatte, steht dem bald schon entlassenen Minister auf dem Gesicht geschrieben.[32]

Goya war also der einzige spanische Maler, der die kleine aufgeklärte Aristokratenschicht mit entspannten, liberal angehauchten westeuropäischen Gesten bedienen konnte. Deshalb kam nur er in Frage, als die Königsfamilie einen Maler suchte, der sie in einer Anpassungsbewegung an den liberalen Geist zeigen konnte. Goya setzt den Auftrag so um, daß die Königsfamilie in einer gestischen Suchsituation hineingestellt erscheint und spürbar bleibt, daß mit den europäischen Umwälzungen des voraufgegangenen Jahrzehnts nicht nur ein monarchischer Thron, sondern ein ganzes psycho-physisches Verhaltenssystem in Frage gestellt war.

In Frankreich hat der Maler David nach der Revolution und nach dem Zusammenbruch der höfischen Gesten- und Verhaltensnorm die gestische Erziehung des Volkes auch mit Hilfe großer Feste in Angriff genommen. Die Eidesgesten, die er vor der Revolution seinen Horatiern verordnet hatte, hat er dann in Paraden vor Robespierre in Lebensformationen umgesetzt.[33] Schlugen in der jakobinischen Gestenpolitik die aufgeklärten Freiheitsgesten in Disziplingesten um, so entfesselte die politische Aufklärung in anderen Ländern ein ausgreifendes Pathos, durch das die Freiheitsideale in Gemälden gleichsam vorgeturnt werden.

Die historische Situation in Spanien gab den Weg zu optimistischen Freiheitsexperimenten nicht frei. Bei allen politischen Wechselfällen blieb doch die Alte Ordnung strukturell stabil. Aber dem Blick, der sich von den europäischen Einflüssen und Einbrüchen leiten ließ, mußten die alten Positionen als stehengebliebene Formen mit ausgetrockneten Inhalten erscheinen. In den Caprichos von 1797/1799 hat Goya bei den ausgehöhlten Traditionsbeständen Inventur gemacht. Künstlerisch jedoch ergab sich nicht ein Arsenal verstaubter Formeln, sondern ein Vorrat verformten Lebens. Mit leeren und verstörten alten Gesten wird ein neuer Sinn gesucht.

In mehreren Caprichos erscheinen die Gesten der galanten Welt des 18. Jahrhunderts wie Gesten aus einer Unterwelt. Vor einer armen Familie entfaltet ein verkrüppelter reicher Brautwerber das ganze Register ergebenster Verehrung.[34] Es verkommt jedoch zu einem aufdringlichen Potenzgebaren, dem der Vater des Mädchens einen männlichen Konsens signalisiert, auf das die Mutter jedoch mit Verdeckung der Augen, die Tochter mit einem widerstrebenden Pudicitia-Gestus antwortet.[35] In einer freien Landschaft vollzieht sich das Ehegeschäft als eine Opferhandlung, in die ein altüberliefertes Gestenrepertoire verwickelt ist. Die Komposition erinnert das visuelle Schema einer Sposalizio, der alten sakralen Eheschließung. Aus ihrer Perversion entfalten die abgelebten Gesten neue Sprengenergien.

Immer wieder erscheinen in den Caprichos die alteingeübten Gebärden einer kirchlichen und frömmigkeitlichen Kultur, die durch einen neuen Kontext auch sinnlich neu aufgeladen sind. Auf Capricho 19 verfolgt die Alte links den

Erfolg der Lockeinrichtung für Männer aller Stände, so als bete sie zu Engeln. Schon lange gab es in der Graphik die »große Wunder-Baum, darauf die schöne Jüngling« oder auch »Jungfern« wachsen, und die Hofsatire empfahl solche Bäume wohlzupflegen, wenn man guter Früchte sicher sein wollte. Während die französische Revolutionsgraphik die alten »Ständebäume« schon mit ganz anderen Mitteln schüttelte, sind Goyas Ernteergebnisse noch mit altkirchlichen Mitteln erzielt: Es ist ein Idol wie eine Heiligenbüste ausgesetzt, dem die Heilsbedürftigen zufliegen.[36] Mit den kirchlichen Glaubensformen werden auch sakrale Bildformeln disponibel; sie regenerieren sich in neuen Funktionszusammenhängen. Auf Capricho 59 wird die mächtige Felsplatte von einer hageren Figur so abgestemmt, wie auf den Altären jahrhundertelang die Schergen das Kreuz Christi abstemmten; doch der Körpereinsatz, der dort das Kreuz aufrichtete, soll hier verhindern, daß das niedergehende Gewicht der Platte alles zugrunde richtet. Auf Capricho 8 entführen die Mönche eine Frau im Bewegungsschema einer Grablegung. Auf dem folgenden Capricho 9 ist »Tantalus« der impotente Mann, der die Frau beweint wie auf unzähligen Pietás Maria den Leichnam Christi beweinte; die Erlösungsgeschichte ist zu einem Thema der Individualgeschichte geworden.[37] Der geizige Alte auf Capricho 30 ist dem Gelächter seiner freizügigeren Mitbürger ausgesetzt wie Christus seinen Spöttern. Die eingekerkerte, schuldig gewordene Frau darf im Gefängnis unter der Lampe klagen wie Magdalena unter dem Kreuz. Und wenn Mönche und Nonnen miteinander gezecht und gehurt haben, dann dürfen sie sich danach in die gleiche erschöpfte Schlaflage bringen wie die Jünger im Garten Gethsemane am Ölberg.

Die Caprichos gehen aus von der Hinfälligkeit und Verfügbarkeit des konventionellen, institutionell abgestützten Gestenapparates. Jahrhundertelang Handlungs- und

Verhaltensregler, sind diese hohl gewordenen Gesten wie Strohhalme, an die Sich Opfer und Täter der alten Ordnung mit ihren Restenergien klammern. Goya kannte die akademische Möglichkeit, das Vakuum, das der Zusammenbruch der alten Körpersprache hinterlassen hatte, etwa durch Leihgesten aus der Antike aufzufüllen.[38] Dieser in Frankreich beschrittene Ausweg kommt in den Caprichos nicht vor. Vielmehr drängen in den leer gewordenen alten gestischen Verfügungsraum diejenigen körperlichen Reflexe und Triebe hinein, die von der überlieferten Gestenkultur abgedrängt oder unterdrückt waren. Aus den Tiefenzonen der menschlichen Rohnatur melden sich Bewegungen mit dem Anspruch, berücksichtigt zu werden. Öfters erscheinen in den Caprichos volkstümliche obszöne Gesten, wie die »Feige«,[39] doch in der Regel sind es gesellschaftlich konventionalisierte Gesten, mit denen die ausgebrochenen Triebenergien Urständ feiern. Dieses Wechselverhältnis sei an einem Motiv verdeutlicht.

Der Mund war in der Malerei des 18. Jahrhunderts das sorgsam gepflegte Zierstück einer empfindsamen und kultivierten Gesichtslandschaft. Er war ein Organ, über welches Willens- und Gefühlssignale ausgesandt wurden.[40] In den Caprichos aber gerät der Mund zu einem Mal, zu einer Einbruchsstelle, durch die die Außenwelt ungehemmt eindringt.

Das bärtige adlige Großkind, das in Capricho 4 von einem Lakaien weggeschleppt wird, fährt mit beiden Händen in seinen aufgeschwollenen Mund. Wir kennen diesen Gestus als einen Gestus der Zerknirschung und der Reue aus mittelalterlichen Höllendarstellungen.[41] In der *Erschießung des Dos de Mayo* hat Goya ihn wieder verwendet. Aus den Tiefenregionen der Hölle also hat Goya den Gestus bezogen, als er die hemmungslose, panische Genußsucht eines verzogenen Adligen zu charakterisieren hatte.

Auf Capricho 49 gibt sich der hingekauerte Mönch links unten lustbetont dem Essen hin, während sein Mitbruder mit einem monströsen Zeigegestus auf die Fensterform in der Rückwand verweist, die seinen eigenen Haimund monumental überhöht; gemeint ist die Geldsucht der Kirche, die sich hier als elementare orale Befriedigungssucht äußert.

Die ehrenwerten Richter auf Capricho 21 rupfen ihre hühnergestaltigen Frauenopfer wie in Trance mit dem Mund. Aus der Bildhoheit des klassischen Dreiecks einer Heiligen Familie fallen sie in ein triebhaftes Naturverhältnis zurück, in dem der Mensch dem Menschen ein Wolf ist.

Die junge Frau auf Capricho 12 handelt nach den Geboten eines liebeszauberischen Aberglaubens, wenn sie dem Gehängten einen Zahn zu entreißen sucht; in Darstellungen des erhängten Judas waren es die Teufel, die ihm den Mund plünderten.[42]

In Capricho 33 deutet die Beischrift an, daß die ärztliche Behandlung, die auf dem Bild gezeigt wird, ein politisches Heilverfahren ist. Daß der Herrscher ein Arzt sei, der einen kranken Körper im Notfall auch durch Amputation heilen müsse, war eine alte politologische Metapher.[43]

Erst Goya hat sie als einen Eingriff verbildlicht, bei dem die Patienten sich entäußern, ihr Inneres auszuwerfen haben. Einen noch radikaleren Entwurf, der die zwischenmenschlichen Beziehungen auf die Grundlage eines Exkrementenaustausches stellte hat Goya nicht veröffentlicht.[44]

Es ist kaum richtig, solche gestische Animalisierung so zu verstehen, daß Goya diagnostizieren wollte, nach dem Zusammenbruch der höfisch-sakralen Gestenordnung müsse die bestialische Natur des Menschen sich herauskehren. Denn Goya reaktiviert ja zumeist nur die von der alten Gestenordnung abgedrängten Vitalgesten, die jetzt auf der Ebene der Hochkunst mit den Kulturgesten zusammentreffen. Den Brechzwang, in den ein Stärkerer einen Schwächeren bringen kann, hatte Goya schon in dem Picaro-Roman des *Lazarillo de Tormes* geschildert gefunden, und sein Testament von 1812 verzeichnet das Gemälde, das Goyas Interesse für diese Szene belegt. Und wenn Goya die Unlösbarkeit der Ehe als Zwangsehe verbildlicht, dann greift er auf Bildprägungen der hermaphroditischen »coincidentia oppositorum« zurück, die auch schon durch die Höllen des Hieronymus Bosch gegangen waren.[45] Anders als David in Frankreich, der eine siegreiche Macht hinter sich wußte, als er ein Programm neuer Gesten aufstellte, hat Goya bei seiner Inventur im alten Gestenarsenal die Siegergesten mit den Opfergesten sich vergleichen lassen. Es ist keine gestische Universalsprache gezeigt, die das Leiden linderte.

Wenn die Caprichos noch offen lassen, ob aus dem Zusammenbruch der alten Körpersprachen sich eine neue ergeben könnte, dann scheint der späte Goya wenig gesehen und erfahren zu haben, was eine solche Hoffnung stütze. Aus der Sicht des späten Goya sind die Menschen im Begriff, sich gestisch zu liquidieren. Sein Spätwerk enthält eine Grundfigur des gestischen Verstummens, die immer wiederkehrt.

Desastres 37 bietet das unbeschreibliche Beispiel einer gesten-unfähig gemachten Figur: Mensch und Natur so zueinander zurückgekehrt, daß sie gegenseitig Gliederfunktionen übernehmen können. In Desastres 39 sind Fleisch und Holz so ineinander verpfropft, daß der Baum die Klagegesten vollzieht, die dem Körper verwehrt sind. Nach manchem Blatt der Desastres sind nur noch Leichen befähigt, Gesten zu machen. Gestikulierenden Leichen stehen erstarrte Überlebende gegenüber.

Eine ganze Serie später Zeichnungen und Radierungen, widmet Goya Gefangenen und Gefesselten, und schon in den Desastres hat Goya immer wieder die Erschießung gefesselter Menschen beschäftigt. Es war üblich, den zum

Tode Verurteilten die Augen zu verbinden und sie gefesselt zu erschießen. Auch bei der spanischen Garrotte, dem Bruch der Halswirbel, wurden die Opfer gefesselt und erhielten Kruzifixe zwischen die Hände gesteckt. Goya hat diese Situation, die dem Menschen einen letzten Gestus versagt, sich immer neu vergegenwärtigt.

Ein Mal jedoch hat er den Gestus in dieser Grenzsituation sich entfalten lassen. Auch bei der Erschießung am Zweiten Mai 1808, die dem Bild zugrunde lag, das Goya wahrscheinlich 1814 für einen Triumphbogen zum Einzug Ferdinands VII. gemalt hatte, waren die Opfer gefesselt worden.[46] Vielleicht brauchte Goya von der hohen Anbringung am Triumphbogen her einen wirkungsvollen Gestus, der dem einziehenden König den Aufopferungswillen seiner Untertanen signalisierte. Der Gestus der Hauptfigur mit den hochgerissenen Armen ist oft und eindringlich beschrieben worden. Es ist gewiß ein alter Orantengestus, in dem, wie in Dürers *Christus am Ölberg*, Bitte, Klage und Beschwörung zusammengefaßt sind.[47] Doch ist er zugleich aus der Grenzsituation zum Tode hin regeneriert, und die Tradition sakralisiert einen Gestus elementarer Empörung.

Die Rezeption von Goyas berühmtem Bild zeigt gerade gegenüber diesem Gestus einige Verlegenheit. Gisberts Darstellung der Exekution einer Gruppe von Liberalen unter der Führung Torrijos vom Jahre 1857 zeigt die Opfer gefesselt und gefaßt.[48] Aber auch Manet hat in seiner *Erschießung Kaiser Maximilians* den Gestus unterdrückt, obwohl der Kaiser, wie es seinem Rang entsprach, nicht gefesselt worden war.[49] Der Kaiser beantwortete diese Ehre, indem er Haltung bewahrt und in ruhiger Selbstbeherrschung seinen Mitopfern ermutigend die Hände drückt. Der vorrevolutionäre Verhaltens- und Gestencodex hat sich gegen die Lizenz, die Goya vorgegeben hatte, durchgesetzt.

Vor dem Feind die Arme hochzuwerfen bedeutet fortan schmähliche Ergebung. Als Ferdinand Avenarius 1918 aus der Masse der Karikaturen deutscher Kriegsgegner einige Pathosformeln zusammenstellte, stieß er immer wieder auf den Gestus aus Goyas *Dos de Mayo*.[50] Er ist eingesetzt, um die Feigheit der deutschen Soldaten, um Grundlagen des deutschen Heroismus offenzulegen. Sie sind wie Höhlenmenschen, die in ihre Urgesten zurückfallen. Die Restauration gestischer Disziplin hat Goyas Gestus, in dem er ein Mal einen vitalen Gestus hatte adeln wollen, ereilt und zum Feigheitsgestus pervertiert.

Die Situation der Gestendiktate und -verluste, von der Goyas Gestenanalysen ausging, ist uns nicht ganz fremd. Viele Gesten, die Goya noch geläufig waren und die er gezeichnet hat, sind in den letzten Jahren verschwunden: Die gestenfreundlichen Talare; das Hutabnehmen, der Bettlergestus oder der Prügelgestus (Capricho 25). Schwere Arbeitsgesten werden heiteren Berufsratern vorgeführt, und wie neuerlich die Priester[51] müssen ganz neuerdings auch die Politiker immer lächeln. Ein Deutscher Gruß ist über Nacht dem Gestenverbot verfallen. Militärische Eidesgesten provozieren Straßenschlachten. Die Faust zu heben, kann den Beruf kosten.

In einer solchen Situation der gestischen Verunsicherung mag es von Interesse sein, die Beobachtungen eines tauben, gestenabhängigen Künstlers aus dem Zeitalter der Revolutionen nachzuvollziehen.

»Der Leidschatz der Menschheit«
Erinnerungen an Aby Warburg

Zum auslaufenden Jahr des Kindes ist ein Poster erschienen, das eine vertraute Gebärde ins Bild setzt: Ein Arm holt mit einem Teppichklopfer zum Schlage aus. Es genügt diese abgekürzte Handlung, weil die Lebenserfahrung uns gelehrt hat, sie zu einer Prügelgebärde zu ergänzen. Die fragende Wahrnehmung wird durch Texte belehrt: »Verteidigt die elterliche Gewalt«. Dieser in gelben Schreckfarben gesetzten Aufforderung antwortet unten kleinlaut die Bitte: »Lieber elterliche Sorge als elterliche Gewalt«. Das Poster von Klaus Staeck ist für einen aktuellen Anlaß und Zweck geschaffen. Es soll jetzt wirken, um für die Zukunft entbehrlich zu sein. Doch das für den Augenblick geschaffene Gelegenheitsbild arbeitet mit der Last der Vergangenheit.

Der Arm aus einem 1614 in Amsterdam gedruckten Emblembuch greift einen Ballschläger, um zu sagen, daß er zum Fischfang nicht tauge – eine Warnung vor dem Einsatz falscher Mittel auch bei heiligen Zwecken. – Ein anderes Emblem aus dem Buch der Roemer Vischer kommt dem Staeckschen Poster inhaltlich nahe: So wie mit dem Schaumlöffel ausgekochter Schmutz abgeschöpft wird, so soll im Haushalt ein Familienvater alles, was er für schädlich hält – quae nocitura tenes – beseitigen, notfalls auch Sohn und Tochter.[1]

Der Gestus, der hier in die Familiensphäre hineingetragen wird, ist die säkularisierte »Dextera Dei«, jene Hand Gottes, die von alters her aus der christlichen Bildweld strafend, mahnend oder segnend auf das Glaubensvolk einwirkte. Die bürgerliche Vaterautorität nährt sich aus der Vollmacht

Gottes. Das Poster sucht unbewußt diesem mächtigen Arm das Herrschaftszeichen zu entwinden.

Klaus Staeck jedoch kannte, als er sein Poster schuf, weder das Emblem, noch war ihm die Tradition der »Dextera Dei« bewußt.[2] Wie kommt es dennoch zu den analogen Bildformeln über die Jahrhunderte hinweg?

Aby Warburg hat dieser Frage Dimensionen gegeben, die weit über den Horizont seines Faches hinausgriffen. Er hat selbst eine große Masse an Beobachtungen und Materialien zusammengetragen, die das Nachleben der Formen und Motive belegten, und seine Wissenschaft hat seither die Fakten weiterhin emsig zu Bergen getürmt.

Da aber – nach einem Diktum Warburgs[3] – Athen immer wieder neu gegen Alexandria zurückerobert sein will, ist auch immer wieder die Frage zu stellen, warum Warburg in die Erforschung des Wiederauflebens sinnlicher Zeichen und Symbole so enorme intellektuelle und materielle Investitionen steckte.

Jacob Burckhardt, der für Warburg eine Leitfigur war, hat einmal gemeint, daß seine wissenschaftlichen Vorhaben Aufgaben darstellten, »die eigentlich nur von Capitalisten mit gänzlich freier Zeit gelöst werden könnten. Aber die tun so was nicht. Aus Gründen«.[4] Diese Briefstelle muß Warburg provoziert haben, seinem Bruder am 30. Juni 1900 zu schreiben: »Ich bin eigentlich ein Narr, daß ich nicht mehr darauf bestehe, daß wir an uns zeigen, daß der Kapitalismus auch Denkarbeit auf breitester, nur ihm möglicher Basis, leisten kann. Wenn mein Buch *Bildniskunst und florentinisches Bürgertum* später neben Jacob Burckhardts *Cultur der Renaissance* ergänzend genannt wird, dann ist's schon compensiert, was ich und ihr getan habt.«[5]

Bleibt die Denkarbeit, die Warburg geleistet hat, materiell an die kapitalistische Basis gebunden, so treibt sie ihn doch ideell über sie hinaus – oder genauer: hinter sie zurück.

Um 1926 taucht bei Warburg ein Begriff auf, der den Gesamtumfang seiner bisherigen Forschungsinteressen wie ein »Auffangspiegel« zusammenraffte: Der Begriff des »sozialen Gedächtnisses«.

Das Geschichtsschreibung eine Gedächtnis- und Erinnerungsleistung sei, war ein alter Topos. Bei Droysen, Burckhardt und Dilthey gewinnt er einen verschärften hermeneutischen Stellenwert durch die Einsicht, daß aus der Geschichte als relevant nur das erinnert werden kann, was aktuell »interessiert«. In diesem Sinne weist auch Warburg, ein Lamprecht-Schüler, 1910 dem Geschichtsschreiber die Aufgabe zu, »als soziales Erinnerungsorgan zu funktionieren«, und es ist ihm klar, daß »jede Zeit nur schauen kann, was sie auf Grund eigener Entwicklung ihrer inneren Sehorgane [...] erkennen und vertragen kann«.[6]

Anders als der politische Historiker, hat der Kunsthistoriker es bei diesem Interessenaustausch zwischen Vergangenheit und Gegenwart mit einer sinnlichen Affektion zu tun; eine wiederauflebende ästhetische Form ist an ein Seh-Organ adressiert. Deshalb wurden dem jungen Warburg, wie auch anderen Kunstforschern, etwa Georg Hirth,[7] die aufblühenden physiologischen Forschungen über das Gedächtnis und die Erinnerung interessant, wie sie sich etwa in dem Buch von Richard Semon über *Die Mneme* darstellten: Danach bleiben Außenreize als »Engramme« der organischen Substanz eingeprägt, so daß bei Wiederkehr der gleichen Reizsituation die Reaktionen kraft Erinnerung wiederholt werden können: Der Hund, der einmal mit einem Stock geschlagen wurde, reagiert fortan auf den bloß erhobenen Arm so, als werde er tatsächlich geschlagen. Entsprechende Erinnerungs-Umstände könnten dem Menschen Reaktionsweisen aus der Vergangenheit zugänglich werden lassen.[8]

Man hat gemeint, Warburg habe aus Hering und Semon eine biologische Begründung seiner Geschichtsvorstellung beziehen wollen.[9] In Wirklichkeit behält die Physiologie für Warburg den Charakter einer »Hilfsvorstellung«,[10] die in seinen veröffentlichten Schriften keine Rolle spielt. Dagegen gewinnt der Begriff der Mneme seit 1926 auch in Warburgs Schriften den Status eines explizierten, bekannten Theoriestücks. Doch wenn der Begriff auftaucht, hat er ein Attribut, das der Biologe Semon noch gar nicht kannte: Warburg spricht immer von der »sozialen Mneme«, von Funktionen des »sozialen Gedächtnisses« und von der »sozialen Erinnerung«.[11]

Für die Herkunft dieser Erweiterung gibt uns Fritz Saxl einen Hinweis, indem er in seinem Nachruf auf Warburg in der *Frankfurter Zeitung* von Warburgs Theorie der »mémoire sociale« spricht.[12] Die Theorie des sozialen Gedächtnisses muß Warburg aus der Schule des französischen Soziologen Émile Durkheim übermittelt worden sein – 1925 zitiert Warburg Durkheim,[13] dessen Schüler Maurice Halbwachs 1925 das Buch über die sozialen Bedingungen des Gedächtnisses veröffentlicht hatte. Das Gedächtnis erscheint hier nicht mehr nur als individuelle psycho-physische Eigenschaft, sondern quasi als eine soziale Institution, über die das Kollektivbewußtsein seine Normen an das Individuum weitergibt.[14] 1928 bedenkt dann auch Karl Mannheim die »ganze Mannigfaltigkeit der Formen sozialer Erinnerung« und unterscheidet eine bewußte, exemplarisch auswählende, von einer unbewußten, seelengeschichtlich wirksamen Form »sozialer Erinnerung«. Mannheim, der ja damals für Panofsky wichtig wurde, erwähnt als Beispiel eine Bibliothek, die an beide Formen des sozialen Gedächtnisses teilhaben könne. Er liefert damit einen Kommentar zu der von Schumacher gestalteten Inschrift für das 1926 fertiggestellte Gebäude der Warburg-Bibliothek: MNEMOSYNE.[15]

Den gleichen Titel hatte Warburg für ein Projekt vorgesehen, das ihn die letzten Lebensjahre über beschäftigt hat – für den legendären *Bilderatlas*.[16] Es handelt sich um fotografierte Schautafeln, auf denen Warburg Fotos nach bestimmten Gesichtspunkten anzuordnen pflegte. Solche Schautafeln hat er in Instituten in Rom, in Florenz, in München am Deutschen Museum, vor Kongressen, Ministern und nicht zuletzt im Hamburger Planetarium aufgestellt und erläutert. Er nutzte ein didaktisches Mittel, auf das noch heute zahlreiche Museen phobisch reagieren.[17] Zu der Gedächtnisfeier im Dezember 1929 hat Gertrud Bing einige Tafeln aus dem Bilderatlas in der Warburg-Bibliothek gezeigt und erläutert, zuletzt hat sie Edgar Wind 1931 für einen Ästhetik-Kongreß in Hamburg ausgestellt, doch zu der geplanten Veröffentlichung ist es bis heute nicht gekommen, obwohl viele, die Warburg nahestanden, den Atlas für sein spätes Hauptwerk hielten.[18]

Nehmen wir das Motiv auf, das uns eingangs beschäftigt hat, und folgen wir den Hinweisen, die die 37. Tafel des Atlas zu diesem sozialen Erinnerungsfall gibt. Sie enthält eine Gruppe von Bildern, die Superlative der Gebärdensprache vortragen: Den wütenden Keulenschlag des Herkules von Pollaiuolo; den Faun, der bei Mantegna in schreckhaftem Entsetzen die um den Arm geschlungene Schlange abzuschütteln sucht; Kampfszenen, wie die des Herkules mit Antäus von Pollaiuolo, und die *Pathosblätter* aus dem Umkreis des Mantegna; Raubszenen und orgiastische Tanzszenen, wie die Fresken des Pollaiuolo in Arcetri.

Bei Hermann Usener hatte Warburg gelernt, solche mythischen Situationen als Reflexe des humangeschichtlichen Urzustandes der Angst zu deuten. Es sind phobische Reaktionen gegenüber einer übermächtigen Natur, gegenüber Monstren, Dämonen und Eigentrieben. Mit Friedrich Theodor Vischer, mit Tito Vignoli und anderen teilte Warburg die Auffassung, daß der Gründungsakt der menschlichen Zivilisation darin bestand, daß der Mensch die Naturmächte von sich abrückte, distanzierte, ihnen als Subjekt gegenübertrat. Schon der Entschluß, das Monstrum zu greifen, die Macht der Dämonen durch mimetischen Tanz zu bannen, ist ein erster Akt der Distanzierung: Das Greifen ist die Vorform des Begreifens; der »Kampf mit dem Monstrum, als Keimzelle der logischen Konstruktion«.[19] Magische und astrologische Systeme, Religionen und symbolische Denkformen bilden die weiteren Stationen menschlicher Weltorientierung, bis dann die rationalen Wissenschaften die überlegene Beherrschung der Natur ermöglichen. Die Bilder des Pisanello und des Pollaiuolo zeigen Herkules als trefflichen Schützen, der den Kentauren Nessus, der ihm Dejanira entführen wollte, auch über den Fluß hin erlegen kann. Die Waffe, die hier das Monstrum aus der Distanz trifft, führt dann in der Zeichnung zum Reiterbild des Francesco Sforza von Pollaiuolo zu dem triumphalen Gestus, der auch in dem herrschaftlichen Prunksaal die Herkuleskämpfe wie Siegestrophäen in die Nischen verweist.[20] – Auch der *Junge Krieger*, den Pollaiuolo in einer Terrakottabüste dargestellt hat, trägt die Herkuleskämpfe auf seinem Harnisch als Embleme eines Siegesbewußtseins zur Schau. Wie das Individuum durch Herrschaftswillen, so kann die Gemeinschaft die Tradition durch Konvention zum Bildungsgut erledigen. Die Reihe der Helena-Entführungen, wie sie Benozzo Gozzoli, Matteo di Giovanni und der Paris-Meister geliefert haben, war für Hochzeitstruhen bestimmt: Man genießt die traumatischen Atavismen auf »den Schatzbehältern dell'amore possessivo nuziale«.[21] Der Geist, so würden die genannten Gewälismänner Warburgs gesagt haben, hat sich die Stadien seiner Entwicklung verfügbar gemacht. Das Nachleben der Bilder wäre die Geschichte vom Ableben der Bilder.

Ebenso ließe sich die Reihe der religiösen Bilder auf unserer Tafel deuten. Auf jedem sind antike Kampfszenen erinnert. In der Geißelung des Jacopo Bellini erscheint am Torbogen der Raum der Dejanira, auf der nebenstehenden Geißelung des Gaudenzio Ferrari die Laokoongruppe in der Lünette im Hintergrund. Auf dem Madonnenbild des Boccatti ist auf der Leiste des Baldachins eine Kampfszene gegeben, die Warburg eigens herausvergrößern ließ.[22] Auf der Wand des Treppenunterbaus in Carpaccios *Tempelgang Mariä* sind ebenfalls antikische Kampfszenen gegeben, auch hier in Grisaille, welche Technik nach Warburg »das Schattenreich der Revenants in metaphorischer Distanz hält«.[23] Vor diesem Grisaille-Relief aber spielt sich die Genreszene ab, in der ein Junge eine Gazelle friedlich am Halsband führt: Die Tierphobie ist zur Tier-Idylle geworden. Die gleiche angstverscheuchende Rolle christlicher Andacht in dem Hieronymus-Bild des jungen Lorenzo Costa: In der Nischenarchitektur, vor der sich der Heilige niedergesetzt hat, feixen noch die Hexen und Verführerinnen antiker Kunst, doch der greise Mann ist schmunzelnd dem zähnebleckenden Löwen zu seinen Füßen zugewandt: Die alten Bilder leben, aber sie tun ihm nichts.

Auf einer anderen Tafel des Bilderatlas hat Warburg den Hieronymus mit dem Löwen neben das Foto eines Dompteurs mit dem Löwen hinter Gittern gesetzt. Das Monstrum – bei Dürer noch ernsthaft, als Sternzeichen, ästhetisch umgestaltet – wird jetzt Schau- und Spielobjekt.[24] Die antiken Nymphen und Viktorien sind befreit zu Reklameträgerinnen für Crême, Toilettenpapier oder Briefmarken. Der Schutzengel, der den gefährdeten Kindern jahrhundertelang an die Seite beschworen worden war – hier in einer Fassung des Botticini – ist jetzt entlassen, um ebenso zum Fischessen zu animieren, wie Verrocchios Putto mit dem Fisch für Careggi von 1476. – So wie dank der Wissenschaften der Blitz zum Naturschauspiel geworden ist, so haben die Zeppeline und Flugzeuge die kosmischen

Dämonen vertrieben.[25] Warburg setzt an das Ende einer Tafel den Zeitungsausschnitt mit dem Bild Dr. Eckeners vor dem Abflug. Die Schlagzeile »Ab nach Lakehurst« klingt wie die Abschiedsmeldung von den Traumata Alteuropas.[26] Von unserem Leitmotiv aber, von dem Keulenschlag des Herkules, der um die menschliche Existenz kämpfte, oder auch von dem Schlag der Kopfjägerin, die auf dem altflorentiner Stich einen Gefangenen enthauptet, ist der Schlag der Golfspielerin übriggeblieben. Die Ängste scheinen erledigt, Reflexe sind zu Reflexion befreit.[27]

So läßt sich der *Bilderatlas* lesen als ein Lehrbuch zur Entwicklung der Rationalität, als ein Buch der Fortschrittsstadien, die der menschliche Geist nach den Lehren der Philosophen, zu denen in Hamburg auch Ernst Cassirer gehörte, durchwandert hatte: Die Leid-Erfahrungen der Vergangenheit sind abgebucht. Der Leidschatz der Menschheit *ist* humaner Besitz geworden.

Zu dieser Deutung gelangen wir, wenn wir den theoretischen Gewährsmännern Warburgs, mancher seiner Aufzeichnungen folgen, die uns von Ernst Gombrich so reichlich bekannt gemacht wurden, und wenn wir Warburgs Theorie vom Gedächtnis nicht als eine Theorie vom sozialen Gedächtnis auffassen. Deuten wir unsere Tafel aus den *historischen* Schriften Warburgs und behalten wir dabei im Auge, daß Warburg, den Schumacher als »eifrigen Tagespolitiker« erlebt hat, seismographisch sensibel die sozialen, politischen und künstlerischen Vorgänge seiner Zeit beobachtete, lesen wir also die Tafel in ihrem »Dokumentensinn«, dann ergibt sich ein neues, gebrochenes Bild.[28]

Die Tafel stellt ja nicht Bildzeugnisse aus den Hauptepochen der menschlichen Geschichte, sondern allein aus der Renaissance zusammen. Die Gesamtentwicklung ist also in einen kurzen Zeitabschnitt zusammengedrängt, was besagt, daß die zurückgelegten Stadien der Menschheitsentwicklung nicht abgebucht, sondern jederzeit repräsentierbar sind. Wie kann es etwa in der Renaissance zu dem Rückfall in die phobischen, ekstatischen Urgebärden kommen?

Nach Burckhardt unabweisbarer Vorgabe war auch für Warburg die Frührenaissance der Schauplatz des erwachenden Individuums. Doch anders als Burckhardt hebt Warburg die Pathologie dieses Erwachens hervor: Das Individuum *ist* nicht schon frei, sondern versucht es unter Leiden zu werden. Die Frührenaissance brachte nach Warburg »der westeuropäischen Kultur das Ideal wirklich erreichbarer humaner Größe als neue Waffe in dem Befreiungsversuch des modernen Menschen aus dem Bann lähmenden Glaubens an eine tückisch verzauberte Welt«.[29] Man genießt nicht schon eine eroberte Welt, sondern entwickelt erst die Waffen zu ihrer Eroberung; die Indizien, die für Burckhardt schon Wirklichkeit belegten, bezeichnen bei Warburg eher ausstehende »Wunschregionen«.[30] In Zwischenbereichen zwischen Leben und Kunst, in Festen, Aufzügen, Schauspielen und Tänzen unternehmen die Menschen der Frührenaissance die ersten Schritte: Unter Masken und Kostümen üben sie die Emanzipation als sinnlich-körperliche Bewegungsakte. Die Antike ist hierbei die Requisitenkammer oder, wie Warburg sagt, der »Eichungsstempel«, unter dessen Schutz sich die »energetische Ausdruckfähigkeit«, die »bewußte Energieentfaltung«, die »Auseinandersetzungsenergien« gegenüber mittelalterlicher Verhaltensnormen entfalten.[31] Die Funktion der »sozialen Mneme«, so formuliert Warburg 1927, bestand »in der Einverseelung der paganen Formenwelt in die europäische Ausdruckskultur«. Sie hat jedoch nicht zuerst die »apollinisch abklärenden«, sondern die »dionysisch anstachelnden« Formen einverseelt und im willenlos bewegten Beiwerk, in Pathosformeln, ihr Lehrmaterial bereitgestellt.[32]

Unsere Tafel belegt die zögernden Anfänge dieser mnemischen Arbeit: Oben drei Nachzeichnungen (um 1400) nach einem antiken Bacchussarkophag; darunter ebenfalls drei Antikennachzeichnungen des Pisanello und des Gentile da Fabriano aus dem Anfang des 15. Jahrhunderts.[33] Was sich hier anbahnt, gelangt dann in der antikisierenden »Muskelrhetorik« des Pollaiuolo zur vollen Entfaltung: Während das Reiterbild des Condottiere Sforza und die Büste des *Jungen Kriegers* die »entfesselte Übermenschlichkeit« herausstellen, findet man in den Raub- und Kampfszenen die Urkräfte als Metaphern für diejenigen Energien eingesetzt, die zur Sprengung der »mittelalterlichen Ausdrucksfesseln« notwendig wären.[34] Diese jugendbewegten Übungen wurzeln, wie Warburg sagt, »in dem sozialen Willen zur Entschälung griechischer Humanität aus mittelalterlicher, orientalisch-lateinischer ›Praktik‹« und sie zielen darauf, die »dünne christlich-katholische Oberschicht und höfische Gesittung« zu durchbrechen.[35]

Zugleich war für die florentiner Großkaufleute in diesem »Kampf um Aufklärung« unter dem »Banner der welterobernden Pathosformel« eine praktische Zielvorstellung enthalten, denn der »moderne, auf die Beherrschung der Welt gerichtete Mensch« bedurfte einer seelischen Unterstützung für seinen Wagemut, der »latent plastische Ziele im Zeitalter der Entdeckungen« verfolgte. Warburg interessiert die Sozialpsychologie einer aufstrebenden Schicht, die zur Eroberung neuer Kontinente den Bruch benötigte mit überlieferten Denk-und Machtstrukturen, an die sie innerlich und äußerlich noch gebunden war.[36]

Gegen eine »geradlinig denkende Geschichtsschreibung« hielt Warburg immer daran fest, daß es sich für die Träger der neuzeitlichen Entdeckung der Welt und des Menschen um eine »bewußte und schwierige Auseinandersetzung« gegen Traditionen und Mächte handelte, die nicht nur äußerlich institutionalisiert, sondern auch seelisch internalisiert waren.[37] Unsere Tafel zeigt die offenen und unbewußten

»Widerstandskräfte«, welche auch die mutigsten Entdek-
ker noch psychisch spaltete. Da ist vorab die katholische
Kirche, die nach Warburg in »weltdurchschauender Erkenntnis« allenthalben eine »legitime Entladungsform«
bereitgestellt habe. Da sich die »Freigelassenen der antiken
pathetischen Mimik nicht mehr in andachtsvoller Distanz
halten ließen«, versucht die kirchliche Gesinnung, die »unheimlich lebendigen Geister« in die festgefügte theologische
»Gedankenarchitektur« einzugliedern.[38]

Die hier zusammengestellten religiösen Gemälde zeigen
die unheimlich lebendigen antiken Pathosfiguren, um sie
zu bannen: Der Laokoon, dessen Neubelebung durch Les-
sing Warburg ja zur Kunstgeschichte geführt hatte, dieses
»exemplum doloris« erscheint bei Ferrari als dekoratives,
distanziertes Reliefstück. Antike Kampfszenen und My-
thologien sind zitiert, um die Überlegenheit christlicher
Andacht zu bezeugen. Sie setzt dem welteroberndern Pathos
ein weltverneinendes Ethos entgegen.[39] Inbegriff dieses An-
dachtsethos ist für Warburg der Hieronymus: seine durch
niederländische Stileinflüsse betonte liebevolle Versenkung
in das Gegebene erzeugte jene »seelische Interieurstim-
mung«, durch die sich das ausgreifende Zielpathos der immer noch frommen Bürger erst hindurcharbeiten mußte.[40]

Auch aus anderen Bereichen erwuchsen den Aufbruchs-
energien Widerstände. Die höfischen, burgundischen
»Seelenmoden« fesseln den Geist ebenso wie obskurer
astrologischer Aberglaube.[41] Die körperliche Bewegungs-
freiheit wird gefesselt durch einen höfischen Kleiderprunk,
durch die »nordische Trachtenbarbarei alla franzese«, die
der »mächtigste Feind jenes höheren pathetischen Stiles«
gewesen ist.[42] In den Nachlässen der Medici, Sassetti, Porti-
nari und Tuornabuoni hat Warburg die höfischen Teppiche,
die niederländischen Andachtsbilder, die volkstümlichen
Geräte und die Aufträge zu wächsernen Votivbildnissen

aufgespürt, die sich in ihrer Umgebung mit den Bildern des Botticelli vertragen mußten, aber auch mit diesen Herkulesbildern des Pollaiuolo, der doch mit »heroischem Gestus den lastenden Kleiderprunk« abgeschüttelt hat.[43] Die kleinbürgerlichen Konventionen schützen sich auch dadurch, daß sie die anspruchsgeladenen Pathosformen zu Spielformeln, zu verpackten »Papptheaterstücken« mit Herauskehrung des »spießbürgerlich Stofflichen« verharmlosen und zur ornamentalen Floskel verdünnen: So sind die hier aufgereihten Hochzeitstruhen für Warburg »lustig bemalte Sarkophage der passione sentimentale«, Verdrängungsfelder, »burgundische Larven«, die vom »antiken Schmetterling« noch nicht gesprengt sind.[44] Wo aber solche Dynamogramme interessenloses Schnörkelwerk geworden sind, wo sie den »Kontakt mit der Zeit« und mit den sozialen Antrieben verloren haben, wo sie »aus ihrem wirklichen Zusammenhang ausgelöste Glieder« bleiben, dort spricht Warburg von »*abgeschnürten* Umrißbildern«.[45] Erst in bestimmter Negation entfalten sie ihren sozialen Erinnerungsauftrag.

Auf unserer Tafel sind diejenigen Werke, die das welterobernde Pathos ungehemmt vortragen, nicht in einem Block vereint, sondern so über die Tafel verteilt, daß sie die Vertreter der stabilen Lebensformen immer neu stellen, verfolgen, auseinandertreiben. Die Pathosformeln sind, wie Werner Kaegi gesagt hat, »Sprengmittel«, sie schaffen Raum oder, wie Warburg gerne sagt, sie »polarisieren«.[46]

Sie wühlen die verschüttete Erinnerung nicht auf, um sie unmittelbar in die Praxis zu entlassen, sondern um im Sinne einer »mnemischen Katharsis« zu klären und aufzuklären.[47] Denn indem die Bilder die anstachelnden Energien gestalten, im Schein vor Augen stellen, ist der unmittelbare Antrieb zugleich aktiviert und neutralisiert, erinnert und entäußert. Warburg spricht von den Pathosbildern als von »Temperamentsventilen« und auch von einer »ästhetischen

Entgiftung«.[48] In den bewegten Formen sind die ausbruchs-
fähigen sozialen Leidenschaften, deren Kampf auf Leben
und Tod nach Warburg »die Ursache des unaufhaltsamen
gesellschaftlichen Verfalls sind«, herausgetrieben, um sie
dem Bewußtsein verfügbar zu halten.[49] Der natürliche Antrieb, einen Druck unmittelbar in Handlung umzusetzen, ist
eine primitive, totemistische, magische Handlungsform, die
sich vernichtend auswirkt, wenn die menschliche Vernunft
sie nicht operativ aufgreift.[50] Die künstlerische Umsetzung
der Antriebe bietet sich als ein Organ der Vernunft an, da
sie durch das geformte Wunschbild zwischen Antrieb und
Handlung, zwischen Bedürfnis und Befriedigung einen Hia-
tus entstehen läßt, den Warburg den »Denkraum der Besonnenheit« nennt.[51] Das Kunstwerk wirkt nach einem Lieb-
lingsausdruck von Warburg als »Ausgleichserzeugnis«.[52] Es
hebt den legitimen Bedürfnisgehalt ins Bewußtsein, erlaubt
eine sinnliche Vorerfahrung, setzt Antriebe heraus, damit
eine strategische Vernunft sie dynamisierend verwirkliche.
Eine solche »Ausgleichspsychologie« erschließt Warburg
1905 auch als einen persönlichen politischen Habitus im
Umkreis des Lorenzo de' Medici,[53] und unsere Tafel ist ein
Seismogramm von Kräften und Gegenkräften, von Drän-
gung und Verdrängung, wie es sich in Bildern objektiviert.
Warburg bemerkt einmal, daß solche Ausgleichsleistungen
in der Renaissance unbeachtet geblieben seien, »weil der
moderne Ästhetizismus in der Renaissancekultur entweder
primitive Naivität oder den heroischen Gestus der voll-
zogenen Revolution zu genießen wünscht«.[54]

Warburg traut der ästhetischen Form eine soziale Funktion zu, die heute wohl eher dem rationalen Diskurs, der
erschöpfenden Mitteilungsfähigkeit der Sprache zugewiesen wird. Auch wenn man einräumt, daß die in der Sprache
ausgesparten sinnlichen Antriebsenergien noch immer am
ehesten in der ästhetischen Form aufgehoben sind, könn-

te man doch einwenden, Warburg habe der ästhetischen Form zu *viel* zugetraut, ganz gegen die geläufige fachwissenschaftliche Meinung, Warburg habe aus mangelnder Sensibilität der ästhetischen Form zu *wenig* Beachtung geschenkt.[55] Allerdings bespöttelte Warburg die »sentimental phantasierende Männerbrust«,[56] die sich gegen objektives Leid empfindungslos macht, um sie für einen vorgeblich reinen Genuß freizuhalten.

Für Warburg ist die Renaissance »keine Hallelujawiese für die Osterferien«,[57] sondern wie schon für Burckhardt, das Quellengebiet aktueller Probleme.

Schon das Antikenbild von Warburgs Dissertation, das mit Burckhardt und Nietzsche die »dionysisch anstachelnden«, dämonisch finsteren Züge der Antike im »bewegten Beiwerk« Botticellis wirksam werden sah, richtet sich gegen die Winckelmannsche Antike der »stillen Größe des Gipsabgusses oder des präparierten Klassikers« in den Akademien, Gymnasien oder in den Salons am Alsterufer.[58] Hier, bei den »ermüdeten Kulturmenschen« in »niedersächsischer Nebelatmosphäre«[59] wurde das *erschlaffte* Beiwerk von Botticellis *Venus* goutiert, wie es sich etwa in der Darstellung des Bouguereau 1879 niedergeschlagen hatte.

Warburg dagegen muß inspiriert worden sein von den umstrittenen Umbildungen, die Böcklin, dessen Beisetzung Warburg in Florenz miterlebte, an Botticelli vorgenommen hat: Böcklin hatte 1873 die Bewegungsansätze Botticellis pathetisch herausgetrieben und die Venus, auf den Rat Burckhardts hin, auf einen dämonisiertem Delphinkopf gestellt.[60] – Die »Flora« aus Boticellis *Primavera* ist bei Thoma 1879 zu einer sanften Idylle erschlafft, bei Böcklin dagegen gerade im bewegten Beiwerk deutlich aktiviert.[61]

Aus diesem sinnlichen »Kontakt mit der Zeit« ergaben sich für Warburg die Stichworte für eine berühmt gewordene Dissertation. Carl Justi hat sie, als Winckelmann-

Biograph, folgerichtig zurückgewiesen; Jacob Burckhardt hat sie ermunternd begrüßt. Gustav Pauli aber hat sie als »Schuß eines kurzsichtigen Schützen« herb kritisiert.[62] Warburgs merkwürdige, von Pauli so spöttisch aufgenommene Fixierung an das »bewegte Beiwerk«, vor allem in Kleidern, verdankt er nicht nur der Lektüre des *Sartor Resartus* von Carlyle,[63] sondern auch den weltanschaulich so aufgeladenen Modekämpfen seiner Zeit, in die seine Frau mit ihrer Reformkleidung verwickelt war. Dieser Zusammenhang klingt etwa an, wenn Warburg auf burgundischen Teppichen die Vornehmen »von dem schweren überladenen zeitgenössischen Kostüm mumifiziert« sieht, während die Holzbauern, »von keiner Modetracht bedrückt, sich ungehemmt vortragen können«.[64] Warburg, der sich vorgenommen hatte, in der Renaissance »die idealen oder praktischen Anforderungen des wirklichen Lebens als ›Kausalitäten‹ (der Kunstwerke) zu erfassen«,[65] muß auch hinter seinem historischen Bewegungsanliegen die Bewegungen seiner Zeit wirksam gewußt haben.

Durch seinen langjährigen Freund und Kollegen, den belgischen Anarchisten Jacques Mesnil war Warburg über die Willensaktivitäten von unten in ihrer explosiven Gestalt informiert.[66] Durch seinen Bruder Max, der neben Albert Ballin die Hamburger Beziehungen zur Reichsspitze trug, war er aus erster Hand über die Motive von oben unterrichtet.[67] Als dann die Völker in den ersten Weltkrieg getrieben wurden, suchte Warburg Ausgleichsarbeit zu leisten, indem er ein deutsch-italienisches Informationsblatt herausgab; indem er dann die Kriegsberichte der internationalen Presse zu verzetteln suchte,[68] und indem er schließlich die Ursprünge der Massenagitation in der Reformationszeit wissenschaftlich aufarbeitete.

Damals hatten die Parteien in »Bildpressefeldzügen« die »Holzschnittillustration als mächtiges neues Agitationsmittel« eingesetzt. Sie suchten damit den magischen Aberglauben der Massen, deren Neigung zu »mythischer Verknüpfung«, in der Bild und Begriff, Antrieb und Handlung zusammenfielen, für sich zu nutzen. Mystifizierende Fälschungen von Geburtsdaten, eine regelrechte »Weissagungspolitik«; der Einsatz »astrologischer und monstrologischer Warnungsbilder« schuf jene psychotische Verblendung, der neben Luther vor allem Dürer widerstand, indem er »humanisierende Metamorphosen« erarbeitete: Während allenthalben die Monstersau von Landser abergläubische Furcht auslöst, nähert sich ihr Dürer als wissenschaftlicher Beobachter und läßt allein das »naturwissenschaftliche Interesse an der Erscheinung den Stichel« führen. Vom »religiösen Dämonenkult« gelangt er zu einer »rein künstlerisch vergeistigten Umgestaltung«, indem er in seinem *Melencolia*-Stich den »Saturndämon« unschädlich macht durch »eine denkende Eigentätigkeit der angestrahlten Kreatur«.[69] – Dürers Inselraum der Besonnenheit erscheint umlagert von Agitatoren, die auf der Klaviatur der Massenseele nach der Partitur spielen, welche Le Bon 1895 erläutert hatte: Danach denkt der Mensch in der Masse nicht logisch, sondern in Bildern, totemistisch: »In seiner Vereinzelung war er vielleicht ein gebildetes Individuum, in der Masse ist er ein Barbar, das heißt ein Triebwesen: Er besitzt die Spontanität, die Heftigkeit, die Wildheit und auch den Enthusiasmus und Heroismus primitiver Wesen.«[70] Die primitive Entladung, welche florentiner Ausgleichspolitik der Frührenaissance durch Erinnerungsbilder noch klüglich in Distanz gehalten hatten, und die Warburg 1896 bei den Pueblo-Indianern selbst studiert hatte,[71] war 1914 von den Ordnungskräften aufgerufen worden und drohte, wie Max Warburg 1918 schrieb, in einem »Weltraubzug« zu enden.[72] Jeglicher Denkraum und jegliche Distanz schaffende Denkbarkeit schien von einem devorativen Rausch aufgezehrt.

Man pflegt manche Einsicht Warburgs als Folge seiner psychischen Konstitution und aus seinem psychischen Zusammenbruch nach 1918 zu erklären. Carl Georg Heise hat uns eher ein gegenteiliges Urteil nahegelegt – Warburgs psychischen Zusammenbruch als Folge seiner Einsichten zu sehen.[73] Diese sind mit dem Hinweis auf seelische Phobien nicht erledigt. Anormal ist ja wohl, wer die Gewalteinbrüche dieses Jahrhunderts angstfrei überlebt hat.

Den aus »dem Inferno von Kreuzlingen« 1924 Entlassenen finden die Freunde verwandelt, abgeklärt.[74] Uns tritt er entgegen mit einer Theorie des »sozialen Gedächtnisses«, das über Kunstwerke dazu beitragen soll, »den Rhythmus vom Einschwingen in die Materie und dem Ausschwingen zur Sophrosyne«, vom irrationalen Antrieb zum rationalen Handeln, von »einschwingender Phantasie und ausschwingender Vernunft«, diesen Rhythmus so produktiv zu halten, daß »die Monstra der Phantasie zu zukunftsbestimmenden Lebensführern«, zur Grundlage einer soziologischen Energetik« werden können.[75] Mit anderen Worten: Die soziale Erinnerung soll durch eine Aufarbeitung unabgegoltener Bedürfnisse der menschlichen Kreatur, durch »Aussprechen sprachlos gewordener Leidenschaften«[76] daran mitwirken, daß die Vernunft in Bewegung und handlungsfähig bleibe. »Was einst Jubel und Jammer war, muß nun Erkenntnis werden«, dieser Leitsatz Burckhardts[77] ist auch für Warburg noch verbindlich, der ihn in einen erweiterten theoretischen Rahmen stellt. Der Bilderatlas sollte unter dem Titel *Mnemosyne* das Archiv einer solchen sozialen Erinnerung werden und zugleich auch das bisherige wissenschaftliche Lebenswerk Warburgs dafür wirken lassen, daß »Distanzbewußtsein zu einer sozialen Dauerfunktion werden kann«.[78]

Diese Orientierung hat Warburg über die Grenzen seines Fachgegenstandes hinausgetrieben. Schon 1912 hatte er

ein internationales Fachpublikum aufgerufen, sich durch
»keine grenzpolizeiliche Befangenheit« davon abschrecken
zu lassen, den »niederen Regionen« der Bildproduktion,
dem Zufälligen, Abgedrängten, Kuriosen »als tiefreichend-
ste Quelle völkerpsychologischer Einsicht« Beachtung zu
schenken.[79] Der *Bilderatlas* ist dann nicht – wie Hans Jan-
zens *Bilderatlas* von 1930[80] – ein ausgesiebtes Kompendium
hoher Kunst, »eine Gebirgskunde der höchsten Spitzen«,
sondern ein Erinnerungsbuch geworden, das den Zeitungsfotos, Briefmarken, Reklame- und Werbeplakaten und den
Volkskunstprodukten unbefangen Einlaß gewährte.[81] Die
32. Tafel etwa zeigt die Wandlungen eines beliebten Tanzes,
des *Moreskentanzes*. Links und rechts sind zwei Sphären
unterschieden: Oben gibt das vornehme Schachbrett aus
dem Bargello mit dem flandrischen Rahmen, der Tanzszenen zeigt, den Auftakt: Alle Fotos auf dieser Tafel, von
Meckenems *Querfüllung*, über die Illustration der Hamburger Scheppelhandschrift, über den *Tanz um den Preis* des
Monogrammisten HL, bis zu Erasmus Grassers Münchener
Moreskentänzer – alle diese Bilder stellen eine höfische
Frau, auch Frau Venus heraus, von bäuerlichen Typen um-
tanzt; es ist, wie Warburg sagt, aus der banalen Wirklichkeit
eine ideale Sphäre ausgesondert.[82] Durch eine Bildanmer-
kung aus dem Kalender von 354 deutet Warburg an, daß
der Tanz aus dem Kult kommt: die Verwandtschaft dieser
Figur mit Cossas Vorzeichnungen für eine entsprechende
Tanzszene im Palazzo Schifanoja bekräftigt die kultische
Erinnerung.[83] Dann jedoch läßt Warburg mit Hopfers *Mo-
reskentanz* eine »Inversion« einsetzen:[84] die ideale höfische
Schönheit verkehrt sich in eine häßliche Alte. Die Parodie
geht von Boschs »Faßnachttanz« und von Derwischtänzen
über in eine Reihe von »Hosenkämpfen«: Frauen streiten
sich nunmehr um einen Mann. Die abgehobene Schönheits-
sphäre ist verkehrt, so daß Dürer das Ganze als *Affentanz*

parodieren kann. In einer merkwürdigen Regie läßt Warburgs weltdurchschauender Witz die Tanz-Affekte oben in
zwei Kaufmannparodien einmünden: Auf dem Affenpokal
überfallen Affen den schlafenden Kaufmann; auch auf dem
florentiner Stich treiben sie ihren Schabernack mit seiner
Habe.[85] Der Schlaf der kaufmännischen Vernunft gebiert
Monstren.

Das also, was – gleichsam im Ausschwingverfahren –
einmal als Ideal herausgesetzt war aus der banalen Wirklichkeit, wird über eine Inversion,[86] eine Umkehrung griffig,
verfügbar gemacht, um schließlich im Einschwingverfahren
materiell eingeholt zu werden. Warburg bemerkt einmal,
»daß das bizarre Volk der Drôlerien den Rand des mittelalterlichen Gebetbuches als sein gutes Unrecht okkupiert«
hatte.[87] Hier, in dieser burlesken Revolutionsallegorie,
verleibt es sich ein, was ihm als Idealsphäre immer wieder
vorgestellt worden war. »Am 1. Mai denken wir an etwas
anderes als an den Maibaum«, schrieb Warburg 1895.[88]

Die Tafel ist ein Plädoyer für die Aussagekraft des an
die Randzonen der Kultur Gedrängten. In die Kleinwelten
des Bilderatlas tritt das Periphere, Subkulturelle, Abgelagerte, Ge- und Verbrauchte mit vollem Mitspracherecht
auf. Erst aus diesem Zusammenhang wird die öfters fest-
gestellte Nähe Warburgs zum Dadaismus erklärbar:[89] Die
Collagen, etwa von Hanna Höch, arbeiten entsprechend die
Zeitungsfotos auf und suchen dem Disparaten einen Sinn
abzugewinnen. Das Abgelagerte, Weggeworfene wird bei
Schwitters der Dignität einer ästhetischen Ordnung teilhaf-
tig, einer Ordnung, in der auch noch das Letzte, Zufällige,
das Ab- und Andersartige, in Freiheit aufgehoben sein soll.

Die Moreskentafel zeigt neben einem schweizer Bau-
ernhaus mit dem aufgemalten Hosenstreit auch eine norwegische Tine mit einer entsprechenden Darstellung.
Diese Schachtel hatte Warburg in Norwegen in einem

Spielzeugladen erstanden.[90] Neben dieser bescheidenen volkstümlichen Darstellung befand sich in Warburgs Wohnung, was in Hamburg vergessen war, das Tanzbild eines Akademieprofessors aus Dresden. Max Warburg hatte Carl Bantzers *Schwälmer Tanz* von 1898, der bereits auf Weltausstellungen Aufsehen erregt hatte, 1908 erworben. Wie sich in einem Brief im Nachlaß Bantzers entnehmen ließ, hat Max Warburg einige Schmuckbänder vom Künstler beseitigen lassen, bevor er das Bild Mary und Aby Warburg schenkte.[91] Aus einer bunt gekleideten Menge schwenken vier Tanzpaare heran. Mit auffliegenden Röcken wirbeln sie in das Sonnenlicht, das im Vordergrund den bunten Rückenschmuck der Schwälmer Trachten aufleuchten läßt. In der Mitte des Bildes taucht über einer der tanzenden Frauen ein Taschentuch mit eingenähten Erbsen auf – ein verknotetes Relikt jener umkämpften Hosen, die Warburg zusammengestellt hat. Wir wissen heute, daß Bantzer das Bild nach selbstgemachten Fotos gemalt hat. Das technisch erstellte Bewegungsbild, das Warburgs Interesse für den Futurismus präludiert,[92] das Bild eines hochgradigen Akademieprofessors, hing also in Warburgs Bibliothek neben dem anspruchslosen Fundstück aus Norwegen. Die Stücke bezeichnen symbolisch die Pole jener »Schwingungsweite«, die Warburgs Kunstgeschichte zu einem produktiven Ausgleich bringen wollte. Warburgs Programm einer »soziologischen Energetik«, die das aufsummierte Leid der Geschichte im gegenwärtigen Handeln aufgehoben wissen wollte, rückte die Kunstwissenschaft ein in die Reihe jener großen Aufklärungs- und Rationalitätsprogramme der ersten Jahrhunderthälfte, wie sie für die Psychologie Sigmund Freud, für die Soziologie Max Weber und das gleichzeitig mit der Warburg-Bibliothek gegründete Institut für Sozialforschung in Frankfurt entworfen haben.

Die norwegische Tine ist in das Berliner Kupferstichkabinett gestiftet worden. Bantzers *Schwälmer Tanz* ist in das Marburger Universitätsmuseum gelangt und das volkstümlichste Bild in Oberhessen geworden. Einige Bücher Warburgs sind offensichtlich nach Theresienstadt gekommen.[93] Der größte und wichtigste Teil der Bibliothek ist eine wohlgepflegte Perle der Londoner Universität. In dem Bibliotheksgebäude, das Warburg mit Schumacher und Langmaack in der Heilwigstraße errichtete, werden heute Werbefilme gedreht. Wissenschaftsgeschichtlich ist aus dem lieben Gott Warburgs, der in *seinem* Detail noch steckte, ein Detail-Fetisch geworden.[94] Über seinen Theorien, die eine Kunstgeschichte als soziales Erinnerungsorgan und mit »Aufklärungsenergien« begründen wollten, bleibt in Deutschland eine Art Angstglocke gesetzt.

Warburg hat privat geäußert, er sei »wie geschaffen für eine schöne Erinnerung«.[95] Die Geschichte hat ihn unserem Leidschatz einverseelt. Die soziale Erinnerung vermag vielleicht, den Leidschatz zum humanen Besitz zu verwandeln, solange die Gegenwart fähig bleibt, die Wunden der Vergangenheit offen zu halten.

Der lange Weg von Warburgs Schnecke

1947 schrieb Carl Georg Heise seine Erinnerungen an Aby Warburg nieder, die seither in unterschiedlichen Fassungen erschienen sind. Da er die merkwürdige Meinung gewonnen hatte, »dass die Person Warburgs mehr war als seine Meinungen und Leistungen«, erhalten wir aus seiner Schrift die persönlichsten Nachrichten über Warburg vor und nach Kreuzlingen. In diesen Erinnerungen heißt es:

»Geschenke von Warburg, außer den Separata seiner Schriften, waren sehr selten. Um eine Photographie von ihm habe ich jahrelang vergeblich bitten müssen und bekam sie erst nach meiner Promotion. Aus seinem Nachlass hat er mir etwas Unscheinbares, aber sehr Beziehungsreiches bestimmt: eine bronzene Schnecke, die Arbeit einer italienischen Freundin, die ihm als Briefbeschwerer diente und die Jahrzehnte hindurch täglich seine Hand berührt hatte. Scheu und Ehrfurcht haben es mir bisher unmöglich gemacht, sie in gleicher Weise (als Briefbeschwerer) zu benutzen, aber ich gestehe, dass sie zu den wenigen Dingen gehört, die ich aus dem bevorstehenden Chaos dringlich zu retten wünsche«.

Über diese Rettung möchte ich berichten. Als wir das Warburghaus in Hamburg 1995 eingeweiht hatten, kam der Direktor des Kupferstischkabinetts der Kunsthalle, Dr. Ekkehard Schaar, auf mich zu und sagte: »Herr Warnke, Sie haben jetzt das Haus, ich aber habe die Schnecke!« Darauf sagte ich spontan: »Aber Herr Schaar, es ist Ihnen doch klar, dass die Schnecke in das Haus gehört.« Er schwieg dazu – auch, als wir Monate später kostbare Bestände seiner Bibliothek für das Warburghaus erwarben. Im Jahre 2012 starb Ekkehard Schaar in Hamburg, doch die Hoffnung, er habe die Schnecke vielleicht dem Warburghaus vermacht, trog: Wir hörten nichts mehr von der Schnecke.

Doch einige Jahre nach Schaars Tod meldete sich eine ältere Dame im Warburghaus an. Sie wünschte mich zu sprechen. In der zitternden Hand hatte sie ein kleines Päckchen und sagte mit erregter Stimme:

»Hier habe ich die Schnecke, die mein Bruder besessen, und die er in seinem Testament dem Warburghaus vermacht hat. Doch ich muss gestehen, dass ich es nicht über mich gebracht habe, die Schnecke hierher zu bringen, denn ich hatte im Verlauf meines Lebens diese Schnecke immer wieder bei meinem Bruder in der Hand gehalten, sie war mir sozusagen zugewachsen – ich konnte sie nicht weggeben. Nun aber ist mir in der letzten Woche mein Bruder im Traum erschienen und hat mich geradezu angebrüllt: ›Du hast noch immer die Schnecke, Du weißt aus meinem Testament, dass ich sie nach meinem Tode in das Warburghaus gebracht wissen wollte!‹ Dieser Traum ist mir so in die Knochen gefahren, dass ich mich gleich heute aufgemacht habe, um Ihnen die Schnecke zu überreichen.«

Auf der Rückseite des Objektes hatte Heise vermerkt: »Aby Warburgs Schnecke (moderne italienische Arbeit) für Ekkehard Schaar« – also dass die Schnecke Ekkehard Schaar zu vererben sei. Er wäre gewiss einverstanden gewesen, dass sie schließlich in das wiederhergestellte Warburghaus käme, wo sie im Safe verwahrt wird, in dem einzigen Möbelstück im Haus, das nicht nach London kam (wohl, weil es der Bank gehörte). Auf dem Zettel, den Heise der Schnecke aufgeklebt hat, wird mitgeteilt, die Schnecke sei eine »italienische Arbeit«, doch in seinen Erinnerungen schreibt Heise, Warburg selbst habe ihm gesagt, es handle sich um »die Arbeit einer florentiner Freundin«. Meines Wissens gibt es nur eine Freundin Warburgs, die Bildhauerin war:

seine eigene Frau Mary. Ich kann nicht ausschließen, dass Warburg sich in Altherrenmanier dem jungen Heise gegenüber so geäußert hat: eine »Freundin« in Florenz hat die Schnecke geschaffen.

Die Zuschreibung könnte den Charakter eines intimen »Handschmeichlers« erklären, der anders und mehr gewesen wäre als ein Beschwerer, der die zahlreichen Zettel auf Warburgs Schreibtisch zu fixieren half.

Natürlich liegt es nahe, nach einer tieferen Bedeutung der Schnecke zu fragen: Die Schnecke fehlt ja in keinem Emblembuch und präsentiert sich meistens im Sinne von »Omnia mea mecum porto«; so etwa in den *Emblemas morales* von Covarrubias Orozco von 1610.

Doch erlauben Sie mir eine ganz freie, ungedeckte, doch uns vielleicht nahe liegende Deutung zu geben. Der Haupteindruck, den Warburgs Schnecke auf uns macht, ist ihre heftige, eigenmächtige Bewegung, mit der sie sich aus dem starren Gehäuse herauswindet. Die Schnecke, wie sie sich hier gebärdet, könnte uns sagen: Ihr in Hamburg habt Euer Haus und Ihr in London habt auch Euer Haus und eine sagenhafte Bibliothek. Die Schnecke windet sich in einer energischen Bewegung aus ihrem Haus heraus und macht uns vor, dass auch wir Forscher gelegentlich aus unseren Häusern die Fühler nach außen strecken und etwas von den Umständen, von den Nöten und Bedürfnissen der Außenwelt zur Kenntnis nehmen.

Mit dem unschätzbaren Curator der Warburgstiftung, Herrn Dr. Halfmeier, sind wir einig darüber geworden, dass beide Häuser ein Exemplar dieser Schnecke besitzen sollten. Es gab auch die Überlegung, dass man das Original bei einer förmlichen Begegnung der Direktoren jährlich austauschen könnte. Doch ein technisches Problem hat zugleich eine andere Lösung erbracht: Bei Heise heißt es, die Schnecke, die er von Warburg bekommen hat, sei aus Bronze. Die

Schnecke jedoch, die Eckehard Schaar uns überliefert hat, ist, wie Dr. Halfmeier bei Fachkundigen ermittelt hat, aus Messing. Deshalb haben wir für Sie in London eine Schnecke aus Bronze anfertigen lassen, während wir in Hamburg das Messingexemplar behalten. So kann sie hier wie in Hamburg gleich authentisch ihren Sinn entfalten.

Anmerkungen

Horst Bredekamp
»Wie es sein sollte«. Kunst als Vorbild

1 Zu Hegels Einfluss auf die Begründung der Kunstgeschichte als Disziplin: Michael Hatt und Charlotte Klonk: *Art History. A critical introduction to its methods*, Manchester/New York 1988.

2 Wilhelm Pinder: »Kunstgeschichte nach Generationen«, in: Willy Schuster (Hg.): *Zwischen Philosophie und Kunst: Johannes Volkelt zum 100. Lehrsemester*, Leipzig 1926, S. 1–16; Ders.: *Das Problem der Generation in der Kunstgeschichte Europas*, Berlin 1926. Hierzu grundlegend: Elke Uhl: »Gebrochene Zeit? Ungleichzeitigkeit als geschichtsphilosophisches Problem«, in: Johannes Rohbeck/Herta Nagl-Docekal (Hg.): *Geschichtsphilosophie und Kulturkritik. Historische und systematische Studien*, Darmstadt 2003, S. 50–74, hier: S. 67–71.

3 Horst Bredekamp: »Wilhelm Pinders ›Ungleichzeitigkeit des Gleichzeitigen‹«, in: Philipp von Hilgers/Ana Ofak: *Rekursionen. Von Faltungen des Wissens*, München 2010, S. 117–124.

4 Josef A. Schmoll gen. Eisenwerth: »Stilpluralismus statt Einheitszwang. Zur Kritik der Stilepochen-Kunstgeschichte«, in: Werner Hager/Norbert Knopp (Hg.): *Beiträge zum Problem des Stilpluralismus*, München 1977 [zuerst 1970], S. 9–19; vgl. auch Robert Suckale: »Die Unbrauchbarkeit der gängigen Stilbegriffe und Entwicklungsvorstellungen«, in: Peter Schmidt/Gregor Wedekind (Hg.): *Stil und Funktion. Ausgewählte Schriften zur Kunst des Mittelalters*, Berlin 2003, S. 287–302.

5 Martin Warnke: *Bau und Überbau. Soziologie der mittelalterlichen Architektur nach den Schriftquellen*, Frankfurt am Main 1976; Ders.: *Hofkünstler. Zur Vorgeschichte des modernen Künstlers*, Köln 1985.

6 Martin Warnke: »Geadelte Künstler«, in: *Wissenschaftskolleg – Institute for Advanced Study – zu Berlin*, Jahrbuch 1983/84, Berlin 1985, S. 335-344, hier: S. 343.

7 Ebd.

8 In diesem Band, S. 91.

9 In diesem Band, S. 94.

10 Martin Warnke: *Zeitgenossenschaft. Zum Auschwitz-Prozess 1964*, vorgestellt von Pablo Schneider und Barbara Welzel, Berlin 2014.

11 »Der Kunsthistoriker als Zeitgenosse. Martin Warnke im Gespräch mit Birgit Franke, Pablo Schneider und Barbara Welzel«, in: ebd., S. 65–125.

12 Platon: *Politeia*, 596c-596e, in: Ders.: *Werke in acht Bänden*, Griechisch und Deutsch, hg. von Gunther Eigler, Darmstadt 2005, Bd. 4, S. 794/795-796/797).

13 Martin Warnke: »οῖα εῖναι δεῖ. Ein kunsttheoretischer Splitter«, in: Tilmann Buddensieg/ Matthias Winner: *Munuscula Discipulorum. Kunsthistorische Studien. Hans Kauffmann zum 70. Geburtstag 1966*, Berlin 1968, S. 379–392.

14 Martin Warnke: »Kunst als Vorbild«, in: Heinrich Klotz (Hg.): *Kunst und Gesellschaft – Grenzen der Kunst*, Frankfurt a.M. 1981, S. 41–54.

15 Martin Warnke: »Das Erdbeben von Lissabon 1855 – eine Bewährung der Aufklärung«, in: *Zeitschrift des Vereins für Hamburgische Geschichte*, Bd. 95, 2009, S. 1–22.

16 Martin Warnke: »›Ich habe von Natur aus keinen revolutionären Impuls‹ – Gespräch zur Biographie«, in: Ders.: *Schütteln Sie den Vasari … Kunsthistorische Profile*, hg. von Matthias Bormuth, Göttingen 2017, S. 23–48, hier: S. 30.

17 Martin Warnke: *Laudando praecipere. Der Medicizyklus des Peter Paul Rubens*, Groningen 1993, S. 39f.

18 Martin Warnke (Hg.): *Bildersturm. Die Zerstörung des Kunstwerks*, München 1973.

19 Horst Bredekamp: »Ex nihilo: Panofsky's Habilitation«, in: Karl-Ludwig Selig (Hg.): *Polyanthea. Essays on Art and Literature in Honor of William Sebastian Heckscher*, Den Haag 1993, S. 1–19.

20 Werner Hofmann/Georg Syamken/Martin Warnke: *Die Menschenrechte des Auges. Über Aby Warburg*, Frankfurt a.M. 1980.

Der »Fall César« zu Dortmund
Rede zur Ehrenpromotion

1 [Der Herr sei beständig am Wiederkommen in seiner geistigen
Wirksamkeit, und damit vollziehe sich sein Gericht und sein Sieg.
(Das Endgericht) hänge mit dem alten Weltbild zusammen und
sei, da dieses gefallen, für ihn unannehmbar, so besonders die
sichtbare Wiederkehr des erhöhten Christus.] In eckigen
Klammern setze ich jeweils die Version, die César in seinen
Erinnerungen mitteilt. Vgl. die Angaben in Anm. 9.

2 Neben formalen Fehlern des Konsistoriums verweist das
Presbyterium darauf, dass kirchenrechtlich feststehe, »dass die
Colloquien nicht zu eigentlichen Glaubensprüfungen gemacht
werden dürfen«, zumal es sich um einen Pfarrer handle, der schon
18 Jahre das Amt ausübe und dies nach Zeugnissen mit großem
Erfolg.

3 »welcher augenblicklich weit über 3000 Mitglieder zählt«.

4 Der liberale deutsche Protestantenverein in der preußischen
Landeskirche hatte 10674 Unterschriften für die Ernennung von
César gesammelt.

5 Gegen den Rat von Friedrich Naumann.

6 Es wurde die Abschaffung der Kolloquien bei einem Wechsel
in eine andere Landeskirche verlangt – vergeblich übrigens. Der
Fall César ist auch in allen Auflagen des Lexikons Religion in
Geschichte und Gegenwart behandelt.

7 Aus seinen persönlichen Aufzeichnungen (s. Anm. 9) seien noch
folgende Daten mitgeteilt: Die Gartenstadt Hellerau bemühte sich
um ihn. 1912, also sechs Jahre nach dem Dortmunder Eklat,
wurde er von der Adventsgemeinde in Berlin gewählt und
angenommen – »in der ausgesprochenen Absicht, das Verwer-
fungsurteil in Münster einer gründlichen Nachprüfung zu
unterziehen«. Die Kirchenleitung hatte schon beschlossen, ihn
nicht zu ernennen, als César einen Ruf auf die Pfarrstelle in der
»Arbeitergemeinde« Wenigenjena in Jena annahm. Er wurde zu
Vorträgen nicht nur nach Dortmund eingeladen, sondern auch
nach Hagen, Gelsenkirchen, Solingen, Elberfeld, Erfurt, Cöthen
oder Brandenburg, zumeist von den Verbänden der »Christlichen
Freiheit«, mit deren Herausgeber Martin Rade er engen Umgang
pflegte. Auch der »Deutsche Verein für ländliche Wohlfahrts-

und Heimatpflege« von Heinrich Sohnrey unterstützte ihn nachdrücklich.

8 Von der Graphikerin Marie Gey-Heinze aus Leipzig, die öfters bei Césars in Wiesenthal war, ließ er für sich und seine Frau ein Lesezeichen radieren, das in Klingers Manier zwei Adler zeigt, die den Alkoholismus unter Arbeitern überwinden. Das Denkmal, das ihr Mann ihr durch Georg Wrba gesetzt hat, steht nicht, wie César gelegentlich angibt, in Leipzig, sondern in Dresden vor dem Hauptbahnhof auf dem Friedrich-List-Platz. Vgl. Saur *Allgemeines Künstlerlexikon*, Bd. 52, S. 443: Die dort gegebene Mitteilung, sie sei durch einen »Reitunfall« umgekommen, lässt sich zuverlässig korrigieren durch die Mitteilung Césars, der die Leichenpredigt hielt, sie sei »durch die eigene Kugel« aus dem Leben geschieden.

9 Die amtlichen Zitate sind zumeist der Broschüre entnommen: »Der Fall César. Gastpredigt des Pfarrers César in Wiesenthal (Rhön) in der Reinoldikirche zu Dortmund am 7. Januar 1906 über Matth. 2, 1–12 nebst sämtlichen Aktenstücken«, Dortmund 1906 (bei Robert Keßler). Brinkmann hat auch über die unten erwähnten späteren »Fälle« an der Reinoldikirche berichtet; vgl. auch Ernst Brinkmann: *Die evangelische Kirche im Dortmunder Raum in der Zeit von 1815 bis 1945*, Dortmund 1979. – Die biographischen Nachrichten und solche über politische, kirchen- und sozialpolitische Aktivitäten entnehme ich den maschinen- schriftlichen Aufzeichnungen August Césars: »Aus meinem Leben«, aus drei Schriftsätzen mit insgesamt 70 Seiten bestehend, von denen eines Mai 1951« datiert ist; »Wie ich Pfarrer wurde«, 67 Seiten, worin jedoch auch unter Verwendung von Briefen und Akten über die Jenaer Zeit und über mannigfache Verbindungen zu Theologen berichtet wird, entstanden wohl kurz nach 1951; »Aus meiner Synodaltätigkeit (1902–1933)«, 189 Seiten, z. T. handschriftlich mit zahlreichen Aktenstücken; diverse Aufzeich- nungen über »Das Gemeindehaus in Wiesenthal«, 12 Seiten; »Herkunft und Verwandtschaft«, 26 Seiten; ein »Freundesbrief zum 75. Geburtstag von Kirchenrat i. R. D. Rudolf Herrmann in Weimar«, 18 Seiten; mit zahlreichen Briefzitaten aus der Zeit um 1906; das Gästebuch des Ehepaars César, das sie 1889–1958 geführt haben. Ich beabsichtige, diese Schriftsätze dem Pfarr- hausarchiv in Eisenach zu übergeben. Das Bildnis von Georg Koetschau befindet sich im Besitz von Martin Warnke.

Wissenschaft als Knechtungsakt

Erstabdruck in: *Stuttgarter Zeitung* vom 25. April 1970, Nr. 95. (Der Titel wurde von der Redaktion eingesetzt. Der Text stellt die leicht gekürzte Fassung eines Referates dar, das auf dem Deutschen Kunsthistorikertag im Oktober 1970 gehalten wurde.)

1 Jan Lauts: *Sandro Botticelli – Die Geburt der Venus*, Stuttgart 1958, S. 7.

2 Hans Jantzen: *Die Naumburger Stifterfiguren*, Stuttgart 1959, S. 12.

3 Werner Hager: *Vermeer van Delft – Die Malkunst*, Stuttgart 1966, S. 4, 10.

4 *Blaue Bücher*, Königstein im Taunus 1963, S. 19.

5 Werner Schöne: *Das Königsportal der Kathedrale von Chartres*, Stuttgart 1967, S. 4, 10, 14, 23, 25 f.

6 Jantzen (Anm. 2), S. 14, 17.

7 *Blaue Bücher*, Königstein im Taunus 1961, II, S. 10.

8 Jantzen (Anm. 2), S. 14.

9 *Blaue Bücher*, Königstein im Taunus 1961, I, S. 17, II, S. 4.

10 *Blaue Bücher*, Königstein im Taunus 1961, II, S. 10.

11 Herbert Pée: *Meister Francke – Der Englandfahrer Altar*, Stuttgart 1967, S. 16, 18 f., 20, 23.

12 Manfred Wundraum: *Donatello – Der heilige Georg*, Stuttgart 1967, S. 10.

13 Herbert von Einem: *Michelangelo – Die Pietà im Dom zu Florenz*, Stuttgart 1956, S. 5 f., 11, 9, Abb. 12.

14 Wolfgang Braunfels: *Benvenuto Cellini – Perseus und Medusa*, Stuttgart 1961, S. 7.

15 Wolfgang Schöne: *Peter Paul Rubens: Die Geissblattlaube; Doppelbildnis des Künstlers mit Isabella Brant*, Stuttgart 1956, S. 8, 14.

16 Kurt Bach: *Rembrandt van Rijn – Die Nachtwache*, Stuttgart 1967, S. 10 f., 16, 20 ff.

17 Erich Hubala: *Peter Paul Rubens – Der Münchener Kruzifixus*, 1967, S. 26.

18 Gerhard Bott: *Tiepolo – Treppenfresko in Würzburg*, Stuttgart 1963, S. 25.

19 Hager (Anm. 3), S. 13 f., 20, 26.

20 Theodor Müller: *Ignaz Günther – Bildwerke in Weyarn*, Stuttgart 1964, S. 21.

21 Klaus Lankheit: *Jacques-Louis David – Der Tod Marats*, Stuttgart 1962, S. 4, 16 f.

22 Herbert Pée: *Jorg Syrlin d. Ä. – Das Ulmer Chorgestuhl*, Stuttgart 1962, S. 5, 7, 9, 11, 16.

23 Eberhard Hanfstaengl: *Wilhelm Leibl – Die Dorfpolitiker*, Stuttgart 1958, S. 7.

24 Klaus Lankheit: *Franz Marc – Der Turm der blauen Pferde*, Stuttgart 1961, S. 5, 8, 10.

25 Peter Anselm Riedl: *Wassily Kandinsky – Kleine Welten*, Stuttgart 1962, S. 4, 9, 10, 13.

26 Lankheit (Anm. 21), S. 3, 5.

27 Lankheit (Anm. 24), S. 4.

Jacob Burckhardt und Karl Marx

1 Über Burckhardt bei Trendelenburg und dem Geographen Karl Ritter vgl. Werner Kaegi: *Jacob Burckhardt*. Bisher vier Bände, Basel 1947–1967, Bd. II, S. 89ff. – Über Marx und Trendelenburg und Karl Ritter vgl. Auguste Cornu: *Karl Marx und Friedrich Engels*. Bisher zwei Bände, Berlin 1954 und 1962. Bd. I, S. 124 und S. 159ff.

2 Vgl. Theodor Schieder: »Jacob Burckhardt und die Rheinlande«, in: *Festschrift G. Kallen*, Bonn 1937; über Kinkels politische Entwicklung: Alfred R. De Jonge: *Gottfried Kinkel as Political and Social Thinker*, New York 1966.

3 Über die Vorarbeiten und Exzerpte aus der neueren kunstgeschichtlichen Literatur berichtet Michael Lifschitz: *Karl Marx und die Ästhetik*, Dresden 1959, S. 60ff.

4 Burckhardt am 5.4.1841 und 1.7.1842. Bei Zitaten aus Burckhardt-Briefen wird nur das Datum angegeben, da die benutzten Editionen – Jacob Burckhardt: *Briefe*, hg. von Max Burckhardt, bisher sechs Bände, Basel 1949–1966, und für die Briefe nach 1878 die von Fritz Kaphahn in Leipzig 1940 hg. Ausgabe – die Briefe in chronologischer Reihenfolge bringen. – Über Marx bei Bettina von Arnim, die von seiner »Keckheit und seinem Verstand beeindruckt« gewesen sein soll, vgl. Isaiah Berlin: *Karl Marx*, München 1959, S. 80.

5 Brief vom 19.6.1842; daneben der vom 16.7.1844: »Bester Junge,
  es wird eine Zeit kommen, da die Spekulation aufhören und das
  Konkrete anfangen wird [...]. Du mußt die Schweiz sehen, um
  das zu begreifen, oder England, denk' ich.«

6 Zu Engels in Berlin vgl. Gustav Mayer: *Friedrich Engels*, Den
  Haag 1934. Bd. I, S. 70 ff. – Engels' anonyme Kampfschriften
  über den »philosophischen Messias« Schelling in: Marx/Engels:
  Historisch-kritische Gesamtausgabe. Moskau 1927–1935, Bd. I,
  Abt. 2, S. 181 ff. – Über Burckhardt und den »Messias« Schelling
  vgl. Kaegi (Anm. 1), Bd. II, S. 192 f. Vgl. auch Helmut Pölcher:
  »Schellings Auftreten in Berlin (1841) nach Hörerberichten«,
  in: *Ztschr. f. Religions- und Geistesgesch.* Jg. VI (1954), S. 194 ff.

7 Burckhardts Brief vom 13.6.1842. Engels' Aufsatz über Immer-
  mann in Marx/Engels (Anm. 6), Bd. I, Abt. 2, S. 111–118. Über
  Engels und das Junge Deutschland vgl. Mayer: Bd. I, S. 39 ff., über
  Marx und Herwegh vgl. Coune: Bd. I, S. 395 ff., Bd. II, S. 38 ff.

8 Brief vom 13.6.1842. Das despektierliche Urteil von Engels über
  Mundt in seinem Brief vom 10.1.1839, sowie dasjenige von
  Köppen in dem Brief an Marx 1841, wo der »verrückte Schopen-
  hauer« mit Mundt und Trendelenburg zusammen genannt sind, in
  Marx/Engels (Anm. 6), Bd. I, Abt. 2, S. 258.

9 Marx an D. Oppenheim zitiert bei Werner Blumenberg: *Karl Marx
  in Selbstzeugnissen und Bilddokumenten*, Hamburg 1962, S. 48.

10 So Kinkel selbst in einer Selbstbiographie, zitiert bei Kaegi
  (Anm. 1), Bd. II, S. 250. Zu Wilhelm Lübkes Marx-Studien und
  seine Mitarbeit an der *Rhein. Ztg.* vgl. dessen *Lebenserinnerun-
  gen*, Stuttgart 1891, S. 126 und S. 144.

11 Burckhardts Brief vom September 1849 an Hermann Schauen-
  burg. – Marx' Kampfschrift »Die großen Männer des Exils« vom
  Jahre 1852 in: Karl Marx/Friedrich Engels: *Werke*, 39 Bände,
  Berlin 1957–1968, Bd. VIII, S. 235 ff., über Kinkels Hochzeit
  S. 253 ff.

12 Brief vom 21.6.1843: »Es ist ein famoses Buch, und niemand
  hat bis jetzt etwas Gründliches dagegen einwenden können.«
  Es handelt sich um Louis Blanc: *Histoire de dix ans 1830–1840*,
  Paris 1842.

13 Zitiert bei Kaegi (Anm. 1), Bd. II, S. 284.

14 Darüber und über die Tendenz der *Kölnischen Zeitung* vgl.
  Edmund Silberner: *Moses Heß*, Leiden 1966, S. 159 und S. 171 ff.

15 Burckhardts Artikel in der *Basler Zeitung* vom 12.10.1844
abgedruckt bei Emil Dürr: *Jacob Burckhardt als politischer
Publizist*, Zürich 1937, S. 118. Zu Marx' Auseinandersetzung mit
Weitling 1846 vgl. Herwig Förderer: *Marx und Engels am Vorabend der Revolution*, Berlin 1960, S. 52–68.

16 So Marx gegen die Verdächtigungen der *Augsburger Allgemeinen
Zeitung*, daß die *Rheinische Zeitung* kommunistische Sympathien
hege; zitiert bei Blumenberg (Anm. 9), S. 48.

17 Brief vom 28./29.6.1845. Der Artikel in der *Basler Zeitung*
zitiert bei Kaegi (Anm. 1), Bd. II, S. 437f. Durch Vermittlung
Geibels war Burckhardt schon in der Bonner Zeit mit Freiligrath
bekannt geworden. Über die Brüsseler Begegnung zwischen
Freiligrath und Marx vgl. Franz Mehring: *Karl Marx*, Berlin 1960,
S. 182.

18 So Burckhardt in dem Brief vom September 1849 an Hermann
Schauenburg. Engels' Urteil über den Musketier Kinkel in dem
Brief an Marx vom 25.7.1849, in: Marx/Engels (Anm. 6), Bd. III,
Abt. 1, S. 109.

19 Nietzsche am 7.11.1870 an Carl von Gersdorff; vgl. Alfred
Baeumler (Hg.): *Nietzsche in seinen Briefen*, Leipzig 1932, S. 82.

20 Zitiert bei Kaegi (Anm. 1), Bd. III, S. 213.

21 Brief von Marx an Cluss vom 15.9.1853, Marx/Engels (Anm. 11),
Bd. 28, S. 592. Das vorhergehende Zitat nach Blumenberg
(Anm. 9), S. 124.

22 Zur Geschichte des Caesarismus-Begriffs vgl. Kaegi (Anm. 1),
Bd. IV, S. 274f., und jetzt Adrian Jenny: *Jean-Baptiste Adolphe
Charras und die politische Emigration*, Basel/Stuttgart 1959,
S. 218ff. – Noch in seinen *Weltgeschichtlichen Betrachtungen*,
Darmstadt 1956, S. 141, hält Burckhardt an dem Begriff fest.

23 Karl Marx: »Der Achtzehnte Brumaire de Louis Bonarparte« in:
Karl Marx/Friedrich Engels: *Ausgewählte Werke*, Berlin 1959,
Bd. I, S. 223. – Die Briefstelle der Berliner Arbeiter an Marx
zitiert bei Maximilien Rubel: *Marx-Chronik*, München 1968,
S. 99.

24 Theodor Mommsen: *Römische Geschichte*, zweite Auflage, Berlin
1857, Bd. III, S. 458.

25 Die Stellen bei Burckhardt: *Die Zeit Constantins des Großen*,
S. 234. – Über die Rezensionen in der *Zeitschrift für lutherische
Theologie* (1856) vgl. Kaegi (Anm. 1), Bd. III, S. 419f. – Engels'

Paraphrase in der Einleitung zu Marx' »Die Klassenkämpfe in Frankreich« (Ausgabe 1895), in: *Ausgewählte Schriften*, Bd. I, S. 121.

26 Briefe vom 3.7.1870; 26.4.1872; 30.7.1879.

27 Burckhardt (Anm. 22), S. 119.

28 Brief vom 21.4.1872. Das Marx-Zitat bei Blumenberg (Anm. 9), S. 121, und Karl Marx: *Das Kapital*, Berlin 1960, Bd. I, S. 7f.

29 Burckhardt (Anm. 22), S. 5f. – Reinhard Heede hat mich darauf hingewiesen, daß in der Metapher »Geist-Wühler« ein Topos aus Shakespeares *Hamlet* (I, 5) aufgegriffen ist, der im Sinne Burckhardts auch schon von Hegel, und zwar unter ausdrücklichem Hinweis auf Shakespeare, verwendet worden war (G. W. F. Hegel: *Vorlesungen über die Geschichte der Philosophie*, hg. von Hermann Glockner, Bd. 19, Stuttgart 1940, S. 685, 691).

30 Burckhardt (Anm. 22), S. 129. – Nietzsche an Erwin Rohde am 15.12.1870, in: Baeumler (Anm. 19), S. 86.

31 Burckhardt (Anm. 22), S. 8.

32 Zu Marx und Vischer vgl. Willi Oelmüller: *Friedrich Theodor Vischer und das Problem der nachhegelschen Ästhetik*, Stuttgart 1959, S. 26 und S. 100f.; über Burckhardt ebd., S. 102f.

33 Karl Marx: *Zur Kritik der politischen Ökonomie*, Berlin 1958, S. 269f. (Anhang). Vgl. zur Interpretation Karel Kosík: *Die Dialektik des Konkreten*, Frankfurt a. M. 1967, S. 133ff.

34 Burckhardt (Anm. 22), S. 4, S. 42, S. 114 und S. 115.

35 Jacob Burckhardt: *Der Cicerone*, Leipzig 1925, S. 914.

36 Burckhardt (Anm. 22), S. 6f. – Zur Geschichte der kunstphilosophischen Kategorie »Wie es sein sollte« vgl. Martin Warnke, in: *Munuscula Discipulorum*. Festschrift für Hans Kauffmann, Berlin 1968.

Zur Situation der Couchecke

1 Eine »Manie, an der Straße wohnen zu wollen«, stellt für seine Zeit fest Karl Scheffler: »Die Häuslichkeit«, in: *Moderne Kultur. Ein Handbuch der Lebensbildung und des guten Geschmacks*, Bd. I, hg. von Ed. Heyck, Stuttgart/Leipzig o. J. (um 1905), S. 183.

2 So etwa Elisabeth Pfeil: *Großstadtforschung*, Hannover ²1972, S. 213.

3 Adalbert Stifter: *Der Nachsommer*, hg. von Max Stefl, Basel 1954,
S. 7. Um 1857 ist dies noch eine Wunschvorstellung; erst für die
Zeit um 1900 kann gelten:»Im allgemeinen geht die Tendenz zur
Sonderung der Räume, jedes Zimmer dient einem eigenen Zweck«
(Scheffler [Anm. 1], S. 225).

4 Ausführlich über das Verhältnis von Intimität und Repräsentati-
vität des Schlafzimmers und über die Scheu, es vorzuzeigen, vgl.
Margret Tränkle: *Wohnkultur und Wohnweisen*, Tübingen 1972,
S. 106ff.

5 Scheffler (Anm. 1), S. 238. Konzilianter gibt sich Ludwig
Neundörfer: *Wie wohnen?*, Königstein im Taunus/Leipzig o.J.
(1929), S. 4:»Zum Ausruhen dient die Liegebank. Sie gehört zu
den notwendigen Möbeln in der Wohnstube.«

6 Zur moralischen Beurteilung vgl. Edmund Meier-Obrist: *Kulturgeschichte des Wohnens im abendländischen Raum*, Hamburg
1956, S. 327:»Dient aber jeder Wohnraum einer Wohnung auch
als Schlafstätte, so ist das ein unwürdiger Zustand.« Die Umsetzung in der Praxis formuliert *Mein Eigenheim* 1976, Nr. 1, S. 55:
»Wie bei allen Familienfertighäusern sind Schlaf- und Wohnbereich konsequent voneinander getrennt.«

7 Über Ausstellungspraxis und -gegenstände in der heutigen
Wohnung vgl. Tränkle (Anm. 4), S. 110ff., 176ff. Die geometrisie-
rende Ausstellung hat sich durchgesetzt im Gefolge von Diktaten,
wie sie etwa Neundörfer, (Anm. 5), S. 12, formulierte:»Die
Buntheit solcher Ausstellungen wirkt ähnlich wie der Schmuck
von halbkultivierten Wilden.« – Über die Wechselbeziehung
zwischen Innenraumlicht und Gardinen vgl. Karl Rosner: *Das
deutsche Zimmer im 19. Jahrhundert*, München/Leipzig 1889,
S. 228, und Meier-Obrist (Anm. 6), S. 287. Pfeil (Anm. 2), S. 229,
will beobachtet haben, daß Flüchtlinge sich zuerst Gardinen
anzuschaffen pflegten, ein Tatbestand, den die von Alfons
Silbermann: *Vom Wohnen der Deutschen* (1963), Frankfurt a. M.
²1966, S. 39, Befragten bestätigen.

8 Henry van de Velde: *Zum Neuen Stil*, München 1955, S. 59.

9 Scheffler (Anm. 1), S. 202.

10 Josef Strzygowsky: *Die Bildende Kunst der Gegenwart*, Leipzig
1907, S. 72, über die Interieurs van de Veldes.

11 Karl Jaspers: *Die Geistige Situation der Zeit* (1931), Berlin ⁹1955,
S. 53.

12 Vgl. Meier-Obrist (Anm. 6), S. 103, 111, 200.

13 Zum Mobiliar des Salons vgl. Jakob von Falke: *Geschichte des deutschen Kunstgewerbes*, Berlin 1888, S. 187; Mario Praz: *Die Inneneinrichtung von der Antike bis zum Jugendstil*, München 1965.

14 »Die heiteren, nach der Straße gelegenen Räume der schönen Wohnung wurden nicht bewohnt und schienen nur ihrer selbst wegen da zu sein. Es waren glänzende Putzgemächer, zu schade zum Gebrauch. Die Familie beschränkte sich vielmehr auf einige enge Zimmer, die nach dem düstern, von hohen Gebäuden umstellten Hof sahen.« So im Rückblick Wilhelm von Kügelgen (geb. 1867): *Jugenderinnerungen*, München 1920, S. 44.

15 Georg Büchmann: *Geflügelte Worte*, Berlin ²³1907, S. 571. – Es ist oft festgestellt worden, daß die bürgerliche Gute Stube einen Prestigeverlust in Politik und Gesellschaft kompensiert, vgl. etwa Cornelius Gurlitt: *Im Bürgerhause*, Dresden 1888, S. 92; Rosner (Anm. 7), S. 60, oder Juliane Roh: *Die moderne Wohnung*, Darmstadt 1954, S. 6.

16 Gurlitt (Anm. 15), S. 32, 92; W. Fed: *Die Wohnung und ihre Ausstattung*, Bielefeld/Leipzig 1903, S. 48; Scheffler (Anm. 1), S. 225. Ähnlich Paul Paepcke: »Vom Hausrat der Mietwohnung«, in: *Die Kunst*, Bd. 22 (1910), S. 190f.

17 Vgl. Otto Völckers: *Deutsche Hausfibel*, Leipzig 1937, S. 122f.; Meier-Obrist (Anm. 6), S. 307, und P. Jessen: »Der Kunstgewerbliche Geschmack in England«, in: *Kunstgewerbeblatt*, NF Jg. 3 (1892), wo auf S. 100 auf die »bay windows« hingewiesen wird, die »mit Tisch und Sitzen zu behaglichen Winkeln ausgestattet werden«. – Auf den englischen Club als einen möglichen Quellbereich wies mich Dr. Winfried Ranke, Berlin, hin.

18 Diese Auffassung etwa bei Rudolf Eberstadt: *Handbuch des Wohnungswesens und der Wohnungsfrage*, Jena ³1917, S. 295, oder bei Rosner, (Anm. 7), S. 82. Daß der Diwan im Biedermeier ins Café gelangte, vermerkt Meier-Obrist (Anm. 6), S. 259, und Jakob Stockbauer: »Altdeutsch und stilvoll«, in: *Kunstgewerbeblatt*, NF Jg. 6 (1895), S. 195, beschreibt die Konkurrenzsituation: »Wenn vor einigen Jahrzehnten geistreiche Wirte anfingen, altdeutsche Bierstuben einzurichten, so hatte das auch einen Sinn. Diese geräumigen, mit vielen lauschigen Plätzchen für Stammtischgesellschaften versehenen Räume, reinlich, hell und licht,

[…] wurden überall rasch beliebt und gar mancher mußte sich in diesen immerhin anheimelnden Räumen über die Misère der eigenen Wohnung zu trösten versuchen.« Die Peripetie wird dann durch eine Rede gekennzeichnet, die Alfred Krupp 1877 an seine Arbeiter hielt: »Ein Politisieren in der Kneipe ist nebenbei sehr teuer, dafür kann man im Hause Besseres haben. Nach getaner Arbeit verbleibt im Kreise der Eurigen, bei den Eltern, bei der Frau und den Kindern. Da sucht Eure Erholung, sinnt über den Haushalt und die Erziehung. Das und Eure Arbeit sei zunächst und vor allem Eure Politik. Dabei werdet Ihr frohe Stunden haben.« Zit. nach Roland Günter: »Krupp und Essen«, in: Martin Warnke (Hg.): *Das Kunstwerk zwischen Wissenschaft und Weltanschauung*, Gütersloh 1970, S. 147.

19 Scheffler (Anm. 1), S. 237.

20 Tränkle (Anm. 4), S. 101, beobachtete Rückbestände älterer Stellschemata. Über die abnehmende Erbfreudigkeit vgl. Silbermann (Anm. 7), S. 31 ff., der auf S. 67 ff. auch Umfrage-ergebnisse vorträgt, die lediglich belegen, daß die Befragten die geschlossene Sofagruppe bevorzugten.

21 Ein Beispiel für solche organologischen Vorstellungen etwa in *Architektur und Wohnen*, Jg. 58 (1949/50), S. 12 f.: »Zimmer dehnen die Brust oder schnüren die Kehle zu. Möbel können lachen oder verdrossen blicken.« – Wertvolle Hinweise zur Provenienz und Deutung des Nierentisches verdanke ich Dr. Andreas Haus, Marburg.

22 Einen »totalen Strukturwandel in der deutschen Wohnung« durch das Design der 60er und 70er Jahre stellt die Zeitschrift *Mode & Wohnen*, 1976, H. 2/3, S. 84, fest.

23 Dazu Heinz Schilling: *Wandschmuck unterer Sozialschichten*, Bern/Frankfurt a. M. 1971, S. 93, 142.

24 Zum Dienstpersonal, das als öffentliche Kontrolle empfunden wird, vgl. Theodor Fontane: »Meine Kinderjahre«, in: *Werke*, Bd. 3, München 1968, S. 498, oder Thorstein Veblen: *Theorie der feinen Leute* (1899), München 1971, S. 61, im übrigen Ingeborg Weber-Kellermann: *Die deutsche Familie*, Frankfurt a. M. 1974, S. 118 ff.

25 Zu dem Trend, die Küche mit Holzmöbeln auszustatten, wird in der Zeitschrift *Wir bauen uns ein Haus für uns* 1976, S. 64, angegeben, diese verliehen »dem Raum wohnliche Wärme«. – Zur

Entwicklung des Bades vgl. François Burkhardt (Hg.): *Baderaum – sozialer Raum der Familie*, IDZ 5, Berlin 1973. Der Tendenz kommt der Nachweis von Bruno Schier: *Hauslandschaften und Kulturbewegungen im östlichen Mitteleuropa*, Göttingen ²1966, S. 285ff., entgegen, daß die überheizte deutsche Wohnstube genetisch aus der Badestube hervorgegangen sei. – Zum Schlafzimmer vgl. die Feststellung in *Mein Eigenheim* 1973, Nr. 5, S. 51 »Deutsche Schlafzimmergemächer werden mehr und mehr ins Wohnerlebnis einbezogen.« Silbermann (Anm. 7), S. 89, hatte seinerzeit darüber erst aus »neuesten Berichten« aus den USA gehört, während Tränkle (Anm. 4), S. 107, bereits eine erhöhte Bereitschaft dazu bei oberen Mittelschichten festgestellt hat. Vorschläge für »Wohnschlafzimmer« in *bauen + fertighaus* 1976, Nr. 46, S. 137, oder *Schöner Wohnen* 1976, Nr. 8, letzte Seite. – Beispiele für den »Wohnraum im Garten«, wobei das Haus »ohne Grenze« in den Garten übergeht, in *Mein Eigenheim* 1976, Nr. 1, S. 75. – Daß das Auto, mit Furnieren und Stereoanlage ausgestattet, Wohnzimmerqualitäten annimmt, sei am Rande erwähnt.

26 Ich denke an das Bürohaus »Centraal Beheer« von H. Hertzberger in Apeldoorn (Holland).

Cranachs Luther Entwürfe für ein Image

1 Vgl. Johannes Ficker: »Die Bildnisse Luthers aus der Zeit seines Lebens«, in: *Luther-Jahrbuch*, Jg. 16, 1934, S. 103–161.

2 Albrecht Dürer: *Schriftlicher Nachlaß*, Bd. 1, hg. von Hans Rupprich, Berlin 1956, S. 86f.

3 Katalog *Lucas Cranach*, Nr. 60, Berlin-Dahlem 1973, S. 52 (Frank Steigerwald).

4 Wilhelm Worringer: *Lukas Cranach*, München 1908, S. 117.

5 Katalog *Lukas Cranach,* von Dieter Koepplin und Tilman Falk, Basel ²1974, Bd. 1, Nr. 35, S. 92. Vgl. auch Katalog *From a Mighty Fortress*, Detroit 1983, Nr. 126, S. 232 (Charles Talbot).

6 Eduard Flechsig: *Cranachstudien. Erster Teil*, Leipzig 1900, S. 58f.

7 Katalog *Martin Luther und die Reformation in Deutschland. Ausstellung zum 500. Geburtstag Martin Luthers veranstaltet vom Germanischen Nationalmuseum Nürnberg*, Frankfurt a. M. 1983, Nr. 215, S. 175 (Jutta Seidel).

8 Vgl. Konrad Hoffmann: »Typologie, Exemplarik und reformatorische Bildsatire«, in: *Spätmittelalter und Frühe Neuzeit. Tübinger Beiträge zur Geschichtsforschung*, Bd. 2: *Kontinuität und Umbruch*, Stuttgart 1978, S. 191 ff.

9 Zitiert nach Katalog (Anm. 7), Nr. 280, S. 223.

10 Ebd., Nr. 218, S. 177.

11 *D. Martin Luthers Werke. Kritische Gesamtausgabe. Briefwechsel*, Bd. 2, bearbeitet von Otto Clemen, Weimar 1931, S. 305.

12 Cicero: *Pro Archia Poeta* XII, 30: »An statuas et imagines, non animorum simulacra, sed corporum, studiose multi summi homines reliquerunt, consiliorum relinquere ac virtutum nostrarum effigiem nonne multo malle debemus, summis ingeniis expressam et politam«.

13 Vgl. Peter-Klaus Schuster: »Überleben im Bild«, in: Katalog *Köpfe der Lutherzeit*, Hamburg 1983, S. 8, und den Katalog *Erasmus en zijn tijd*, Rotterdam 1969, Nr. 269.

14 Vgl. *Thesaurus Linguae Latinae*, s. v. »cera«, Sp. 850, 853.

15 Vgl. Flechsig (Anm. 6), S. 56, der die Aussage auf das dritte Lutherbildnis bezieht, wie die ganze Cranach-Forschung nach ihm, obwohl O. Clemen in der Weimarer Luther-Ausgabe (Anm. 11), S. 284, sie auf den den im folgenden Satz angesprochenen Holzschnitte bezogen sieht: »Iam paratur antithesis figurata Christi et pape, bonus pro laicis liber«.

16 Katalog Basel (Anm. 5), Nr. 38, S. 95.

17 Ebd., Nr. 38, S. 95 (Dieter Koepplin).

18 Curt Glaser: *Lukas Cranach*, Leipzig 1923, S. 152, und Katalog Basel (Anm. 5), Nr. 38, S. 95.

19 Katalog (Anm. 3), Nr. 62, S. 53.

20 Aristotele: *Minor Works*, hg. von W. S. Hett (The Loeb Classical Library), London/Harvard 1963, S. 111 f. – Zur Wirkung in der Renaissance vgl. Peter Meller: »Physiognomical Theory in Renaissance Heroic Portraits«, in: *Acts of the 20th International Congress of History of Art*, Princeton 1963, Bd. 2, S. 58 ff. – In Krakau war soeben die *Physionomia* des Johann von Glogau erschienen, die ähnliche Vergleiche anstellt, vgl. etwa Ewa Chojecka, in: *Wiss. Zeitschr. der Friedrich-Schiller-Universität Jena. Gesellschafts- und Sprachwissenschaftliche Reihe*, H. 1, Jg. 18, 1969, S 177–180.

21 Vgl. zu diesen Herkules-Verkleidungen Donat de Chapeaurouge:

»Theomorphe Porträts der Neuzeit«, in: *Deutsche Vierteljahres-schrift*, Bd. 42, 1968, bes. S. 276ff., und Guido Bruck: »Habsbur-ger als Herkulier«, in: *Jahrbuch der Kunsthistorischen Samm-lungen in Wien*, Bd. 50, 1953, S. 191–198.

22 Katalog Basel (Anm. 5), Nr. 42, S. 98 (Dieter Koepplin). – Vgl. auch Katalog Detroit (Anm. 5), Nr. 128, S. 236 (Charles Talbot).

23 Vgl. Katalog *Der Mensch um 1500*, Berlin ²1977, S. 83.

24 Vgl. Hoffmann (Anm. 8), S. 204, und William C. McDonald: »Maximilian I of Habsburg and the veneration of Hercules«, in: *Journal of Medieval and Renaissance Studies*, Bd. 6, 1976, S. 143f.

25 Katalog (Anm. 7), Nr. 287, S. 227 (Konrad Hoffmann), und R. W. Scribner: *For the Sake of Simple Folk. Popular Propaganda for the German Reformation*, Cambridge 1981, S. 24.

26 Zu Luthers Tod als »Staatssache«, vgl. Heiko A. Obermann: *Luther*, Berlin 1982, S. 11ff.

27 Vgl. neben dem in Anm. 25 genannten Buch von Scribner und dem in Anm. 8 genannten Aufsatz von K. Hoffmann immer noch H. Grisar S. J. und Fr. K. Heege S. J.: *Luthers Kampfbilder.* 3 Bde., Freiburg 1921–1923, und Ingeburg Neumeister: *Flugblätter der Reformation und des Bauernkrieges*, Leipzig 1976.

28 Die bei Hans Preuß: *Martin Luther. Der Künstler*, Gütersloh 1931, S. 44, zusammengestellten Äußerungen aus den »Tisch-reden« sind wenig aufschlußreich; bemerkenswert allenfalls der Gemeinplatz, »daß gute Maler eine Person viel hübscher malen, denn sie ist«.

29 Vgl. Martin Warnke: »Durchbrochene Geschichte? Die Bilder-stürme der Wiedertäufer in Münster 1534/35«, in: Ders. (Hg): *Bildersturm*, München 1973, S. 70.

30 Aby Warburg: »Heidnisch-antike Weissagung in Wort und Bild zu Luthers Zeiten (1920)«, in: Ders.: *Gesammelte Schriften*, Bd. 2, Leipzig/Berlin 1932, S. 487–565 (Reprint Nendeln 1969). Über den Prodigienglauben auch Natharine Park/Lorraine J. Doston: »Unnatural Conceptions: Study of Monsters in 16th and 17th century France and England«, in: *Past and Present*, Nr. 92, 1982, S. 21–54.

31 Karl Schottenloher: *Flugblatt und Zeitung*, Berlin 1922, S. 64. – Werner Schade: *Die Malerfamilie Cranach*, Dresden 1974, S. 52 n. Anm. 365.

Goyas Gesten

1 »Como hace seis años, que me faltó de todo punto la salud, y
especialmente el oydo, hallandome tan Sordo que no usando de
las cifras de la mano no puedo entender cosa alguna, por lo que
no he podido ocuparme en cosas de mi Profesión [...].« Zit. nach
Edith Helman: *Trasmundo de Goya*, Madrid 1963, S. 153f.

2 Jutta Held: *Francisco Goya in Selbstzeugnissen und Bilddokumenten*, Reinbek 1980, S. 42. Das ist insofern mißverständlich
ausgedrückt, als Goya ja noch sprechen konnte, sich selbst also
die Taubstummensprache nicht »aneignen« mußte, sondern von
seinen Gesprächspartnern erwarten mußte, daß sie die »cifras de
la mano« gebrauchten. – Die Natur der Krankheit wurde viel
diskutiert. Die jüngste medizinische Diagnose mit dem Ergebnis, daß es sich wahrscheinlich um eine Bleiintoxikation
handelte, bei Klaus Lederbogen: »Francisco Goyas Krankheit
und Tod«, in: *Deutsches Ärzteblatt*, H. 36, 6.9.1979,
S. 2288–2292.

3 Vgl. Karl Bühler: *Ausdruckstheorien*, Stuttgart ²1968, S. 22ff.

4 Grundlegend für die Kunsttheorien das Gestenkapitel bei Gio.
Paolo Lomazzo: *Trattato Dell' Arte de la Pittura*, Mailand 1584,
Buch II, Kapitel 1–23. Vgl. auch Brewster Rogerson: »The Art of
Painting the Passions«, in: *Journal of the History of Ideas*, Bd. 14
(1953), S. 68ff. Ein glanzvolles Beispiel einer Übertragung der
rhetorischen Bewegungstheorien auf die Malerei bietet Günther
Heinz: »Realismus und Rhetorik im Werk des Bartolomeo
Passarotti«, in: *Jahrbuch der Kunsthistorischen Sammlungen in
Wien*, Bd. 68 (1972), S. 156ff. – Die jüngste Bibliographie zur
Gestengeschichte und -forschung bieten D. Morris, P. Collet, P.
Marsh, M. O'Shaughnessy: *Gestures. Their Origins and Distribu-
tion*, New York 1979, S. 275–292. – Auf der Grundlage der Le
Brun-Rezeption sind einige Gesten in den Caprichos gedeutet
von Eleanor A. Sayre: »Goyas Gebärdensprache«, in: Ausstel-
lungskatalog *Goya*, Frankfurt a. M. 1981, S. 82–85.

5 Vgl. Isa Lohmann-Siems: »Der universale Formbegriff in der
Physiognomik des 18. Jahrhunderts«, in: *Jahrbuch der Ham-
burger Kunstsammlungen*, Bd. 9 (1964), S. 67ff. – José López-
Rey: *Goya's Caprichos*, Princeton 1953, Bd. 1, S. 55ff.; Folke
Nordström: »Goya's Portraits of the Four Temperaments«, in:

De Artibus Opuscula XL. *Essays in Honor of Erwin Panofsky*, New York 1961, S. 398 ff.

6 Quintilian: *Institutio Oratoria*, XI.3, 85–87 (hg. von. H. E. Butler, Cambridge 1961, S. 288 f.): »Ut in tanta per omnes gentes nationesque linguae diversitate hic mihi omnium hominum communis sermo videatur«.

7 Giovanni Bonifacio: *L'arte dei cenni con la quale formandosi fauella visibile, si tratta della muta eloquenza, che non è altro che un facondo silentio*, Vicenza 1616; John Bulwer: *Chirologia; or the Naturall Language of the Hand. Whereunto is added Chironomia: or, the Art of Manual Rhetoricke*, London 1644. Zur Entwicklung der Vorstellung von einer Universalsprache im Zusammenhang mit Bemühungen um eine Taubstummensprache vgl. James R. Knowlson: »The Idea of Gesture as a Universal Language in the XVIIth and XVIIIth Centuries«, in: *Journal of the History of Ideas*, Bd. 26 (1965), S. 496 ff.

8 Gaspar Melchior Jovellanos: »Tratado de Declamación«, in: *Obras. Biblioteca de Autores Españoles*, Bd. 5. Madrid 1858, S. 147. In einem kunsttheoretischen Zusammenhang ist die Quintilianstelle paraphrasiert auch bei Bernard Dupuy Du Grez: *Traité sur la Peinture*, Toulouse 1699, S. 291. – In seiner »Memoria sobre educatión pública« spricht Jovellanos von der Hoffnung der Philosophie, »que el progreso de la razón y la comunicación humana traeria tal vez la época venturosa en que una lengua universal estableciese entre todas las sociedades y todos los hombres un vínculo de unión y fraternidad […].« (Jovellanos: *Espectáculos y Diversiones Públicas*, Clásicos Castellanos, Madrid 1975, S. 88 f.).

9 Abé de l'Epée: *Institution des Sourds et Muets, par la voie des signes méthodiques; Ouvrage qui contient le Proiet d'une Langue Universelle, par l'entremise des Signes naturels, assujettis à une Méthode*, Paris 1776, S. 135: »On a souvent désiré une Langue universelle, avec le secours de laquelle les hommes de toutes les nations pourraient s'entendre les uns les autres. Il me semble qu'il y a longtemps qu'elle existe, et qu'elle est entendue partout. Cela n'est pas étonnant: c'est une langue naturelle. Je parle de la langue des signes.«

10 »Ydioma universal. Dibujado y Grabado por Francisco de Goya ano 1797«. Vgl. Pierre Gassier: *Francisco Goya. Die Zeichnungen*, Fribourg 1975, Nr. 39, S. 76.

11 Das betrifft auch das Autorenbild des Mitelli, das Hanna Hohl,
    »Giuseppe Mitellis ›Alfabeto in Sogno‹ und Francisco Goyas
    ›Sueno de la razón‹«, in: *Museum und Kunst. Beiträge für Alfred
    Hentzen*, Hamburg 1970, S. 109ff., als Vorbild herangezogen hat.
    Vgl. auch die Beispiele bei George Levitine: »Some Emblematic
    Sources of Goya«, in: *Journal of the Warburg and Courtauld
    Institutes*, Bd. 22 (1959), S. 106–131; Ausstellungskatalog *Goya.
    Das Zeitalter der Revolutionen*, Hamburg 1980, S. 55; ferner zur
    Bildtradition Jan Bialostocki: »Renaissance Artists as Philoso-
    phers in Meditation«, in: *Acta Historiae Artium Academiae
    Scientiarum Hungaricae*, Bd. 24 (1978), S. 207–210.

12 Zürich, Kunsthaus. Vgl. Katalog *Goya. Das Zeitalter der
    Revolutionen*, Hamburg 1980, Nr. 432, S. 448.

13 Vgl. Margot Kruse: »Das Selbstporträt von Paul Scarron in der
    Nachfolge des Selbstporträts von Cervantes«, in: *Romanistisches
    Jahrbuch*, Bd. 27 (1976), S. 102ff. Der Kommentar des Scarron
    zu dem Frontispiz wendet sich »Au lecteur qui ne m'a jamais
    vu«. Zu den zwei Fassungen des Titelblattes vgl. Katalog
    Mostra di incisioni di Stefano Della Bella, Florenz 1973, Nr. 56,
    Abb. 60.

14 Die Beischrift unten lautet: »El autor soñando. Su yntento solo es
    desterrar bulgaridades perjudiciales, y perpetuar con esta obra de
    caprichos, el testimonio solido de la verdad«. Zur Deutung des
    Lichtkreises als Aufklärung vgl. Werner Hofmann im Hamburger
    Katalog 1980 (Anm. 12), S. 58 und Sayre (Anm. 4), S. 82.

15 Vgl. George Levitine: »Literary Sources of Goya's Capricho 43«,
    in: *Art Bulletin*, Bd. 37 (1955), S. 56–59.

16 Zu Abb. 7 vgl. Horst Janson: *Apes*, London 1952, S. 215ff. – Ein
    Stich gleichen Themas nach Brueghel von 1562 beif. W. H.
    Hollstein, *Dutch and Flemish Etchings, Engravings and Wood-
    cuts*, Amsterdam 1968, Bd. III, Nr. 148 unter Hieronymus Cock.
    Levitine (Anm. 15) S. 57 und wieder in seinem Aufsatz über die
    emblematischen Quellen (Anm. 11), S. 114f., 119 spricht davon,
    daß dem Künstler das Werkzeug überreicht werde und »inspires
    him to create monsters«; ich meine, auch im Hinblick auf die
    Tradition des »Beraubten Kaufmannes«, daß es ihm weggenom-
    men wird.

17 »cuando los hombres no oyen el grito de la razón, todo se vuelve
    visiones«. Zit. nach Helman (Anm. 1), S. 230.

18 Johann Gottfried Herder: »Ankündigung einer neuen Zeitschrift: Aurora«, in: *Sämmtliche Werke*, Bd. 10, Stuttgart/Tübingen 1862, S. 284.

19 Vgl. Wolfgang Kemp, »Die Beredsamkeit des Leibes. Körpersprache als künstlerisches und gesellschaftliches Problem der bürgerlichen Emanzipation«, in: *Städel-Jahrbuch*, N. F. Bd. 5 (1975), S. 111–134.

20 Vgl. Norbert Elias: *Über den Prozeß der Zivilisation*, Bern 1969, Bd. 2, S. 370ff. Zur sozialgeschichtlichen Konstellation, in der die Aufklärung in Spanien wirksam wurde, zuletzt Manfred Tietz, »Zur Polemik um die spanische Aufklärung«, in: *Archiv für das Studium der neueren Sprachen und Literaturen*, Bd. 217 (1980), S. 75–92, bes. S. 89.

21 Vgl. Jutta Held: *Die Genrebilder der Madrider Teppichmanufaktur und die Anfänge Goyas,* Berlin 1971, S. 18ff. und, die Beziehung zum Hof betreffend, meine Rezension im *Pantheon*, Bd. 30 (1972), S. 526f.

22 Die Abb. der Madrider Ausgabe des Alciato von 1781 ist im lateinischen Originaltext und mit dem kurzgefaßten Kommentar des Cludius Minois erschienen. Von dieser Ausgabe hätten emblematische Untersuchungen zu Goya auszugehen.

23 Fleming: *Oden* V, Nr. 18.

24 Zur Tradition der spanischen Königsfamilienbilder vgl. jetzt Edward J. Sullivan: »Vicente López's ›Family of Charles IV‹ and Group Portraiture in Spain from El Greco to Goya«, in: *arts*, Bd. 55 (1981), S. 126–135.

25 J. A. Schmoll gen. Eisenwerth: »Die Bilder der Königsfamilien von Goya und Chodowiecki«, in: *Amici Amico. Festschrift für Werner Gross*, München 1968, S. 305–324.

26 Das familiäre Motiv eines persönlichen Umgangs mit Kindern kommt in den spanischen Bildern königlicher Familien m. W. nicht vor. Dagegen ist es in England schon früh in hocharistokratischen Familienbildern aufgegriffen worden (William Brook: *Familie des 10. Earl von Cobham*, 1567, Victoria and Albert Museum; Cornelis Johnson: *Familie des 1. Barons Capel*, um 1639, London, National Portrait Gallery) und dann bei Johann Zoffany: *Georg III. mit Frau und 6 Kindern* (London, Royal Collection), auch im Königlichen Familienbild präsent. Die sitzende Großherzogin von Toskana hat in dem Bild der Familie

des Großherzogs Leopold, das Wenzel Werlin 1773 gemalt hat (Wien, Kunsthistorisches Museum), ein lebhaft gestikulierendes, halbnacktes Kind auf dem Arm, und so erscheint auch die Gemahlin Erzherzog Leopolds auf einer Porzellangruppe von Anton Grassi (Katalog *Österreich zur Zeit Kaiser Josephs* II, Stift Melk 1980, Nr. 1384), während auf einer Aquarellminiatur von um 1787 der Pfalzgraf Max Joseph seinen Sohn Ludwig als nacktes Baby vorweist (Katalog *Wittelsbach und Bayern*, München 1980, Bd. 3/2, Nr. 146). Auf dem Stich Chodowieckis war es in einer ersten Fassung einer Amme in die Arme gegeben, obwohl das Kind noch nicht geboren war, weshalb Chodowiecki Skrupel bekam; vgl. Schmoll-Eisenwerth (Anm. 25), S. 313. Wie sehr es sich um die Aufnahme verflüssigender bürgerlicher Vorstellungen handelt, wird vielleicht am deutlichsten durch Ingres' Bild *Heinrich IV. beim Empfang des Spanischen Botschafters mit seinen Kindern spielend* (1817), wobei der König im Ansturm seiner Kinder zu Boden geht. Vgl. Georges Wildenstein: *J. A. Ingres*, London 1954, Kat. Nr. 112–115.

27   Erwin Walter Palm: »Ein Grazien-Gleichnis. Goyas Familie Karls IV.«, in: *Pantheon*, Bd. 4 (1976), S. 38–40. Im Kommentar des Minois in der Madrider Alciati-Ausgabe von 1781 heißt es zum *Emblem mit den Drei Grazien*, S. 304: »amore mutuo junctae inter sese: sunt affectu plane caelesti ac divino, omnibus grato et accepto«.

28   Rita de Angelis: *L'opera pittorica completa di Goya*, Mailand 1974, Kat. Nr. 165 mit Abb.

29   Darauf hat zuerst F. J. Sánchez-Cantón, in: *Ars Hispaniae*, Bd. XVII: *Goya*, Madrid 1965, S. 351 hingewiesen. Vgl. auch Joseph Gantner: *Goya*, Berlin 1974, S. 65. Über die Beziehungen der spanischen Aufklärer um Goya zu England vgl. José López-Rey: »Goya and the World around him«, in: *Gazette des Beaux-Arts*, Bd. 28 (1945), S. 144ff. Daß die Caprichos möglicherweise einem Hinweis Moratíns auf englische Karikaturen verdankt werden, erschließt Xavier de Salas: »Light on the Origins Of Los Caprichos«, in: *Burlington Magazine*, Bd. 121 (1979), S. 711–716. – Noch 1805 schrieb Jovellanos an den Kunsthistoriker und Freund Goyas, an Ceán Bermudez: »De todo lo cual inferirá Vm. que no hay un pueblo sobre la tierra de quien se puede esperar la perfección de las artes tanto como de los

ingleses« (Jovellanos: *Memoria del Castillo de Bellver – Discursos – Carlas*, Clásicos Castellanos, Madrid 1969, S. 333).

30 Zu den beiden Fassungen des Bildes vgl. Elizabeth du Gué Trapier: »Only Goya«, in: *Burlington Magazine*, Bd. 102 (1960), S. 159f.

31 Vgl. Elizabeth du Gué Trapier: *Goya and his Sitters*, New York 1964, S. 13.

32 Im Hinblick auf die ikonographische Tradition des »Gelehrten Adligen« besteht keine Notwendigkeit, das Bild mit Capr. 43 so eng zusammenzusehen und eine Datierung nach dem Sturz des Jovellanos (1798) vorzunehmen, wie dies jüngst S. A. Mansbach: »Goya's Liberal Iconography: Two Images of Jovellanos«, in: *Journal of the Warburg and Courtauld Institutes*, Bd. 41 (1978), S. 340 ff. getan hat. Schon Franz I. von Frankreich war von Boulogne le Jeune mit Minerva und den Künsten zusammengesehen worden (vgl. *Revue de l'Art*, Nr. 16/17, 1972, S. 16, Abb. 12), und dies wurde gerade im 18. Jahrhundert außerhalb Spaniens eine sehr geläufige Verbindung.

33 Vgl. Wolfgang Kemp: »Das Bild der Menge (1789–1830)«, in: *Städel-Jahrbuch* N. F., Bd. 4 (1973), S. 259 ff.

34 Zu dieser »Hofgruppe« gehören auch Capricho 5, 6, 7.

35 Zu den Gesten auf Capricho 14 vgl. Sayre (Anm. 4), S. 85; der Gestus der Braut jedoch entspricht nicht so sehr den akademischen Vorgaben, daß der Ausdrucksgehalt genau auf »Tristeza« oder »Sufrimiento« festzulegen wäre; auf Capricho 73 jedenfalls signalisiert der gleiche Gestus offensichtlich lüsterne Vorfreude.

36 Der Kommentar der *Biblioteca Nacional* vermerkt ausdrücklich, daß die Alte »pide a Dios que caigan« (Helman [Anm. 1], S. 224). Mit den »militares, paisanos y frailes«, die auch der Ayala-Kommentar benennt (ebd.), sind die Ständebäume assoziiert. Levitine hatte auf de Brys Stich einer solchen Lockeinrichtung hingewiesen (vgl. Katalog *Goya*, Hamburg 1980, S. 81, Nr. 26). Doch ist dort nicht ein Baum gegeben. Dieser entstammt mit Sicherheit der reichhaltigen Tradition der »Wunder-Bäume«, mit denen Männer oder Jungfrauen sich gegenseitig verführen. Beispiele: William A. Coupe: *The German Illustrated Broadsheet in the 17th Century*, Baden-Baden 1966, Bd. 1, S. 179; Wolfgang Brückner: *Populäre Druckgraphik Europas: Deutschland*, München 1975, Abb. S. 99; *Reallexikon der Deutschen Kunst-*

geschichte, s. v. »Bilderbogen«, Sp. 555, Abb. 4. – Bei dem Lock-
vogel denkt man auch an ältere Darstellungen des Antichrist, vgl.
Journal of the Warburg and Courtauld Institutes, Bd. 35 (1972),
T. IX, b, d.

37 Peter Kühn-Nielsen: »Goya's ›Tantalo‹: Genesis of a Composi-
tion«, in: *Master Drawings*, Bd. 12 (1974), S. 151–156 leitet die
Komposition von einer Illustration des C. P. Marillier für die
französische Ausgabe von Young's »Night Thoughts« (1769) ab;
die beträchtlichen Abweichungen wandeln dieses mögliche
Vorbild gerade in Richtung auf eine Beweinung ab. Vgl. auch
Katalog *Goya*, (Anm. 36), S. 78, Nr. 24.

38 Zu der Gruppe akademischer Gemälde Goyas vgl. Martin S.
Soria, »Goya's Allegories of Fact and Fiction«, *Burlington
Magazine*, Bd. 90 (1948), S. 196–200, und F. J. Sánchez-Cantón:
»La elaboración de un cuadro de Goya«, in: *Archivo Español de
Arte*, Bd. 18 (1945), S. 301–307.

39 Sie taucht sehr prononciert auf Capricho 11 bei dem Soldaten
rechts im Vordergrund auf. Dazu Ludwig Flachskamp: »Spanische Gebärden-Sprache«, in: *Romanische Forschungen*, Bd. 52
(1938), S. 246f. und Morris u. a. (Anm. 4), S. 147ff. – Manche der
von Flachskamp beschriebenen volkstümlichen Gesten lassen sich
in den Caprichos wiederfinden: Den obszönen Einsatz des
Zeigefingers (S. 244f.) in Capricho 26,5; die zur Faust geballte
Rechte als Ausdruck der Bewunderung der Stattlichkeit (S. 245f.)
in Capricho 47; den »Que vergüenza!«-Gestus (S. 239) auf
Capricho 48; das Küssen der Fingerspitzen für die Aussage »una
muchacha – así!« (S. 221f.) auf Capricho 55; den Schweigegestus
mit dem Finger an der Nase (S. 226) auf Capricho 28; vielleicht
ein Bestechlichkeitsgestus die Gebärde des Geldzählens (S. 232)
auf Capricho 30; der Saufgestus mit dem zum Mund geführten
Daumen (S. 227) auf Capricho 80.

40 Bernard Dupuy du Grez: *Traité sur la Peinture*, Toulouse 1699,
S. 290: »Mais sur tout les yeux et la bouche marquent d'abord ce
que nous avons dans l'ame […].«

41 Vgl. Moshe Barasch: *Gestures of Despair in Medieval and Early
Renaissance Art*, New York 1976, S. 4ff.

42 In der Regel wird Judas die Seele aus dem Gedärm gezogen; das
Chorfresko aus Mâlincrav (Ungarn), vor 1404, nach dem Katalog
Die Parler, Köln 1978, Bd. 2, S. 474. Eine Frau steckt ihren Finger

in den Mund eines Schergen in dem »Kindermord« des Meisters
der Freisinger Heimsuchung, Nürnberg, Germanisches Nationalmuseum (Katalog *Bilder des Menschen in der Kunst des Abendlandes*, Berlin 1980, S. 373, Abb. 9).

43 Vgl. Paul Archambault: »The Analogy of the ›Body‹ in Renaissance Political Literature«, in: *Bibliothèque d'Humanisme et
Renaissance*, Bd. 29 (1967), S. 29, 33, 38 und Ahlrich Meyer:
»Mechanische und organische Metaphorik politischer Philosophie«, in: *Archiv für Begriffsgeschichte*, Bd. 13 (1969), S. 171f.
Als Arzt ist Kaiser Joseph II. in einer Lithographie dargestellt
und von Georg Conräder gemalt worden (Katalog *Österreich
zur Zeit Josephs II.*, Stift Melk 1980, Nr. 1726).

44 Gassier (Anm. 10), S. 168, Nr. 131.

45 Der Katalog *Goya. Die Radierungen*, Göttingen 1976, S. 61,
Nr. 56 und mit ihm der Hamburger Katalog 1980, S. 94, Nr. 41
weisen auf ein Detail aus Boschs *Garten der Lüste* als mögliche
Anregung zu der Verkettung von Mann und Frau in der Ehe.
Nun hat aber Anna Boczkowska, »The Crab, the Sun, the Moon
and Venus«, in: *Oud Holland*, Bd. 91 (1977), S. 226 unsere
Abb. 38 als eine mögliche Quelle Boschs benannt, und es wäre
nicht ausgeschlossen, daß Goya eine ähnliche selbständige
Bildquelle zur Verfügung gestanden hat. – Zum Lazarillo-Bild
vgl. F. J. Sánchez-Cantón: »Como vivia Goya«, in: *Archivo
Español de Arte*, Bd. 19 (1946), S. 87, 106. José Lopez-Rey,
»Goya at the London Royal Academy«, in: *Gazette des Beaux-
Arts*, Bd. 63 (1964), S. 363 hat darauf hingewiesen, daß in
»Lazarillo de Tormes« der blinde Alte nicht die Hand, sondern
seine lange Nase in den Mund des Blindenführers steckt.

46 Vgl. Hugh Thomas: *Goya. The Third of May 1808*, London 1972,
S. 44f.

47 Vgl. Katalog Goya (Anm. 36), S. 125, Nr. 69; S. 311, Nr. 282.

48 Thomas (Anm. 46), S. 92, Abb. 54.

49 Vgl. jetzt Katalog *Edouard Manet and the ›Execution of Maximilian‹*, Providence (Rhode Island) 1981, S. 10ff., S. 186,
Nr. 24–27.

50 Ferdinand Avenarius: *Das Bild als Narr*, München 1918, S. 74ff.

51 Als »ein Signum unserer Zeit« beobachtet bei Lenz Kris-Retten-
beck: »Probleme der volkskundlichen Gebärdenforschung«, in:
Bayerisches Jahrbuch für Volkskunde, Jg. 1964/1965, S. 24.

»Der Leidschatz der Menschheit wird humaner Besitz«

Der vorstehende Text ist gegenüber dem am 13.10.1979 aus Anlaß
des 50. Todestages von Aby Warburg in der Hamburger Kunsthalle
gehaltenen Vortrag um die Anmerkungen erweitert worden. Der Titel
ist ein Zitat aus Notizen zu einem Vortrag, den Warburg 1928 vor der
Handelskammer Hamburg gehalten hat (nach Gombrich [Anm. 5],
S. 250, Anm. 1.).

1   Das abgebildete Emblem bei A. Henkel/A. Schöne: *Emblemata,*
    Stuttgart 1978 (Sonderausgabe), Sp. 1311 aus Anna Roemers
    Visscher: *Zinne-Poppen* (1614). – Das zweite Emblem, ebenfalls
    aus Visschers *Zinne-Poppen*, abgebildet bei M. C. A. van der
    Heijden: *Profijtelijk Vermaak* (= *Spectrum der Nederlandse
    Letterkunde*, Bd. 10) Utrecht/Antwerpen 1968, S. 160.
2   Nach freundlicher brieflicher Versicherung.
3   Aby Warburg: *Gesammelte Schriften*, Bd. II, unter Mitarbeit von
    Fritz Rougemont hg. von Gertrud Bing, Leipzig/Berlin 1932,
    S. 534: »Athen will eben immer wieder neu aus Alexandrien
    zurückerobert sein«.
4   Burckhardt am 14.8.1858 an Paul Heyse. Jacob Burckhardt: *Briefe*,
    Bd. IV, hg. von Max Burckhardt, Basel/Stuttgart 1961, S. 30.
5   Warburg am 30.6.1900 an Max Warburg (nach Ernst H.
    Gombrich: *Aby Warburg. An Intellectual Biography*, London
    1970, S. 130).
6   Warburg 1910, in: Warburg (Anm. 3), S. 586. Ähnlich schon 1908
    in einem Vortrag: »Jede Zeit kann nur schauen, was sie auf Grund
    eigener Entwicklung ihrer inneren Sehorgane von den olympi-
    schen Symbolen erkennen und ertragen kann« (nach Gombrich
    [Anm. 5], S. 191; vgl. ebd. S. 315f.).
7   Georg Hirth: *Aufgaben der Kunstphysiologie*, 2 Bde., München/
    Leipzig 1891. Das Gedächtnis ist das Leitthema des Buches:
    Die »Gedächtnisökonomie«, welche die Phantasie veranstaltet
    (Bd. I, S. 25ff.); die »Nachbilder und Gesichtserinnerungen«
    (Bd. I, S. 35ff.); das »Lichtgedächtnis« (Bd. II, S. 331ff.); das
    »Gattungsgedächtnis« (Bd. II, S. 313); »Unterströmungen im
    verborgenen Gemerk«: Träume (Bd. II, S. 382ff.); »Gedächtni-
    stemperamente« (Bd. II, S. 485ff.). Dabei ist vor allem Wundt und
    Helmholtz aber auch Ewald Hering (Bd. I, S. 67; Bd. II, S. 314ff.)

verarbeitet. Allerdings fehlt bei Hirth ganz der Aspekt historischer Erinnerung.

8 Richard Semon: *Die Mneme als erhaltendes Prinzip im Wechsel
des organischen Geschehens* (1911). Leipzig ⁴1920. Das Beispiel
mit dem geschlagenen Hund auf S. 18ff. Übrigens ist auf S. 406
auch die Laokoongruppe erwähnt. Warburg hatte sich das Buch
1908 gekauft. Die Herkunft der Gedanken von Vignoli und
dessen Einfluß auf Warburg behandelt Gombrich (Anm. 5),
S. 217f., S. 241f.

9 Das rassistische Implikat ist merkwürdigerweise bei Gombrich
(Anm. 5), S. 239ff. hervorgehoben (s. unsere Anm. 12). Es trifft
dies aber auch schon für Ewald Hering: *Über das Gedächtnis als
eine allgemeine Funktion der organisierten Materie*, Leipzig 1905
(Vortrag gehalten an der Kaiserlichen Akademie der Wissenschaften in Wien am 30.5.1870) nicht zu, denn dieser wendet sich
gerade gegen die Relevanz angeborener Instinkte gegenüber
einem die Außeneinwirkungen verarbeitenden Erfahrungsschatz;
und bei Semon (Anm. 8), S. 81 heißt es ausdrücklich: »Das ererbte
Engramm ist das Produkt einer Reizeinwirkung, die die Vorfah-
rensgeneration getroffen hat. Wir haben es also mit einem
historischen Vorgang zu tun.« Gegen eine Verbindung von
Warburgs Gedächtnis-Vorstellung mit dem biologistischen
Blutgedächtnis wendet sich auch Wolfgang Kemp: »Walter
Benjamin und Aby Warburg«, in: *Kritische Berichte*, Jg. 3 (1975),
S. 13f.

10 Aby Warburg: *Gesammelte Schriften*, Bd. I, unter Mitarbeit von
Fritz Rougemont hg. von Gertrud Bing, Leipzig/Berlin 1932,
S. 158.

11 Erstmals öffentlich verwendet und in Anführungsstriche gesetzt
hat Warburg den Begriff des »sozialen Gedächtnisses« in einem
Vortrag anläßlich des Deutschen Orientalistentages im Oktober
1926, der 1927 erschienen ist (Warburg [Anm. 3], S. 561, 564).
Wieder als Zitat erscheint der Begriff der »sozialen Mneme« in
dem Referat der Kunstchronik über einen am 29.10.1927 in
Florenz gehaltenen Vortrag über »Medicäische Feste am Hofe der
Valois auf Flandrischen Teppichen« (Warburg [Anm. 10], S. 258).
In den Notizen zu diesem Vortrag ist auch von den »Aufgaben
des sozialen Gedächtnisses« die Rede (Gombrich [Anm. 5],
S. 250, 267). Die Funktionsbestimmung vor dem Orientalistentag

1926 kehrt dann 1928 in der Einleitung zum Mnemosyne-Atlas
wieder (s. Anm. 32). Halböffentlichen, jedenfalls programmatischen Charakter gewinnt der Begriff schließlich in der Erklärung,
die Warburg am 21.8.1929 vor dem Kuratorium der Bibliothek
Warburg abgibt: »und die Kulturwissenschaftliche Bibliothek
Warburg ist eben das Instrument, das vielleicht letzten Endes
dazu beitragen wird, die Funktion des persönlichen und sozialen
Gedächtnißes zu ergründen.« (Aby Warburg: *Ausgewählte
Schriften und Würdigungen*, hg. von Dieter Wuttke, Baden-Baden
1979, S. 308).

12 Fritz Saxl: »A. Warburg«, in: *Frankfurter Zeitung*, Jg. 74, Nr. 837
vom 9.11.1929: »Indem er die Pathosformeln der Antike als die
klassischen Erben jener Formen erkennt und ihre geschichtliche
Wirkung verfolgt, wird Warburg der Historiker der ›mémoire
sociale‹, der Historiker des historischen Bewußtseins.« Saxl,
der in seinem großen Bericht über Warburgs Forschungen im
Repertorium für Kunstwissenschaft von 1922 den Begriff noch
nicht verwendet, hat dann später immer auf ihn hingewiesen:
»Mnemosyne, Erinnerung, hat Warburg den Atlas genannt und
es als ein Grundgesetz bezeichnet, daß das soziale Gedächtnis
der Menschen die einmal geprägten Formeln aufbewahrt und
dann wieder auftauchen läßt, wenn Ausdrucksnot eintritt. Als die
Renaissance nach dem Ausdruck für die Trägerin des abgeschla-
genen Hauptes, für die Judith suchte, fand sie im sozialen Gedächtnis die Vorprägung dafür im Bild der Mänade« (Fritz Saxl:
»Rede, gehalten bei der Gedächtnisfeier für Professor Warburg
am 5.12.1929«. Maschinenschriftlich (vorhanden im Zentralinsti-
tut für Kunstgeschichte, München, S. 17). In Saxls Aufsatz über
»Warburg's Visit to New Mexico« (in: Fritz Saxl: *Lectures*, Bd. I,
London 1957, S. 328. Deutsch: Warburg [Anm. 11], S. 317–326)
heißt es: »These symbols [...] survive in that strange medium
which Warburg and others have called the social memory«, wobei
er anmerkungsweise auf Semon und Hering verweist, die aber den
Begriff in dieser Form noch nicht kannten. Dieser Rückverweis
jedoch mag Gombrich S. 239ff. veranlaßt haben, Warburgs
Verwendung des Begriffs in Zusammenhang mit der Theorie der
»racial memory«, dann auch mit Jung zu bringen (vgl. unsere
Anm. 9). Der Begriff des »Kollektivgedächtnisses«, den Kurt W.
Forster: »Aby Warburg's History of Art: Collective Memory and

the Social Mediation of Images«, in: *Daedalus*, Bd. 105 (1976),
S. 169–176, für Warburg in Anspruch nimmt, taucht bei Warburg
ein Mal in der Form des »europäischen Kollektivgedächtnisses«
in einem Vortragsmanuskript auf (Gombrich [Anm. 5], S. 270).
Ebenso wie der Begriff einer »Geschichte der europäischen Men-
talität« (Warburg [Anm. 3], S. 561, 564), verweist auch der des
»Kollektivgedächtnisses« auf den Durkheim-Kreis zurück (vgl.
René König: *Emile Durkheim zur Diskussion*, München/Wien
1978, S. 147 ff., 225 ff.).

13 In den Notizen zum Vortrag über den Schlangenkult (nach
Gombrich [Anm. 5], S. 220).

14 Maurice Halbwachs: *Les cadres sociaux de la mémoire*, Paris 1925.
Auf dieses Buch als eine Quelle für Warburgs Gedächtnistheorie
hat Wolfgang Kemp (Anm. 9), S. 17 ff. zuerst hingewiesen. –
Henning Ritter, Berlin, verdanke ich wertvolle Hinweise, vor
allem aber seit Jahren Gespräche über diesen und andere
Problemkreise um Warburg.

15 Karl Mannheim: »Das Problem der Generationen«, zuerst
erschienen in: *Kölner Vierteljahreshefte für Soziologie*, Jg. 7
(1928), wieder abgedruckt in: Karl Mannheim: *Wissenssoziologie*.
Neuwied/Berlin ²1970, S. 533, bes. Anm. 28: »Es ist hier nicht
der Ort, die ganze Mannigfaltigkeit der Formen sozialer Erinnerung aufzuzählen. Hier werden mit absichtlicher Beschränkung
und Vereinfachung die beiden polaren Möglichkeiten sozialer
Erinnerung fixiert, wobei unter ›bewußten Vorbildern‹ in
erweiterter Bedeutung etwa auch jenes Gesamtwissen verstanden
werden kann, welches in unseren Bibliotheken aufgestapelt liegt.
Dieses in der Bibliothek vorhandene Wissen kommt aber für das
Weiterleben stets nur insofern in Betracht, als es immer wieder
aktualisiert wird. Aktualisiert kann es stets in den beiden Weisen
da sein, als intellektuell das Handeln regulierendes Vor-Bild,
Vor-Wissen, an dem man sich orientiert, oder als im Vollzug
›komprimiert‹ vorhandene Erfahrung. Über die Instinktsphäre
und über die insbesondere durch Freud behandelte verdrängte
und unterbewußt mitpräsente Sphäre müßte noch gesondert
gehandelt werden.« – Schumachers Entwurf für die Bibliotheks-
inschrift wird z. Z. im Hamburger Denkmalamt aufbewahrt. Er
war ausgestellt in der Ausstellung über das Bibliotheksgebäude
anläßlich des XIV. Deutschen Kunsthistorikertages in Hamburg

1974. Vgl. Doerte Nicolaisen: »Aby Warburg und sein Bibliotheksgebäude in Hamburg. Zum XIV. Deutschen Kunsthistorikertag in Hamburg 1974«, Hamburg 1974 (maschinenschriftlich),
S. 4.

16 Der für den Atlas vorgesehene Titel schwankt sowohl bei
Warburg wie bei zeitgenössischen Berichterstattern: Der 1928
entworfene Verlagsvertrag spricht vom »Atlas über das Nachleben der antiken Form« (Warburg, [Anm. 11], S. 594). Vom
»vielerwähnten Atlas« spricht Warburg selbst in seinem Bericht
vor dem Kuratorium am 21.8.1929 (ebd. S. 307). Weitere
Titelangaben: »Mnemosyne; das Erwachen der Heidengötter im
Zeitalter der europäischen Renaissance als energetische Aus-
druckswertbildung«; »Denkraumschöpfung als Kulturfunktion.
Versuch einer Psychologie der menschlichen Orientierung auf
universeller bildgeschichtlicher Grundlage« (Ernst H. Gombrich:
Aby Warburg zum Gedenken. Festansprache vom 13. Juni 1966
in der Universität Hamburg, in: *Jahrbuch der Hamburger
Kunstsammlungen*, Bd. 11 [1966], S. 25); »Bilderatlas der antiken
Symbole« (Alfred Doren: »Aby Warburg und sein Werk«, in:
Archiv für Kulturgeschichte, Bd. 21 [1930], S. 1, Anm. 1); »›Atlas
der Gebärdensprache‹, as he called it« (Alfred Neumeyer: »Four
Art Historians remembered: Woelfflin, Goldschmidt, Warburg,
Berenson«, in: *Art Journal*, Bd. 31 [1971], S. 35); »Mnemosyne.
Eine Bilderreihe zur Untersuchung der Funktion vorgeprägter
antiker Ausdruckswerte bei der Darstellung bewegten Lebens in
der Kunst der europäischen Renaissance« (William S. Heckscher:
»The Genesis of Iconology«, in: *Stil und Überlieferung in der
Kunst des Abendlandes. Akten des XXI. Internationalen Kon-
gresses für Kunstgeschichte in Bonn 1964*, Bd. III, Berlin 1967,
S. 249, Anm. 21, deutsch in: Eckhart Kaemmerling [Hg.]:
Ikonographie und Ikonologie, Köln 1979, S. 112–164; Werner
Kaegi: »Das Werk Aby Warburgs«. Mit einem unveröffentlichten
Brief Jacob Burckhardts, in: *Neue Schweizer Rundschau*, Neue
Folge Bd. 1 [1933/34], S. 292; Nikolaus Pevsner: »Rez. A.
Warburg, Gesammelte Schriften«, in: *Theologische Literatur-
zeitung*, Jg. 58 [1933], S. 470); »›Schicksalsmächte im Spiel
antikisierender Symbolik‹ sollte dessen Titel lauten« (Saxl,
[Anm. 12], S. 15).

17 Gombrich (Anm. 5), S. 261 vermutet, daß Saxl, der während

seiner Militärzeit auch Bildpädagogik zu betreiben hatte (vgl.
Gertrud Bing: »Fritz Saxl, 1890–1948«, in: *Fritz Saxl 1890–1948*,
hg. D. J. Gordon, London 1957, S. 9), den neuen Umgang mit
Fotos Warburg nahegebracht habe. Über die vielfältige Ausstel-
lungsmöglichkeit Warburgs vgl. Gombrich (Anm. 5), S. 261 ff.,
269 ff. Zur Ausstellung im Planetarium zu Hamburg vgl. Saxl in:
Warburg (Anm. 11), S. 327–329 und Arthur Beer: *Vom Stern-
glauben zur Sternkunde. Wanderung durch die Warburg-Aus-
stellung des Hamburger Planetariums*, Hamburg 1968.

18 In Warburg (Anm. 10), S. V, XIII wird von den Herausgebern die
Veröffentlichung des Atlas in einem eigenen Band angekündigt,
nachdem Warburg selbst 1928 bereits einen Vorvertrag mit einem
Verlag abgesprochen hatte (Warburg, [Anm. 11], S. 594). Giorgio
Pasquali: »Ricordo di Aby Warburg«, in: *Pegaso*, Bd. 2 (1930)
hielt ihn 1929 »pronto per la publicazione« (S. 495). Kaegi
(Anm. 16), S. 292 spricht 1933 von dem Plan »in mehreren
Bänden jenen Atlas herauszugeben«; drei Bände hat Doren
(Anm. 16), S. 23 veranschlagt; obwohl Doren die Herausgabe für
eine »völlig unlösbare Aufgabe« hielt, hoffte er doch, daß er,
»wenn er in etwa drei Jahren vollendet vorliegt, ein Monumental-
werk deutscher wissenschaftlicher Methodik und Gründlichkeit
[…] darstellen (wird), dem kaum eine andere Nation etwas
Ähnliches wird zur Seite stellen können«. Man wird bei der
Gesamteinschätzung zu berücksichtigen haben, daß in der
Bibliothek nach Warburgs Tod am Atlas weitergearbeitet wurde:
Die Ausstellung zur Gedenkfeier 1929 (Doren [Anm. 16], S. 1),
dann die Ausstellung für den Ästhetik-Kongreß 1931 (Edgar
Wind: »Warburgs Begriff der Kulturwissenschaft und seine
Bedeutung für die Ästhetik«, in: *Zeitschrift für Ästhetik und
Allgemeine Kunstwissenschaft*, Bd. 25 [1931], Beiheft, S. 177,
wieder abgedruckt in Warburg [Anm. 11], S. 401–417) und noch
im gleichen Jahr für den Kongreß der Gesellschaft für Psychologie durch Saxl (Fritz Saxl: »Die Ausdrucksgebärden der bildenden
Kunst«, in: *Bericht über den XII. Kongreß der Deutschen
Gesellschaft für Psychologie in Hamburg 1931*, Jena 1932, S. 21 f.,
wieder abgedruckt in Warburg [Anm. 11], S. 419–431) wird auch
eigene Initiativen der Mitarbeiter hervorgerufen haben: In der Tat
spricht Saxl (ebd.), S. 15 f. davon, daß die Bibliothek den »Atlas
der Gebärdensprache in der bildenden Kunst des klassischen

Altertums und der Renaissance [...] in einigen Jahren abrunden und herauszugeben hofft«. Auch Carl Georg Heise: *Persönliche Erinnerungen an Aby Warburg*, Hamburg ²1959, S. 17, weiß von dem »Bilderatlas, den der Bibliotheksstab nach Warburgs Tode in jahrelanger Bemühung im Sinne des Meisters weitergeführt hat«. – Einschlägige Ausführungen zum Bilderatlas: Saxl (Anm. 12), S. 16ff.; Fritz Saxl: »Die Bildersammlung zur Geschichte von Sternglaube und Sternkunde (im Hamburger Planetarium)«, 1930, in: Warburg (Anm. 11), S. 313–315; Doren (Anm. 16), S. 14ff.; Gombrich (Anm. 5), S. 283ff. Dorothee Bäuerle, Marburg, bereitet eine Dissertation über den Bilderatlas vor.

19 Warburg-Notiz von 1927, nach Gombrich (Anm. 5), S. 251, wo S. 68ff., 195ff. ausführlich die Provenienz dieses Denkmodells besprochen ist.

20 Das Gemälde mit »Herkules und Nessus« war in den »Pisanello-Studies II« von George Martin Richter in der September-Nummer des *Burlington Magazine* 1929 (Bd. 55, Nr. 318, S. 133ff.) mit dem Pollaiuolo-Bild verglichen, dem Pisanello zugeschrieben und durch Detailvergleiche mit den hier von Warburg eingesetzten Zeichnungen Pisanellos in Verbindung gebracht worden.

21 Warburg (Anm. 10), S. 333. – Klaus Berger erinnert sich, daß Warburg in einer Seminarsitzung eine Hamburger höhere Tochter fragte: »Wissen Sie, Fräulein S., was Cassoni sind? Nach kurzem Schweigen gibt er selbst die Antwort: Die Sarkophage der freien Liebe« (Klaus Berger: »Erinnerungen an Aby Warburg«, in: *Mnemosyne. Beiträge zum 50. Todestag von Aby M. Warburg*, Göttingen 1979, hg. von Stephan Füssel, Göttingen 1979, S. 51).

22 Das Gemälde des Gaudenzio Ferrari hatte Gustav Pauli, in: *Das Museum. 14. Lieferung*, Berlin/Stuttgart o. J., S. 60 abgebildet.

23 Warburg (Anm. 10), S. 157; vgl. auch Gombrich (Anm. 5), S. 247.

24 Zur Rezeption und Funktion der niederländischen Hieronymus-Bilder vgl. Warburg (Anm. 10), S. 211f., zu Dürer ebd. (Anm. 3), S. 448.

25 Vortrag über den Schlangenkult 1923 (nach Gombrich [Anm. 5], S. 225f.).

26 Über die von Warburg bewunderte Leistung des Dr. Eckener vgl. Olga Herschel: »Erinnerungen an Professor Warburg«, in: *Hamburger Universitäts-Zeitung*, Jg. 11 (1929), S. 156, auch Gombrich (Anm. 5), S. 302. Vgl. auch Warburg (Anm. 10), S. 241.

27 »Die Katharsis der Kopfjägerin in Gestalt der Golfspielerin«
(Notiz vom 31.7.1929, nach Gombrich [Anm. 5], S. 301). Weitere
solche Erledigungsmotive, auf die Warburg immer wieder
gestoßen ist: »die dem nüchternen Erfindungsgeist bereits
gelungene Dienstbarmachung des feurigen Elementes durch die
burgundische Festungs-Artillerie« (Warburg [Anm. 10], S. 247,
auch S. 249). »Gesetzmäßige Kinesis der Erde um die Sonne
bedeutet für den kleinen Vortrupp der Sternkundigen den Anfang
der Befreiung von Dämonenfurcht« (Notiz 1925, nach Gombrich
[Anm. 5], S. 229). »Die Quecksilbersäule als Waffe vor dem Satan
Phobos« (Notiz vom 9.9.1929, nach Gombrich [Anm. 5], S. 280).
Zeitungsbilder sind »echte Nachkommen jener uralten Monstra-
blätter, nur daß aus den Unheil weissagenden Greueln kultivierte,
miteinander wetteifernde Dynamiker geworden sind« (Notiz vom
30.7.1929, nach Gombrich [Anm. 5], S. 280). Die olympischen
Götter sind, »seit sie archäologisch sterilisiert wurden, nicht mehr
Objekte des aktiven offiziellen Opfelkultus« (Notiz 1929, nach
Gombrich [Anm. 5], S. 277). Bei der Beerdigung Böcklins 1901
lugt »kein scheuer Faun mitleidig hinter Lorber und Cypressen
hervor nach seinem Zaubermeister. Statt seiner steht vor der
offenen Gruft breitspurig der freche einäugig glotzende Zyclop
des technischen Zeitalters, der photographische Apparat« (nach
Gombrich [Anm. 5], S. 153). Der Vergleich des Photographen mit
dem Zyklopen mag Warburg nahegelegt worden sein durch die
physiologische Rekonstruktion eines »Cyklopenauges«, die Hirth
zur Entwicklung eines »Cykloskops« inspiriert hatte (Hirth
[Anm. 7, Bd. I], S. 191, 213). – Zu dieser Entschälung der Urzeit
in der Jetztzeit vgl. Karl Lamprecht: *Zur jüngsten deutschen
Vergangenheit*, Bd. l, Berlin 1902, S. 467 f.: »So tragen, wohin wir
auch sehen, die äußeren Erscheinungen urzeitlicher und moderner
Kultur Züge augenscheinlicher und zuerst recht rätselhafter
Ähnlichkeit. Aber diese Ähnlichkeit läßt sich erklären. Was einst
instinktiv aus dem Seelenleben der Urzeit emportrieb, das wird
heute bewußt und mit den Mitteln einer unendlich gesteigerten
Beherrschung der Natur und des Geistes dem Seelenleben
abgerungen: dort Trieb, hier Bewußtsein, das ist der Unterschied«
– übrigens auch zu C. G. Jung, der schon von Kaegi (Anm. 16),
S. 292 f. mit Warburg in Verbindung gebracht wurde (dazu auch
Kemp [Anm. 9], S. 17). In einem Brief an Mary Hertz vom

15.12.1890 hatte Warburg auch erwogen, die Kunst selbst sich erledigen zu lassen, indem er fragt, ob »die Kunstproduktion die Durchgangsstufe zu einer dritten Stufe, der Grund- oder Ursachensetzung bildet, etwa der wissenschaftlichen?«, worauf ihm Mary Hertz am 31.12.1890 antwortet: »Was die Sturen im Ordnungsversuch angeht, so denke ich mir dieselben ursprünglich in einer bestimmten Reihenfolge erworben, jetzt aber nebeneinander, je nach Temperament der Menschen in Gebrauch. [...]. Ist aber die höhere (zeitlich später erworbene) Betrachtungsweise durchaus nicht die zu allen Zeiten zweckmäßigste, so ist damit den Künstlern das Recht zur dauernden Existenz entfernt nicht zu nehmen, sondern vielmehr als Funktion eines bestimmten Gliedes an dem Körper unserer Gesellschaft zu begreifen« (nach Gombrich [Anm. 5], S. 81f.). Warburg ist m. W. nie wieder auf einen »Tod der Kunst« zu sprechen gekommen.

28 Fritz Schumacher: »Aby Warburg und seine Bibliothek«, in: Ders.: *Selbstgespräche. Erinnerungen und Betrachtungen*, Hamburg 1949, S. 301. Meine These, daß Warburgs theoretisches Interesse mit einem zeitgeschichtlichen Interesse unlösbar verbunden ist, berührt die Frage nach der Differenz zur »Warburg-Schule«, die schon mit Saxl, besonders aber mit Edgar Wind aus Warburgs Werk ein theoretisches System oder eine Methode zu destillieren sucht. Mit dieser Differenz hat sich auf methodologischer Ebene, eingehend Carlo Ginzburg: »Da A. Warburg a E. H. Gombrich. Note su un problema di metodo«, in: *Studi medievali*, Bd. 7 (1966), S. 1015–1065 befasst. Die Differenz zu Cassirer von Kemp (Anm. 9), S. 7 benannt.

29 Warburg (Anm. 10), S. 248; vgl. auch ebd. S. 453: »gegen die allgemein übliche ästhetisierende Auffassung der Renaissance, deren neue Formenwelt nicht als Geschenk einer elementaren Revolution des zum Gefühl seiner Persönlichkeit erwachten befreiten künstlerischen Genies zu feiern sei [...].« Botticellis mythologische Gestalten »atmen jene seltsam insinuiernde antikische Beweglichkeit aus, weil sie befreite, nicht freie Geschöpfe der malerischen Phantasie sind« (Warburg [Anm. 10], S. 184. Vgl. auch die Zitate bei Gombrich [Anm. 5], S. 118, 137, 145).

30 Notiz 1927/28 (nach Gombrich [Anm. 5], S. 268). Vgl. auch den Vortrag »Wunschräume und Wunschzeiten« von Alfred Doren, Vorträge der Bibliothek Warburg 1924/1925.

31 In einem Nachtrag zur Dissertation: »[...] die Nymphe auf den
   sixtinischen Fresken, die wie ein ›Eichungsstempel der Antike‹
   durchgeht: ›Colla Licenza dell‹ Antichità« (Warburg [Anm. 5],
   S. 322). »Die Antike ist – wie Warburg es formuliert hat – ›eine
   willkommene Anstachlerin für die neuen Freigelassenen des
   weltzugewandten Temperaments, die dem um seine persönliche
   Freiheit dem Schicksal gegenüber Kämpfenden den Mut zur
   Mitteilung des Unaussprechlichen verlieh – colla liecenza degli
   anteriori‹« (Saxl 1932, [Anm. 18], S. 23; ähnlich das Zitat bei
   Gombrich [Anm. 5], S. 123) – »Energetische Ausdrucksfähigkeit«
   (Warburg [Anm. 10], S. 152); »bewußte Energieentfaltung«
   (Warburg, [Anm. 10], S. 153); »bewußte Auseinandersetzungsen-
   ergie« (Warburg [Anm. 3], S. 479). – Die Feste als der Rahmen, in
   dem antike Figuren »als Glieder wirklich bewegten Lebens«
   eingeschätzt werden, schon in der Dissertation 1893 (Warburg
   [Anm. 10], S. 37; zur Einschätzung 1928 vgl. Zitat bei Gombrich
   [Anm. 5], S. 269f.). Neben Burckhardt ist wohl auch Hubert
   Janitschek: »Das Capitolinische Theater vom Jahre 1513. Ein
   Beitrag zur Geschichte des Festwesens der Renaissance«, in:
   Repertorium für Kunstwissenschaft, Bd. V (1882), S. 259–270, für
   Warburg wichtig gewesen.
32 Über die »Funktion der ›sozialen Mneme‹« Warburg (Anm. 10),
   S. 258. Ähnlich in der Einleitung zum Bilderatlas 1928/29: »Der
   Atlas Mnemosyne will durch seine Bildmaterialien diesen Prozeß
   illustrieren, den man als Versuch der Einverseelung vorgeprägter
   Ausdruckswerte bei der Darstellung bewegten Lebens bezeichnen
   könnte« (nach Gombrich [Anm. 5], S. 291). – Zum Begriffspaar
   »appolinisch-dionysisch« vgl. Warburg (Anm. 3), S. 448;
   aktualisiert auf das Verhältnis Böcklin–Hildebrand 1900, vgl. das
   Zitat bei Gombrich [Anm. 5], S. 184. – Zur »Pathosformel«, die
   man als ein abgeschnürtes Dynamogram Warburgschen Denkens
   bezeichnen könnte, vgl. nur die bei Ginzburg (Anm. 28), S. 1018,
   1027 aufgezeigten Wandlungen ihres Verständnisses. – Die
   Vorgeschichte des Warburgschen Programms vom »Nachleben
   der Antike« scheint mir noch nicht ausreichend geklärt. Gombrich (Anm. 5), S. 49 verweist auf Anton Springers Aufsatz über
   »Das Nachleben der Antike im Mittelalter« (in: *Bilder aus der
   Neueren Kunstgeschichte*, Bonn 1867, S 1ff.). Wenn es Warburg
   einfach auf eine enzyklopädische Auflistung von Antikenmotiven

angekommen wäre, dann wäre sein Programm mit den vier großen Aufsätzen von Carl Meyer im *Repertorium für Kunstwissenschaft*, Bd. XII, S. 160–170; 235–249 (»Der griechische Mythus in den Kunstwerken des Mittelalters«) und Bd. XV (1892), S. 75–93; Bd. XVI (1893), S. 261–288 (»Der griechische Mythus in den Kunstwerken des 15. Jahrhunderts«) thematisch fast schon ausgeschöpft gewesen. Obwohl Meyer keine Formeinflüsse untersucht, gelangen doch schon über die wesentlichen Warburgschen Gegenstandtsfelder ins Blickfeld: Die Kostümfragen bei der Darstellung antiker Götterfiguren (Bd. XII, S. 159ff.); Planetengötter (ebd. S. 166f.; Bd. XV, S. 75ff.); Beispiele für das, was Warburg »Inversion« nennen wird (Bd. XII, S. 168); Kentauren, die als »Allegorie des Eigenwillens« (vgl. Warburg [Anm. 10], S. 362) und als »Personificationen roher Naturkräfte« gedeutet werden (Bd. XII, S. 240ff.); Einfluß des flandrischen Realismus auf das italienische Antikenbild (Bd. XV, S. 76f.); Brauttruhen (ebd. S. 77ff.); die dem Baccio Baldini zugeschriebenen Planetenbilder und deren Einfluß, auch auf nordische Kalender (Bd. XV, S. 83f., 88f.; Bd. XVI, S. 261f.); die Schifanoja-Fresken mit ihrem Planetenprogramm, das, wie bei Warburg, mit dem der Chigi-Kapelle verglichen wird (Bd. XV, S. 86f.; vgl. Warburg [Anm. 3], S. 563); der Orpheus-Stich und Dürers Verarbeitung (Bd. XV, S. 90f.); Botticellis »Frühling« (ebd. S. 92f.); Dürer (Bd. XVI, S. 273ff.). Mir ist nicht erklärlich, warum weder Warburg, noch aber auch Erwin Panofsky etwa in *Renaissance und Renascences in Western Art*, Stockholm 1960, diese Aufsatzfolge erwähnen.

33 Siehe Anm. 20.

34 »Muskelrhetorik«, eine von Warburg bevorzugte Wendung (Warburg [Anm. 10], S. 175; Warburg [Anm. 3], S. 447, 454, 461). – In den Leinwandbildern für den Medicipalast ist Herkules nach Warburg »zum idealisierenden Symbol entfesselter Übermenschlichkeit« gestaltet (Warburg [Anm. 3], S. 447). Für »mittelalterliche Ausdruckfesseln« (Warburg [Anm. 3], S. 449) kann bei Warburg auch »mittelalterliche illustrative Dienstbarkeit« (Warburg [Anm. 3], S. 461) oder »mittelalterliche illustrative Hörigkeit« (ebd. S. 477) oder »mittelalterliche Loyalitätskultur« (Warburg [Anm. 10], S. 144) stehen.

35 Warburg (Anm. 3), S. 479 und Warburg (Anm. 10), S. 354 als Nachtrag zu S. 135.

36 »Kampf um Aufklärung« (Warburg [Anm. 3], S. 479; auch
Warburg [Anm. 10], S. 152). Die Formulierung: »das Banner der
welterobernden Pathosformel« (Warburg [Anm. 10], S. 229) weist
darauf hin, daß Warburg diesen erstmals 1905 vor der Versamm-
lung Deutscher Philologen und Schulmänner gebrauchten
Terminus als eine Kampfparole im Quattrocento verstanden hat.
Warburg sieht Ghirlandajo die Pathosformel der »Tuornabuoni-
prosa« einflößen, weil sich die »Freigelassenen der antiken
pathetischen Mimik nicht mehr in andachtsvoller Distanz halten
ließen. Wir verstehen jetzt, was der Triumphbogen im Hintergrund der Anbetung [...] symptomatisch andeutet: Die Gegen-
äußerung rein künstlerischer Renaissancefreude an der bewegten
Form dem mittelalterlich religiös illustrierenden Kunstinteresse
›pro voto‹ gegenüber [...].« (vgl. auch Warburg [Anm. 3], S. 453).
Etwas später sieht Warburg auch im Norden die Antike einen
»wesentlichen und eigenartigen Anteil an der Erzeugung des
modernen, auf die Beherrschung der Welt gerichteten Menschen«
nehmen (Warburg [Anm. 10], S. 249). Im Sassetti-Aufsatz von
1907 schildert Warburg die ausgreifende Handelsleistung der
florentiner Kaufleute, die dennoch innerlich von den überkommenen »religiösen Gefühlsgewohnheiten« gehemmt, und deren
Charakter von der »mittelalterlichen Loyalitätskultur« präfor-
miert blieb (Warburg [Anm. 10], S. 129ff., 144ff.). In Notizen
zwischen 1903–1906 hatte Warburg unter den Möglichkeiten
einer Deutung des Zusammentreffens von Mittelalter und
Renaissance im Quattrocento (1. »politischer Rassenkontrast«,
2. »kollegiales Zusammenwirken«) als dritte einen »Wachstumsprozeß mit latent plastischen Zielen im Zeitalter der Entdeckungen« erwogen (Gombrich [Anm. 5], S. 147), der dann auch im
Sassetti-Aufsatz zum Tragen kommt. Daß Warburg dem Florentiner Bürger, einen »couragierten Sinn für das Neue« besitzt
(Warburg [Anm. 10], S. 114) und diesen gegen die internalisierten
traditionalen Normen zur Geltung bringt, als Gegenbild zum
Typus des Besitzbürgers seiner Zeit versteht, deutet er selbst
zweimal an, wo er ihn in Vergleich bringt mit demjenigen, der in
ein Künstleratelier geht, »um unter einfallendem Nordlicht die
Dissonanzgefühle des ermüdeten Kulturmenschen in verständnis-
inniger ästhetischer Pose mitzuempfinden« (Warburg [Anm. 10],
S. 111, 113).

37 Einer »geradlinig denkenden Geschichtsschreibung« ist es etwa
   paradox, daß Luther und Melanchthon die »mysteriösen
   Praktiken heidnischer Religiosität ernst nahmen« (Warburg
   [Anm. 3], S. 497). »Ich glaube nachdenklichen und historisch
   geschulten Köpfen nicht die Freude und den Glauben an die
   Verdienste der Frührenaissance zu nehmen, wenn ich zu zeigen
   versuche, daß die Frührenaissance erst nach einer bewußten und
   schwierigen Auseinandersetzung mit der fossilen spätantiken
   Tradition (die wir fälschlich die mittelalterliche nennen) den
   heiteren Götterolymp gleichsam erst entschälen mußte aus
   scholastischer anschauungsloser Gelehrsamkeit und heraldisch
   erstarrter astrologischer Bilderschrift« (Vortrag »Die antike
   Götterwelt und die Frührenaissance« 1908, nach Gombrich
   [Anm. 5], S. 189).

38 Warburg (Anm. 10), S. 99; 1907, ebd., S. 157f.

39 Das Laokoonthema war in der Tafel 6 des Atlas (Laokoongruppe
   im Vatikan – Fresko aus Pompeji, Neapel, Mus. Naz. – aus dem
   Vergil-Codex) angeschlagen, und wird dann in der Tafel 41a allein
   thematisiert (Laokoon-Miniatur aus dem 14. Jh., die Goldschmidt
   in den Vorträgen der Bibliothek Warburg 1921/1922, T. I.
   abgebildet hatte über Lippis Laokoon-Variationen bis zu Giulio
   Romano und Grecos Darstellungen).

40 Warburg (Anm. 10), S. 212. – Über die flandrische »Andachts-
   malerei« Warburg (Anm. 10), S. 175, 228, 229 (»andachtsvolle
   Seelenstücke«). Vgl. auch Saxl (Anm. 12), S. 7ff.; ders., 1922,
   S. 236ff. und Gombrich (Anm. 5), S. 148ff., 161f.

41 Der Begriff von den burgundischen »Seelenmoden« (Warburg
   [Anm. 3], S. 471) ist vorgeprägt 1910, wo Warburg von dem
   »ungeschriebenen Buche von den Seelenmoden im 20. Jahrhundert« spricht (Warburg [Anm. 3], S. 587). Daß die Astrologie für
   Warburg eine »gefährliche Feindin freien Kunstschaffens«
   (Warburg [Anm. 3], S. 461), also eines der »Widerstandsmomen-
   te« (Warburg [Anm. 3], S. 158) gewesen ist, ist gegen manche
   verbrämende Deutung klar festzuhalten; er hat sie auch als eine
   noch immer akute Gefahr angesehen (Warburg [Anm. 3], S. 562;
   vgl. auch 1929, das Zitat bei Gombrich [Anm. 5], S. 277).

42 »Nordische Trachtenbarbarei«: Warburg (Anm. 10), S. 333, 338,
   182.

43 Warburg (Anm. 10), S. 333. Über Nachlässe mit niederländischen

Bildern und »Geräten«, Warburg (Anm. 10), S. 209ff.; S. 227.
Über Wachsbildnerei Warburg (Anm. 10), S. 99ff. In einem Brief
an seinen Bruder vom 4.1.1904 vergleicht Warburg dieses
Verhalten im einzelnen mit dem Verhalten seiner Zeitgenossen
(vgl. Gombrich [Anm. 5], S. 155f.)

44 In der Reihenfolge der Zitate: Warburg (Anm. 10), S. 317 als
Nachtrag zu S. 36; ebd., S. 113; ebd. 333, 338.

45 »Dynamogramme«, »ausgelöste Glieder«, »abgeschnürte
Umrißbilder«: Warburg (Anm. 10), S. 390 als Nachtrag zu S. 254;
Warburg (Anm. 10), S. 113. Die Formulierung »abgeschnürte
Superlative« hat Warburg im Anschluß an eine sprachwissen-
schaftliche Untersuchung von Hermann Osthoff (1899) ent-
wickelt (Warburg [Anm. 10], S. 363 als Nachtrag zu S. 157; vgl.
auch Fritz Saxl: »Rinascimento dell' antichità. Studien zu den
Arbeiten A. Warburgs«, in: *Repertorium für Kunstwissenschaft*,
Bd. 43 [1922], S. 220–272, wieder abgedruckt in Warburg
[Anm. 11], S. 23). 1927 wird von dem »abgeschnürten bildhaften
Dynamogramm«, vom »kalligraphierten Dynamogramm« und
von der »Abschnürung des Ausdruckswertes von dem Prägwerk
des realen bewegten Lebens« gesprochen. (Zitate bei Gombrich
[Anm. 5], S. 251, S. 266f.)

46 Kaegi (Anm. 16), S. 285. Zur Polarisierung vgl. die Zitate bei
Gombrich (Anm. 5), S. 248f. Die Kultur »wirkt unaufhörlich
modifizierend und zersetzend auf die beiden stabilen Lebenseinrichtungen (Staat, Religion) ein«: J. Burckhardt: *Weltgeschichtliche Betrachtungen*, a.a.O., S. 42.

47 Warburg-Notiz von 1927: »energetisches Symbol mit metaphorischer Distanz durch die archäologisierende mnemische Katharsis«
(nach Gombrich [Anm. 5], S. 264). »Dabei begannen die
Menschen im Bilde doch schon, sich als individuelle Geschöpfe
vom kirchlichen Hintergrunde zu lösen, aber ohne umstürzleri-
sche Manieren, einfach durch einen natürlichen, von innen heraus
kommenden Wachstumsprozeß« (Warburg [Anm. 10], S. 205).

48 »Temperamentsventil«: Warburg (Anm. 10), S. 229; »ästhetische
Entgiftung«: Warburg (Anm. 3), S. 563. 1902 spricht Warburg
von der höheren Stufe »rein geistiger Selbstbefreiung durch
künstlerische Gestaltung« (Warburg [Anm. 10], S. 111). Giovanni
Pasquali (Anm. 18) berichtet 1930, S. 487 aus persönlicher
Erinnerung: »al Rinascimento l'antichità fornisce i mezzi per

chiarificare ed esprimere impulsi e sentimenti che giá da tempo si celavano nei cuori, per desintossicarsi esteticamente, direi con frase che al Warburg almeno piu tardi fu cara e gli era suggerita dalla Poetica di Aristotele (Aristotele la desunse, con ogni probalità, dalla medicina ionica)«.

49 Warburg (Anm. 10), S. 100.

50 Über diese »mythologische Verursachung«, über den »urtüm-
lichen totemistischen Verknüpfungszwang«, vgl. Warburg
1920, (Anm. 3), S. 504, Anm. l, 525, 534, und dazu der aktuelle
Nachtrag auf S. 325. Aktualisierend auch die Bemerkung von
Bing (Anm. 17), S. 462f. Dazu auch Ernst Cassirer: »Worte zur
Beisetzung von Professor Dr. Aby Warburg«, in: *Mnemosyne.
Beiträge zum 50. Todestag von Aby Warburg*, hg. von Stephan
Füssel, Göttingen 1979, S. 27f. Als Hintergrund mag für Warburg
nicht unwichtig gewesen sein, daß sein Lehrer Karl Lamprecht
(Anm. 27)., Bd. II/2, 1904, S. 89ff., 93ff. ausführlich bei beiden
Religionen gegen Ende des 19. Jahrhunderts »eine Rückbildung
zu einer immer primitiveren, animistischen Haltung« diagnosti-
ziert hatte, die getragen war »von jenem thaumaturgischen
Klerikalismus, der den Massen so leicht eingeht« (S. 120).

51 »Logik, die den Denkraum – zwischen Mensch und Objekt –
durch begrifflich sondernde Bezeichnung schafft, und Magie, die
eben diesen Denkraum durch abergläubisch zusammenziehende
– ideelle oder praktische –Verknüpfung von Mensch und Objekt
wieder zerstört [...].« (Warburg [Anm. 3], S. 491, auch 534; und
die Zitate bei Gombrich [Anm. 5], S. 220, 225f., 289). Mir ist kein
Zitat bekannt geworden, das diesem Grundgedanken Warburgs
näher käme, als das bei Lamprecht [Anm. 27], Bd. II/1, S. 16 (in
dem ich die Warburg geläufigen Begriffe *Kursiv* setze): »Psycho-
logisch aber ist das Wesentliche, daß zwischen Bedürfnistrieb und
Bedürfnisbefriedigung noch kaum ein *Zwischenraum*, geschweige
denn eine spontan und überlegungsmäßig gewonnene seelische
Spannung besteht, die etwa mit Schlußreihen und wirtschaftlichen
Wertvorstellungen zum Zweck des Gütergewinnes ausgefüllt
wäre, das also fast noch keine physiologisch-intellektuelle
Distanz zwischen dem Bedürfnis und seiner Befriedigung da ist,
welche jene Tätigkeit genauer charakterisierte, die für die
Befriedigung angewendet wird: Triebartig vielmehr wird die
Nahrung gesucht und sozusagen *reflexmäßig* verzehrt; darum

kann zufälliges Nichtfinden zum Untergang im Hunger führen, und darum veranlaßt ein reichlicher Fund die Befriedigung des Hungers in schlimmste Übersättigung. – Es ist ein Zustand, der, wenn wir die Beseelungsvorgänge auf der Erde abwärts in die Tier- und Pflanzenwelt hinein verfolgen, an jene Entwicklung primitivster Formen des *Gedächtnisses* und der Voraussicht erinnert, die in der Biologie eine Rolle spielen [...]. Vielleicht darf man die Bedeutung des frühen Lamprecht (bei dem ja auch Richard Hamann als Student grundlegende Orientierungen bezogen hat) auf Aby Warburg heute etwas unbefangener beurteilen, nachdem die Historikerzukunft ihr einstiges Schmäh-urteil über Lamprecht zwar nicht zu revidieren, aber doch zu mildern geneigt ist (vgl. Hans-Josef Steinberg: »Karl Lamprecht«, in: *Deutsche Historiker*, Bd. I, Göttingen 1971, S. 58–68).

52 In der Dissertation von 1893 spricht Warburg einmal von »Kompromißprodukt« (Warburg [Anm. 10], S. 11), später von »künstlerischen Ausgleichserzeugnissen zwischen Kirche und Welt« (Warburg [Anm. 10], S. 95, 101; ähnlich Warburg [Anm. 3], S. 511), von »stilistischen Ausgleichserzeugnissen« (Warburg [Anm. 3), S. 581], sodann von »energetischen Ausgleichssymbolen«, vom »energetischen Gleichgewichtszustand«, von der »plastischen Ausgleichsformel« (Warburg [Anm. 10], S. 157, 158, 146, 151), auch von »unserer Ausgleichspsychologie« (ebd. S. 155). Vgl. auch Cassirer (Anm. 50), S. 29; Saxl (Anm. 45), S. 263 und Gombrich (Anm. 5), S. 168 ff., auch 161.

53 »das kläglich ausgleichende florentinische Kaufmannstempera-ment« (Warburg [Anm. 10], S. 104). Lorenzo »der erste unüber-troffene Virtuose der Gleichgewichtspolitik« (ebd. S. 109); Ficino formuliert eine »Ausgleichsphilosophie« (Warburg [Anm. 10], S. 147, Anm. 2); Sassetti erstrebt einen »ethischen Gleich-gewichtszustand« (ebd. S. 154).

54 Warburg (Anm. 10), S. 158.

55 Vgl. Ginzburg (Anm. 28) S. 1030 und Ettlinger, in: Warburg (Anm. 11), S. 509.

56 Als ursprüngliche Formulierung für den Schifanoja-Vortrag zitiert von Heckscher (Anm. 16), S. 258.

57 Die 1900 auftauchende Wendung gegen die »Osterferien« bleibt ihm erhalten (Zitate bei Gombrich [Anm. 5], S. 112, 70, 145; Gombrich [Anm. 16], S. 21.)

58 Gegen Winckelmann und den »Gipsabguß«: Warburg (Anm. 10), S. 55; ebd. S. 66; ebd. S. 74; Warburg (Anm. 3), S. 145; Warburg (Anm. 10), S. 176. Gegen die »Wiedererweckung des gymnasialen Altertums« Warburg (Anm. 11), S. 305. Gegen die »Salons am Alsterufer«, Zitat bei Gombrich (Anm. 16), S. 21. Die Salonauffassung zu Botticelli hat Warburg in seiner Dissertation durch ein Zitat nachgetragen, in dem von der »tristesse, de la terreur secréte qui plane sur nous« die Rede ist (Warburg [Anm. 10], S. 312).

59 Warburg (Anm. 3), S. 579.

60 »den Delphin, den das Quattrocento als im Tierreich entdeckte Schönheitslinie ebenso auffaßt und verwendet wie etwa unser fin de siécle den Schwan als ornamentales Stimmungstier (Warburg [Anm. 10], S. 73). – Zu Warburg und Böcklin vgl. Gombrich (Anm. 5), S. 152, 184 und Gombrich (Anm. 16), S. 19, 21. Zu Böcklins Museumsfresken in Basel und deren Genesis vgl. den Ausstellungskatalog *Arnold Böcklin 1827–1901*, Darmstadt 1977, Bd. II, Nr. 33, 34, S. 80ff. Vgl. auch die Bemerkung von Saxl, (Anm. 12), S. 6: »In dem Warburg von 1892, der den Botticelli geschrieben hat, sah ich den Zeitgenossen der Künstler und Kunsthistoriker von 1890, den Mann, der von der realistischen Kunst seiner Zeit her […] erfüllt war.«

61 Vgl. Ausstellungskatalog *Arnold Böcklin* (Anm. 60), Nr. 37, Abb. S. 88.

62 Warburg ist von Justi weggegangen, nachdem er diesem »einerseits genau präcisieren konnte, was ich will, andererseits seine Entgegnungen entkräften konnte« (nach Gombrich [Anm. 5], S. 53). Die Schlußsätze der Dissertation enthalten eine deutliche Spitze gegen Justi, indem Warburg bekennt, sich allein mit denjenigen Phänomenen abgegeben zu haben, die Justi als das »sekundäre Wesen« eines Künstlers hielt (Warburg [Anm. 10], S. 55). – Den Brief Burckhardts an Warburg vom 27.12.1892 hat Kaegi (Anm. 16), S. 285 zuerst veröffentlicht. In der Rezension von Gustav Pauli in der *Kunstchronik* 1893/94 – der eine zustimmende Rezension von Marc Rosenberg ebendort vorausgegangen war – heißt es: »Das Possirliche ist nur, daß die Wahrheit ganz dicht daneben liegt. Der Verfasser gleicht einem kurzsichtigen Schützen, der seiner Meinung nach ins Schwarze getroffen hat; der Schütze hatte leider einen Fehler im Auge und das Schwarze lag nicht da, wo er es sah.«

63 Aus dem er ursprünglich das Motto für die Dissertation entnehmen wollte (Warburg [Anm. 10], S. 307); vgl. auch Gombrich
(Anm. 5), S. 75 f., 221.

64 Warburg (Anm. 10), S. 228. Vgl. auch Warburg (Anm. 10), S. 74:
»was heute ›chic‹ ist, hieß dementsprechend damals ›alla parigiana‹«.
Ein Nachtrag zur Dissertation lautet: »Abwurf der Tracht bei
Daphne = Restitution des echt antiken Temperamentes«
(Warburg [Anm. 10], S. 316) – Zur Reformkleidung von Mary
Hertz vgl. Gombrich (Anm. 5), S. 109, Anm. 1.

65 Warburg (Anm. 10), S. 94.

66 Über Warburg und Mesnil vgl. Saxl (Anm. 12), S. 342 ff., und die
kurzen Zitate aus dem Briefwechsel bei Gombrich (Anm. 5),
S. 321 f.

67 Über die Beziehungen zwischen Albert Ballin und Max Warburg
vgl. Rosenbaum/Shermann 1976, S. 130, 152.

68 Über Warburgs »Kriegsarchiv« vgl. Heise (Anm. 18), S. 42 ff.,
Doren (Anm. 16), S. 17. Über die Deutsch-italienische »Aufklä-
rungszeitschrift« vgl. Bing (Anm. 17), S. 8, Gombrich (Anm. 5),
S. 206 und Warburg (Anm. 11), S. 596.

69 Die Zitate alle aus dem Aufsatz »Heidnisch-Antike Weissagung
in Wort und Bild zu Luthers Zeiten« von 1920 (Warburg
[Anm. 3], S. 489–535). »Consciously or unconsciously, he linked
up his fresh research with his topical experience of political
propaganda and pamphleteering«, meint Gombrich (Anm. 5),
S. 207. Der Aufsatz enthält jedoch so zahlreiche zeitpolitische
Begriffe, daß kaum daran zu zweifeln ist, daß Warburg die
Ursprünge und Techniken der Massenagitation darstellen wollte:
»politische Augenblicksgötter« (S. 492), »astropolitische
Journalisten« (S. 495), »offiziöse Beruhigungsschriften« (S. 509),
»illustrierte Sensationspresse« (S. 510), »neues Agitationsmittel«
(S. 511), »Schlagbilder«, »Pressepolitik« (S. 513), »Bildpressefeld-
züge« (S. 520), »Weissagungspolitik« (S. 521), »Naturgreuel-
Extrablatt« (S. 525). Vgl. auch A. Warburg: »Presse, Publikum,
Papier«, in: *Die Literarische Gesellschaft*, hg. von der literarischen
Gesellschaft zu Hamburg 4 (1918), II. 33, S. 88 f.

70 Gustave Le Bon: *Psychologie der Massen* (*Psychologie des Foules*
[1895]), übersetzt von Rudolf Eisler, Leipzig ²1912, S. 17. – Siehe
auch unsere Anm. 27, 50, 51. – Zweifellos sind zentrale Motive
des kunstwissenschaftlichen Interesses von Warburg von der

phobischen Dämonisierung der Massen, welche die politische Strategie seit den 6oer Jahren zunehmend prägte, vorgegeben, von einer historischen Konstellation, in der sich die Liberalen eine »Bewegungspartei« nannten, in der nach A. Schäffle »das rote Gespenst bis in die letzte Bierstube« spukte, in der man oft von »Sicherheitsventilen« für einen sozial »überheizten Dampfkessel«, gegen die »revolutionären Elemente« sprach, und in der die Antisemiten, die nach Mommsen bis in die Salons hinein nur noch »auf die schändlichsten Instinkte« hörten, in ihrem Hamburger Programm 1899 »die schließliche Vernichtung des Judenvolkes« forderten. In diesem Kontext, der im und um den Ersten Weltkrieg kulminierte, bedeuten Warburgs sozialpsychologische Analysen des Quattrocento gleichsam die Empfehlung einer Risiko-Strategie, die dem bürgerlichen Ordnungsmenschen (Bismarck) zumutet, die von ihm selbst entfesselten Geister in die eigene Verantwortung zu nehmen und mit ihnen »charaktervollen Ausgleich« anzustreben (Warburg [Anm. 10], S. 158). Zu der historischen Epoche, die Warburg geprägt hat, vgl. vor allem die ausgezeichnete Analyse von Hans-Ulrich Wehler: *Das Deutsche Kaiserreich 1871–1918*, Göttingen [2]1975.

71 Im Anschluß an Le Bon wird auch Freud »die Berechtigung, die Massenseele mit der Seele der Primitiven zu identifizieren« bejahen und doch zugleich die entsprechenden Voraussetzungen »im unbewußten Seelenleben des einzelnen« suchen (Sigmund Freud: *Massenpsychologie und Ich-Analyse* [1921], Frankfurt a. M. 1978, S. 18). Diese zeitgemäße Identifikation (s. unsere Anm. 27, 50, 51) könnte das Interesse an den Pueblo-Indianern mit motiviert haben; Warburg hat nicht erst in Kreuzlingen, sondern schon am 10.2.1897 vor dem American Club in Hamburg über seine Ergebnisse berichtet (Warburg [Anm. 11], S. 587). Pasquali (Anm. 18), S. 487 meint nicht zu Unrecht, Warburg habe die Reise zu den Pueblo-Indianern unternommen, um die Renaissance-Florentiner verstehen zu lernen, denn dort war Warburg auf die »orgiastische Bewegung gestoßen, hatte an Ghirlandajos Fresko gesehen, wie »die wilde Jagd mit orgiastischem Kannibalismus hier in die wohlgeordnete Familienfeier hinein (braust): dämonischer Unterstrom durchbricht die dünne christlich-katholische Oberschicht und höfische Gesittung (Warburg [Anm. 10], S. 354 als Nachtrag zu S. 135). Sassetti aber

hatte »die unheimlich lebendigen Geister gleichsam durch ihre
Eingliederung in die festgefügte christlich-mittelalterliche
Gedankenarchitektur« zu bannen geglaubt: »Daß dieser opti-
mistische Unterordnungsversuch tatsächlich eine kritische
Belastungsprobe bedeutete, konnte er – vor Savonarola – nicht
ahnen« (Warburg [Anm. 10], S. 158).

72 Max Warburg am 8.5.1919, der zuvor, am 24.4.1919, gehofft hat,
es möchte in Versailles gelingen, »Geheimdiplomatie, Militaris-
mus, Manirismus, Formalismus, wenn auch nicht ganz, so doch
zum größten Teil zu töten« (nach Alfred Vagts: »M.M. Warburg
& Co. Ein Bankhaus in der deutschen Weltpolitik«, in: Alfred
Vagts: *Bilanzen und Balancen*, Frankfurt a. M. 1979, S. 86f.). G.
Bing, in: Warburg (Anm. 11), S. 464, teilt eine Tagebucheintra-
gung von Aby Warburg mitten in der Kriegseuphorie 1914 mit:
»Wir siegen uns zu Tode.«

73 Vgl. Heise (Anm. 18), S. 42ff.

74 Vgl. die Widmung an C. G. Heise mitgeteilt von Michael Diers:
»Kreuzlinger Passion«, in: *Kritische Berichte*, Jg. 7 (1979), H. 4/5,
S. 5. Über den zurückgekehrten Warburg vgl. Saxl (Anm. 12),
S. 13f.

75 Die Zitate von 1928 aus der Einleitung zum Bilderatlas; das letzte
von 1927 Notiz zu einer Briefmarkenausstellung (nach Gombrich
[Anm. 5], S. 289f., 252). Vgl. auch 1926 im Rembrandt-Vortrag:
»Auf dieser Fahrt dürfen wir als einziges Reisegut nur mitneh-
men: die ewig flüchtige Pause zwischen Antrieb und Handlung;
es steht bei uns, wie lange wir mit Hilfe der Mnemosyne diese
Athempause dehnen können« (nach Gombrich [Anm. 5], S. 238).

76 So Erwin Panofsky: »Professor A. Warburg«, in: *Hamburger
Fremdenblatt* vom 28.10.1929. – »Bedürfnis« und »Bedürfnis-
befriedigung« sind nach Lamprecht Grundkategorien der
Wirtschaftsgeschichte (Lamprecht [Anm. 27], Bd. II/1, S. 13ff.).

77 Jacob Burckhardt: *Weltgeschichtliche Betrachtungen*, Berlin/
Leipzig 1929, S. 6f.: »Der Geist muß die Erinnerung an sein
Durchleben der verschiedenen Erdenzeiten in seinen Besitz
verwandeln. Was einst Jubel und Jammer war, muß nun Erkenntnis werden.«

78 Einleitung zum Bilderatlas 1929: »Bewußtes Distanzschaffen
zwischen sich und der Außenwelt darf man wohl als Grundakt
menschlicher Zivilisation bezeichnen; wird dieser Zwischenraum

das Substrat künstlerischer Gestaltung, so sind die Vorbedin-
gungen erfüllt, daß dieses Distanzbewußtsein zu einer sozialen
Dauerfunktion werden kann« (nach Gombrich [Anm. 5],
S. 288).

79 Warburg (Anm. 3), S. 478; vgl. auch gegen das »Grenzwächter-
tum« Warburg (Anm. 10), S. 227; Warburg (Anm. 3), S. 490.

80 Hans Jantzen: *Bilderatlas zur Einführung in die Kunstgeschichte*
(*1913*), Eßlingen a. N. ³1922. Während hier nur der Titel an
Warburgs »Atlas« denken läßt, ist neben Adolf Bastians: *Die Welt
in ihren Spiegelungen unter dem Wandel des Völkergedankens*,
Berlin 1887, auf den Gombrich (Anm. 5), S. 285f. hinweist, wohl
doch auch der *Bilder-Atlas* von Brockhaus (1. Aufl. von J. G.
Heck, Leipzig 1844–1861), der 1851 in Philadelphia unter dem
Titel *The Iconographic Encyclopaedia of Science, Literature and
Art* nachgedruckt wurde, in Rechnung zu stellen; vor allem aber
muß Warburg den »Bilderatlas Religionsgeschichte«, den Hans
Haas seit 1924 in Leipzig/Erlangen herausgab, und der eine
vergleichbare Bildanordnung aufweist, auch benutzt haben.

81 Vgl. Warburg (Anm. 10), S. 75; ebd., S. 113. Die »Schöpfungen
im Souterrain des Museums zur Geschichte der menschlichen
Geistigkeit« nennt Warburg 1927 »nervöse Auffangsorgane des
zeitgenössischen inneren und äußeren Lebens« (nach Gombrich
[Anm. 5], S. 265).

82 Ähnlich im Nachtrag Warburg (Anm. 10), S. 325 und S. 337f.

83 Zu diesen Vorzeichnungen vgl. Peter Meller, in: *Master Drawings*, Bd. III (1965), S. 3–20. Vgl. auch die Kopie Cranachs nach
dem Blatt aus dem Kalender von 354 (*Lucas Cranach: Das
gesamte graphische Werk*, München 1972, S. 175). – Meine Frau
ist mir bei der Identifizierung der Atlas-Bilder, die oft eine
kriminalistische Akribie erfordert, sehr behilflich gewesen.

84 Zur »Inversion« siehe Anm. 86. – Zum Thema der »Moresca«,
welche Warburg als Vorspiel zum Bewegungsstil etwa der
Arcetrifresken von Pollaiuolo sah (Gombrich [Anm. 5], S. 164f.),
vgl. Warburg (Anm. 10), S. 211; ebd., S. 337. Mit Burckhardt
deutet Warburg die Fresken gleicher Thematik im Palazzo
Medici-Riccardi als Verspottung der Figur der Fastenzeit. Als
Faßnachtszug deutet Warburg auch die Amsterdamer Kopie nach
der 1925 aufgetauchten Grisaille des Hieronymus Bosch. Die
heutige Deutung als Streit zwischen Karneval und Fasten vgl.

im Ausstellungskatalog *Jheronimus Bosch*, s'-Hertogenbosch
1967, Nr. 30.

85 Über den Derwischtanz als Sphärentanz vgl. die Nachträge von
Warburg [Anm. 10], S. 419f. Warburgs (von Colvin vorwegge-
nommene) Deutung des »Hosenkampfes« aus Jesaias IV, 1
(Warburg [Anm. 10], S. 180f.) – von A. Pigler: *Barockthemen*,
Bd. II, Budapest 1974, S. 584 angezweifelt, vom Ausstellungskatalog *Französische Bilderbögen des 19. Jahrhunderts* Baden-Baden
1972, Nr. 48, S. 61 rehabilitiert – ist im Reallexikon zur Deutschen
Kunstgeschichte, Bd. IV, 1958, Sp. 958 s. v. »Eifersucht« auf
den neuesten Stand gebracht, und ergänzbar um die Beispiele
bei William Coupe: *The German Illustrated Broadsheet in the
Seventeenth Century*, Baden-Baden 1966, S. 196f. – Den Affenpokal hat Warburg (Anm. 10), S. 181, 369 in der Schatzkammer
des Piero de' Medici vermutet (jetzt in The Cloisters Collection,
New York) und eine entsprechende Aufführung zur Hochzeit
Karls des Kühnen nachgewiesen. Vgl. Ausstellungskatalog *The
Secular Spirit: Life and Art at the End of the Ages*, New York
1975, Nr. 269, S. 270. Zu dem florentiner Kupferstich vgl. Horst
Janson: *Apes*, London 1952, S. 215ff., und Günter Bandmann:
Melancholie und Musik, Köln/Opladen 1960, S. 84. Das Thema,
das auf eine Aesop-Fabel zurückgeht, ist auch Herri met de Bles
(Dresden, Gemäldegalerie Inv. Nr. 1722) dargestellt worden.

86 Zu diesem Begriff vgl. Saxl (Anm. 18), S. 21, sowie Gombrich
(Anm. 5), S. 247f. (Zitat 1927/28: »radikale Umkehr des echt
antiken Sinnes«), 300, und die Einwände auf S. 310, 320f. – Klaus
Herding: »Inversionen«: Antikenkritik in der Karikatur des
19. Jahrhunderts, in: *»Nervöse Anfangsorgane des inneren und
äußeren Lebens« – Karikaturen*, Gießen 1980, hat den Begriff für
wichtige Aspekte des 19. Jahrhunderts fruchtbar gemacht.

87 Warburg 1902 (Anm. 10), S. 99.

88 Warburg 1895 (Anm. 10), S. 423.

89 Vgl. Heckscher (Anm. 16), S. 257. Den Umgang mit Bildern im
Atlas vergleicht K. W. Forster (Anm. 12), S. 175 mit dem
dadaistischen Verfahren. Etwas später ist dann Amedée Ozentfant
ähnlich mit Photos umgegangen.

90 Warburg 1905 (Anm. 10), S. 180.

91 Zum *Schwälmer Tanz* (Marburg, Universitätsmuseum für
Kunst- und Kulturgeschichte) von Carl Bantzer (der der

akademische Lehrer von Schwitters gewesen ist) vgl. den
Ausstellungskatalog *Carl Bantzer*, Marburg 1977, Nr. 11, S. 110f.
Der dort aufgewiesenen Spur zu Max Warburg ist Jutta Kraft in
ihrer Magisterarbeit über den »Schwälmer Tanz« (Marburg 1979)
nachgegangen und konnte mit der freundlichen Hilfe von Frau
Dr. Frede Prag, Oxford, die Herkunft des Bildes aus der
Warburgschen Bibliothek feststellen, woselbst es später durch
eine Kopie nach Rembrandts *Claudius Civilis* ersetzt wurde (zu
letzterem vgl. Heise [Anm. 18], S. 55).

92 Über Warburgs Interesse am Futurismus vgl. Heckscher
(Anm. 16), S. 257, Anm. 43. Daneben aber auch die »Futurismus-
Debatte«, die in der Hamburger *Die literarische Gesellschaft*, Jg. 4
(1918) geführt wurde, und in die Warburg in H. 3, S. 289f. unter
dem Titel »Presse, Publikum, Papier« eingegriffen hat. In Heft 1
des gleichen Jahrgangs hatte Wilhelm Heinitz sehr verständnis-
volle »Betrachtungen über den Futurismus« angestellt.

93 Vgl. Käthe Starke: *Der Führer schenkt den Juden eine Stadt*,
Berlin 1975, S. 102. Brieflich präzisiert die Verfasserin, daß es sich
wohl um Judaica gehandelt habe (Brief vom 18.6.1979).

94 Die Forschungen zu dem Geflügelten Wort (zuletzt Wuttke, in:
Warburg [Anm. 11], S. 614ff.) haben das »Gewiß-Aber«, das
Cassirer in seiner Gedächtnisrede auf Warburg daran geknüpft
hat, nicht obsolet werden lassen: »Gewiß, Warburg selbst ist es
gewesen, der das Wort geprägt hat: »Der liebe Gott steckt im
Detail«. Und in der Andacht zum Kleinen, in der Liebe zum
scheinbar Geringfügigen kam ihm keiner gleich. Er schied nicht
zwischen klein und groß; er umfaßte mit gleicher Intensität und
mit gleicher Liebe die großen Meisterwerke der Kunst wie die
letzten scheinbar unbedeutendsten Ausläufer geistigen und
bildenden Strebens. Er konnte und durfte diese Liebe zum
Kleinsten pflegen, weil er des lebendigen Zusammenhanges, weil
er des Ganzen, in dem es stand, in jedem Augenblick sicher war«
(S. 17).

95 Herschel (Anm. 26), S. 154 und G. Bing, in: Warburg (Anm. 11),
S. 455.

Nachweise

»›Wir haben ihn verloren, wir müßten ihn gewinnen.‹ Rede zum Tod des Vaters«, Erstabdruck. Rede zum Tod von Pfr. Kurt Warnke am 11.3.1968.

»Der ›Fall César‹ zu Dortmund. Rede zur Ehrenpromotion«, Erstabdruck als »Der ›Fall César‹ in der Reinoldigemeinde zu Dortmund 1906«, in: Martin Warnke / Michael Küstermann / Barbara Schellewald / Barbara Welzel (Hg.): *Beunruhigung durch Kunst und Wissenschaft*, Studien zur Kunstgeschichte Bd. 4, hg. von Barbara Welzel, Dortmund 2011, S. 13–22 (mit Abbildungen).

»Wissenschaft als Knechtungsakt«, Erstabdruck in: Martin Warnke: *Künstler, Kunsthistoriker, Museen. Beiträge zur kritischen Kunstgeschichte*, hg. von Heinrich Klotz, Luzern und Frankfurt a. M. 1979, S. 99–107 (mit Abbildungen).

»Jacob Burckhardt und Karl Marx«, Erstabdruck in: *Neue Rundschau*, Jg. 1970, Berlin / Frankfurt a. M. 1970, S. 702–723, Wiederabdruck in: *Offener Horizont. Jahrbuch der Karl Jaspers-Gesellschaft* 4 (2017), hg. von Matthias Bormuth, Göttingen 2017, S. 295–318.

»Zur Situation der Couchecke«, Erstabdruck in: *Stichworte zur »Geistigen Situation der Zeit«, 2. Bd.: Politik und Kultur*, hg. von Jürgen Habermas, Frankfurt a. M. 1979, S. 673–687.

»Cranachs Luther. Entwürfe für ein Image«, (Erstabdruck mit Abbildungen) als: Martin Warnke: *Cranachs Luther. Entwürfe für ein Image*, in der Reihe »kunststück«, hg. von Klaus Herding, Frankfurt a. M. 1984.

»Alle werden fallen. Gedanken zu Goya«, Erstabdruck als »Vorwort« in: Werner Hofman / Edith Helmann / Martin Warnke: *Goya. »Alle werden fallen«*, Frankfurt a. M. 1981, S. 9–13.

»Goyas Gesten«, Erstabdruck in: Werner Hofman / Edith Helmann / Martin Warnke: *Goya. »Alle werden fallen«*, Frankfurt a. M. 1981, S. 115–141.

»Der Leidschatz der Menschheit wird humaner Besitz«, Erstabdruck (mit Abbildungen) in: Werner Hofmann / Georg Symken / Martin Warnke: *Die Menschenrechte des Auges. Über Aby Warburg*, Frankfurt a. M. 1980, S. 113–186.

»Der lange Weg von Warburgs Schnecke«, deutscher Erstabdruck der anlässlich von Warburgs 150. Geburtstag am 14.6.2016 auf Englisch gehaltenen Rede als: »The Long Road of Warburg's ›Snail‹«, in: *Offener Horizont. Jahrbuch der Karl Jaspers-Gesellschaft 6* (2019/20), hg. von Matthias Bormuth, Göttingen 2020, S. 509–511.

Dank

Im Herbst 2019 war Martin Warnke trotz eines längeren Krankenhausaufenthaltes noch begeistert bei der Sache, als wir gemeinsam eine Auswahl aus seinen Essays und Studien in kulturwissenschaftlicher Hinsicht trafen. Er starb am 11. Dezember des Jahres. Horst Bredekamp, der ihn noch wenige Tage zuvor besuchen konnte, schrieb in einer persönlichen Nachricht: »Mit Martin Warnke ist heute eine Epoche zu Ende gegangen.«

Umso mehr freut es, dass der Schüler und Kollege erneut einen Essay zu Werk und Person des verstorbenen Freundes schrieb. Dieser erinnert an Szenen des Zusammenseins und will anregen, die philosophisch-kulturwissenschaftliche Züge seiner »kritischen Kunstgeschichte« neu zu entdecken. Horst Bredekamp sei herzlich Dank gesagt.

Als Christoph Warnke zur Trauerfeier in Halle auch Passagen aus der Totenrede vorlas, die sein älterer Bruder 1968 am Grab des Vaters gesprochen hatte, kam der Gedanke, diese im Band der autobiographische Rede zur Seite zu stellen, welche Warnke 2010 zur Verleihung der Dortmunder Ehrenpromotion gehalten hatte. Das Typoskript stellte Christoph Warnke im Namen der Familie dankenswerter Weise zur Verfügung. Dieser wie auch den übrigen Rechteinhabern sei für die Abdruckbewilligungen Dank gesagt.

Ohne die bewährten Mitarbeiter des Karl Jaspers-Hauses, die alle Texte kollationierten, wäre es nicht möglich gewesen, den nunmehr dritten Auswahlband mit Schriften Martin Warnkes so rasch auf den Weg zu bringen. Der Dank gilt: Nicolas Hannemann, Simon Kirchmann, Felix Krenke und Kathrin Massarczyk.

Die Redaktion lag wie immer in den Händen von Malte Maria Unverzagt, dem wissenschaftlichen Mitarbeiter des Karl Jaspers-Hauses. Ihm sei für die großartige Zusammenarbeit herzlich Dank gesagt.

Mit Horst Bredekamp bin ich mir einig, dass es Martin Warnke mehr als begrüßen würde, wenn auch dieser Band, dessen Erscheinen er nicht mehr erleben konnte, Freya Warnke gewidmet ist. Seine Ehefrau und Gefährtin beförderte sein Entstehen seit den späten Gesprächen in Halle.

Matthias Bormuth
Oldenburg, im November 2020

Redaktion: Malte Maria Unverzagt

Bibliografische Information der Deutschen Nationalbibliothek
Die Deutsche Nationalbibliothek verzeichnet diese Publikation in der
Deutschen Nationalbibliografie; detaillierte bibliografische Daten
sind im Internet über http://dnb.d-nb.de abrufbar.

© Wallstein Verlag, Göttingen 2020
www.wallstein-verlag.de

Vom Verlag gesetzt aus der Stempel Garamond
Einbandabbildung: © Thies Ibold, Hamburg
Druck und Verarbeitung: Hubert & Co, Göttingen

ISBN 978-3-8353-3818-0